Rostock
Usedom
Wismar
Mecklenburg-Vorpommern
Neubrandenburg
Müritz
POLEN
Wittenberge
Havelberg
Havel
Oder
Berlin
Warta
Rathenau
BERLIN
Stendal
Elbe
Havel
Potsdam
Fürstenwalde
Frankfurt/Oder
Brandenburg
Spree
Burg
Magdeburg
Fläming
Brandenburg
Zerbst
Lübben
Spreewald
Elbe
Wittenberg
Aken
Dessau
Wörlitz
Cottbus
Neiße
Niederlausitz
Saale
Bitterfeld
Mulde
Torgau
Spremberg
Spree
Halle
Odra
Merseburg
Leipzig
Riesa
Leuna
Sachsen
Bautzen
Weißenfels
Meißen
Elbe
Dresden
Freiberger Mulde
Zwickauer Mulde
Freiberg
Pirna
Elbsandsteingeb.
Jena
Gera
Schneekoppe 1.603 m
Chemnitz
Tetschen
Riesengebirge
Saale
Zwickau
Aussig
Hohenelbe
Erzgebirge
Leitmeritz
Joachimsthal
Melnik
Vogtland
Hof
Eger
Königgrätz
Elbe/Labe
Franzensbad
Karlsbad
Fichtelgebirge
Eger
Prag
Moldau/Vltava
Kolin
Pardubitz
Bayreuth
Kuttenberg
Oberpfälzer Wald
TSCHECHISCHE REPUBLIK
Moldau
Regensburg
Budweis
Bayerischer Wald
Böhm.-Krumau
Isar
Passau
Landshut
Donau
Rosenberg
ÖSTERREICH

Hansjörg Küster

Die Elbe

Hansjörg Küster

Die Elbe

Landschaft und Geschichte

C. H. Beck

Mit 102 Abbildungen, davon 99 in Farbe

Satz: Fotosatz Amann, Aichstetten
Druck und Bindung: Kösel, Krugzell
Gedruckt auf säurefreiem, alterungsbeständigem Papier
(hergestellt aus chlorfrei gebleichtem Zellstoff)
Printed in Germany
ISBN 978 3 406 56209 9

www.beck.de

Inhalt

Vorwort

«Elbe» bedeutet ursprünglich einfach «Fluss» – wie «Elv» oder «Älv» in nordeuropäischen Sprachen. Möglicherweise ist das alteuropäische Wort mit dem lateinischen «albus» verwandt; dann könnte die Elbe als «Weißer Fluss» gegolten haben. Das slawische «Labe» ist eine mittelalterliche Entlehnung. Auch in anderen Landstrichen gaben die Menschen, die am fließenden Wasser lebten, ihrem Strom einen Namen, der «Fluss» bedeutet: Donau, Isar und Rhein. Glücklicherweise unterschieden sich die Sprachen der alten Europäer; uns wurden daher verschiedene «Fluss»-Namen überliefert.

Die Elbe entspringt an der Grenze zwischen Tschechien und Polen. Geographische Namen sind zuerst auf Deutsch angegeben; tschechische und polnische folgen in Klammern, aber nur bei der ersten Nennung. Der Fluss hat zwar eine Quelle und eine Mündung, aber kann man sie genau lokalisieren? Die Elbe nahm verschiedene Wege vom Riesengebirge zum Meer. Sie war in manchen Epochen länger, in anderen kürzer. Man muss dies wissen, wenn man den Fluss und seine Geschichte verstehen will: Alles fließt.

Hannover, im Frühjahr 2007 *Hansjörg Küster*

1 Wo beginnt der Fluss?

Die Elbe, tschechisch Labe, ist 1165 Kilometer lang. Diese Information lässt sich im Lexikon finden. Sie wird von vielen erwartet, die etwas über den Fluss erfahren möchten. Doch diese Angabe ist nicht exakt; sie kann es gar nicht sein. Um die Länge eines Flusslaufes angeben zu können, muss man zunächst bestimmen, wo die Messung beginnen und wo sie enden soll, denn weder Anfang noch Ende eines Flusses sind in der Natur ohne weiteres zu erkennen. Beide Festlegungen beruhen auf Abstraktionen; es ist schwer zu sagen, an welchem Ort sich ein Wasserstrom zu formieren beginnt, und es ist vielleicht noch schwerer zu sagen, wo die Grenze zwischen Fluss und Meer liegt. Außerdem ist die Länge eines Flusses nicht konstant. Jeder Fluss verlagert unaufhörlich seinen Lauf. Im Verlauf von Jahrtausenden bilden sich ständig neue Flussschlingen, und ältere werden abgeschnitten. Daher ist die scheinbar so naheliegende Frage, wie lang ein Fluss ist, nicht exakt zu beantworten. Befasst man sich mit der Elbe, wird dies besonders deutlich.

Es gibt einen Ort, den man die Quelle der Elbe nennt, eines der beliebtesten Ziele von Wanderungen im Riesengebirge (Krkonoše). Ein paar Kilometer westlich der Schneekoppe (Sněžka), mitten auf einem leicht nach Osten geneigten Plateau, befindet sich auf beinahe 1400 Meter Meereshöhe ein aus Betonteilen zusammengefügter Brunnen, in den Touristen ihre Münzen werfen, weil er als Elbquelle (Prameny Labe) gilt. Jeder, der sich dort umsieht, erkennt aber sofort, dass Wasser bereits in ihn hineinströmt. Er kann also nicht wirklich der Ursprung des Flusses sein. Schon weiter oberhalb auf dem Plateau setzen sich Rinnsale in Bewegung, die man «Elbe» nennen könnte: Je nach Jahreszeit sind sie länger oder kürzer.

Das Riesengebirge. Im Hintergrund die Schneekoppe.

Die Gipfel des Riesengebirges sind die höchsten der mitteleuropäischen Mittelgebirge. Die 1603 Meter hohe Schneekoppe (nach anderen Angaben ist sie 1602 oder 1605 Meter hoch) ist der am weitesten aufragende Berg zwischen Alpen, Karpaten und Skandinavien.

Wie in jedem Bergmassiv regnet es auch dort mehr als im Umland. Denn an den Hängen steigt Luft auf und kühlt sich ab, so dass von ihr weniger Feuchtigkeit aufgenommen wird. Es bilden sich Wolken, aus denen Regen fallen kann. Im Riesengebirge regnet es allerdings, obwohl es so hoch aufragt, erheblich weniger als beispielsweise im Harz, dessen höchster Berg, der Brocken, um einige hundert Meter niedriger ist als die Schneekoppe. Aber der Harz liegt näher am Meer; die Luftmassen, die bis ins stärker kontinental geprägte Riesengebirge vordringen, haben einen guten Teil ihrer Feuchtigkeit bereits verloren, bis sie an die Hänge des höchsten mitteleuropäischen Berglandes stoßen. Doch gibt es immer noch genügend Wasser, das auf die Oberfläche des Riesengebirges trifft, um die junge Elbe zu bilden.

Wasser formt sich seine Wege, und dies um so mehr, je höher die Abflussmengen sind. Nasse Zeiten gibt es im Riesengebirge immer wieder. Im Sommer regnet es zwar lange Zeit relativ selten und wenig. Aber manchmal kommt es vor, dass sich im Spätsommer über dem Mittelmeer ein gewaltiges Regengebiet bildet: Die Wassertemperaturen sind dann hoch, und die warme Sonne lässt viel Wasser aufsteigen. Stößt von Norden her Kaltluft in den Süden vor, bilden sich aus dem Wasserdampf sehr mächtige, dicke Wolken. Werden sie anschließend mit südlichem Wind nach Mitteleuropa getrieben, regnen sie über den Alpen oder den Mittelgebirgen ab. Ein solcher Regen kann mehrere Tage andauern und lediglich verhältnismäßig kleine Gebiete betreffen. Gebirgsbäche werden dann zu reißenden Strömen, es kann zu katastrophalen Fluten kommen. So wie im Jahr 1997 ein Stück weit östlich vom Riesengebirge und 2002 in einem Gebiet zwischen Oberösterreich und Erzgebirge geschehen, können gewaltige Regengüsse auch über dem Riesengebirge niedergehen. Dann entstehen todbringende Fluten wie 1997 an der oberen Oder und ihren Nebenflüssen und 2002 an Donau und Elbe.

Riesige Wassermengen donnern im Riesengebirge regelmäßig im Frühjahr zu Tal. Da die Wintertemperaturen im Innern des Kontinents und auf größeren Bergeshöhen niedriger sind, geht im Riesengebirge ein größerer Teil des winterlichen Niederschlages als etwa im Harz als Schnee nieder. Während es im Harz und in seiner Umgebung auch während des Winterhalbjahres immer wieder einmal zu zwischenzeitlichem Tauwetter kommen kann, weil die Milderung durch den Westwind sich bis in die Gipfellagen auswirkt, ist dies im Riesengebirge selten der Fall. Aller Schnee, der während des Winters fällt, bleibt bis zum Frühjahr liegen. Dann sind die Schneekoppe und ihre Nachbargipfel wirklich «Schneekuppen». In manchen Jahren liegt der Schnee zu Ende des Winters mehrere Meter hoch. Nicht umsonst sind die Schneestangen, die man in ganzer Ausdehnung nur bei sommerlichen Wanderungen im Riesengebirge sehen kann, mehrere Meter lang. Im Winter ragen noch gerade ihre Spitzen aus dem Weiß hervor, um Skiwanderern den Weg zu weisen. Wenn die Temperaturen im Frühjahr rasch ansteigen, taut mit einem Mal der gesamte Schnee eines langen Winters auf. Gewaltige Mengen an Schmelzwasser tosen dann bergab. Ihre entfesselten Kräfte formten das ganze Land, vor allem die Täler. Die Formung der Täler ist nicht abgeschlossen, denn in jedem Frühjahr taut erneut Schnee, und erneut ergießt sich dann eine Menge Schmelzwasser ins Land.

In kühlen Sommern hingegen taut der Schnee in den Gipfellagen des Riesengebirges nicht vollständig ab. Wenn es mehrere kühle Sommer gibt, wird der liegenbleibende Schnee allmählich zu Eis zusammengepresst. Wenn sich viel Eis angesammelt hat, setzt es sich in Bewegung: Es wird dann zum Gletscher. In den Eiszeiten, in denen es jahrtausendelang nur kühle Sommer gab, bildeten sich an den Kuppen des Riesengebirges ausgedehnte Eisfelder. Sie gaben den Gipfeln ihre runde Form, und sie schufen auch die leicht geneigte Hochfläche, auf der die Elbe entspringt. Die Gletscher der Eiszeit prägten das heutige Land – und bestimmten, in welche Richtung sich das Wasser bewegt, das heute auf das Land regnet.

Der Ewige Schnee, der in der letzten Eiszeit – vor 20 000 Jahren – auf den Gipfeln des Riesengebirges liegen blieb und aus dem sich die Gletscher formten, wurde während des Sommers im Süden und Westen von der Sonne beschienen. Dort taute es jedes Jahr, im Osten und Norden dagegen nicht oder weniger. Der Eisschild vergrößerte sich nach Osten und Norden hin. Der Wind, der vor allem von Westen wehte, mag das Seine dazu beigetragen haben, dass sich die Eismassen vor allem in östliche Richtung zu bewegen begannen. Die Hochebene, auf der die Elbe entspringt, ist deswegen nach Osten geneigt. Die schweren Eismassen mit ihren messerscharfen Kanten und Graten hobelten das Gestein ab, und diese «Arbeit» erledigten sie um so gründlicher, je mächtiger und schwerer das Eis wurde. Am Rand eines Berges bildete sich dann eine Wechte aus Eis und Schnee, die, ebenfalls vom Wind geformt, über einen Steilhang hinausragte. Von dort brachen immer wieder tonnenschwere Eismassen ab, die sich am Fuß des Steilhangs, der Karwand, sammelten und sich erneut zur langsam fließenden Gletschermasse formierten. Auf diese Weise bildete sich ein Kar. In vielen Karen befinden sich heute tiefe Seen. Vom Kar ausgehend formte ein Gletscher ein trogförmiges Tal mit breitem Tal-

Die Elbquelle liegt in der Mitte einer flach geneigten Hochfläche.

grund und steilen Hängen, das in Mitteleuropa, wie von der vorherrschenden Windrichtung vorgegeben, meistens in östliche Richtung verläuft.

Kein Gletscher besteht allein aus Eis, sondern er enthält auch das gesamte Gesteinsmaterial, das er auf dem Berg abgehobelt hatte. Dazu gehören ganze Felsen und tonnenschwere Steine, aber auch feineres Material, Sand und Ton. Die großen Steine werden im Eis weiter zermahlen. Ihre Kanten werden abgerundet; das von den Steinen abgeschliffene Material vergrößert die Sand- und Tonfraktionen im Eis. Wenn das Eis am Ende des Gletschers schmilzt, bleiben Steine, Sand und Ton dort liegen, wohin sie das Eis transportiert hat. Schmelzwasserströme verlagern vor allem die feineren Teile. Verlängert sich der Gletscher nach einer Kälteperiode, kann er das zuvor abgelagerte Material wieder in Bewegung setzen und weiter transportieren. Das Eis funktioniert dann wie eine Planierraupe: Es schüttet im Verlauf mehrerer Gletschervorstöße allmählich Endmoränenwälle aus dem Gesteinsmaterial auf, die das Eis am Berggipfel abgetragen hat.

Als es vor etwa 18 000 Jahren wärmer zu werden begann, wurden die

Gletscher im Riesengebirge allmählich kleiner. Ihre Zungen bewegten sich nicht mehr so weit ins Umland hinein wie zuvor. Nach einigen weiteren Jahrtausenden war das gesamte Eis verschwunden. Unter ihm kam nackter Fels zum Vorschein. Heutzutage prägt dieser nackte Fels den größten Teil der Oberfläche des Riesengebirges nicht mehr – zum Glück: Denn von nacktem Fels würde das Wasser bei Regen sofort abfließen, und im Winter würden sich noch häufiger Schneelawinen in Bewegung setzen, als dies sowieso schon der Fall ist. In die abgeschliffenen Felsen drang hier und da Wasser ein. Wenn es im Winter gefror, sprengte es den Stein, denn Eis dehnt sich aus, wenn es sich abkühlt. So bildeten sich Klüfte. Auf der Oberfläche des Felsens breiteten sich Flechten aus. Vor allem in den Klüften blieb feines Erdreich hängen. Es entstammte dem Staub, der mit dem Regen und dem Wind auf die Berge fiel, als noch nicht aller feine Ton durch Pflanzenbewuchs befestigt war. Moose und Blütenpflanzen mit ihren Wurzeln konnten sich ansiedeln. In den frisch abgehobelten Gesteinsschichten wurden die vielfältigen Mineralstoffe des Granits freigelegt, aus dem das Riesengebirge besteht. Sie sind wichtig für die Entwicklung von Pflanzen.

Die Elbquelle sieht wie ein Brunnen aus.

Aus abgestorbener pflanzlicher Substanz bildet sich Humus. Wenn er eine bestimmte Mächtigkeit erreicht hat, können sich Moore bilden. Im Quellgebiet der Elbe halten sie Wasser weit über die Zeit der Schneeschmelze hinaus fest und geben es erst im Lauf des Sommers an den Fluss ab. Außerdem steigt an warmen Sommertagen Wasser in die Atmosphäre auf und wird zu Wolken. Weil die meisten Regenwolken nicht vom Meer kommen, sondern sich über dem von Pflanzen bedeckten Land bilden, entsteht, wenn sie abregnen, ein Kreislauf des Wassers über der Vegetation. Durch ihn erhalten die Pflanzen ständig neue Feuchtigkeit, und es kann sich ein dichter Bewuchs bilden, der verhindert, dass alles Wasser an den Fluss abgegeben wird. Je dichter die Vegetation ist, desto besser kann sie Wasser festhalten – und desto stärker wirkt sich dies gegen Überflutungen im Unterlauf der Flüsse aus. Dieser Umstand müsste beim Wasserbau noch viel mehr beachtet werden; man denkt zu wenig daran, gerade am Oberlauf der Elbe.

Nur das Wasser also, das von der Vegetation, vor allem von den moosigen Quellmoorpolstern, aus denen das Wollgras und der Tarant mit seinen stahlblauen Blütensternen aufragen, nicht festgehalten wird, setzt sich als Rinnsal in Bewegung, zunächst im Boden, dann, wenn der Boden von Wasser gesättigt ist, auch an der Erdoberfläche. Rinnsal findet zu Rinnsal, das Wasser räumt mit seiner noch schwachen Kraft humoses Bodenmaterial auf die Seite: So entsteht ein kleiner Bachlauf, dessen Ränder besonders gut mit Mineralstoffen versorgt werden. Dort wachsen der Blaue Eisenhut, Baldrian, Goldrute, Grauer Alpendost und Schwalbenwurz-Enzian. Einige dieser auf den Höhen des Riesengebirges vorkommenden Pflanzen sind auch typische Gewächse der Alpen. Sie wachsen in mehreren mitteleuropäischen Gebirgen, aber nur oberhalb und in der Nähe der Waldgrenze.

Zwischen den Wasserwegen wachsen Latschenkiefern. Ihre kaum kniehoch aufragenden Äste (sie werden daher auch Knieholz genannt) sind vielfach geknickt, verbogen. Darin zeigt sich die Wirkung von tauenden Schnee- und Eismassen: Im Frühjahr sacken sie tagsüber in sich zusammen und saugen sich mit Wasser voll. Daraus wird in der Nacht und bei einem Kälterückschlag Eis, das schwer auf dem Untergrund lastet. Wenn es weiter in sich zusammen sinkt, reißt es einzelne Büschel von Nadeln der Latschenkiefern oder auch ganze Äste ab, verbiegt das Gehölz, macht es zu Krumm- oder Knieholz.

Insgesamt ist die Hochebene, auf der die Elbe entspringt, genauso wie die Gipfel der Umgebung waldfrei. Das Gelände liegt nämlich oberhalb der Waldgrenze. Ein solches Terrain eignet sich nicht nur in den Alpen für die Weidenutzung: Man kann dorthin Viehherden bringen, ohne zuvor Wald zu roden. Im Mittelalter und bis in die jüngere Vergangenheit hinein betrieb man hier Almwirtschaft. Im Winter wurde das Vieh in den Ställen der Talniederungen gefüttert. In den Übergangsjahreszeiten fand es frisches Gras in den Niederungen, im Sommer hielt man es auf den Berghöhen. Bei schlechtem Wetter brauchten Vieh und Hirten Unterstände. Daher errichtete man die Bauden, die für die östlichen Mittelgebirge besonders charakteristisch sind. Das Wort Baude ist sprachlich mit «Bude» verwandt; insgesamt hat man sich darunter ein kleines hölzernes Gebäude vorzustellen. Heute haben nur noch wenige Bauden einen einigermaßen ursprünglichen Charakter. Dazu gehört die wenig anheimelnde Elbbaude (Labská bouda) am Rand der Hochebene aber nicht. Sie ist ein nur wenige Jahrzehnte alter Riesenbau, der besonders für die Versorgung der Massen von Skifahrern da ist, die alljährlich das Riesengebirge aufsuchen. Immerhin: Der Bau ist mit Holz verkleidet, und das langgezogene Pultdach ist nach Südwesten ausgerichtet, so dass die Nachmittagssonne das Gebäude erwärmen kann und der darauf liegende Schnee recht bald taut.

In seiner Laufrichtung orientiert sich der schmale Bachlauf der jungen Elbe an den Geländeformen, die in der Eiszeit vorgeprägt wurden. Auf der Hochebene, in deren Mitte die «offizielle» Elbquelle liegt, rinnt das Wasser nach Osten. Ein paar hundert Meter weiter nördlich folgen die Rinnsale dem Steilabfall des Riesengebirges nach Norden. Es ist nicht nur das am höchsten aufragende Mittelgebirge, es hat auch die spektakulärste Steilwand: Von den um die 1500 Meter hohen Gipfeln, zum Beispiel vom direkt nördlich der Elbquelle aufragenden Hohen Rad (Vysoké Kolo; 1509 Meter) fällt das Gelände nach Norden beinahe senkrecht ab. Auch diese Wand wurde während der Eiszeit geschaffen, auch hier bildeten sich Kare. Sie lassen sich besser erkennen als im Tal der jungen Elbe, das von dem Fluss umgeformt wurde. In den Karen am Nordhang des Riesengebirges entstanden hinter mehreren Riegeln von Endmoränen Seen und Moore. Das Gelände senkt sich nach Schlesien hinein, das zum heutigen Polen gehört (die Grenze zwischen Tschechien und Polen befindet sich auf dem Bergkamm und an der Wasserscheide zwischen Elbe und Oder, Nordsee und Ostsee). Vom Bergkamm des Riesengebirges hat man bei klarer Sicht einen grandiosen Ausblick: Man schaut auf mehr als eintausend Meter tiefer liegendes Terrain, einen schmalen Vorgebirgsstreifen, fruchtbares Lössgebiet und weit in die nordmitteleuropäische Niederung hinein. Diese Niederung erreicht das Wasser der Elbe erst nach einer einige hundert Kilometer langen Schlinge, die es durch das Böhmische Becken nehmen muss, in der Nähe von Dresden.

Von Schlesien aus sind die Berge tatsächlich ein Riesengebirge: Über eintausend Meter ragt die dunkle Felswand über dem niedrig gelegenen Land um Hirschberg auf. Und es wird klar, warum der örtliche Berggeist nur ein Riese sein kann, Rübezahl. Er hat freundliche und unfreundliche, auf jeden Fall aber wilde Züge, denn er repräsentiert ja die Wildnis des schroff aufragenden Gebirges. Sein Name ist rätselhaft. Johann Karl August Musäus, der die wohl bekannteste Fassung der Märchen von Rübezahl aufzeichnete, beschrieb ihn als «Rübenzähler». Doch es ist wahrscheinlicher, dass das Wort Rübezahl die Verballhornung eines alten Begriffs ist, der ungefähr «Hurenschwanz» bedeutet. Und das ist der Grund, warum man den Rübezahl nicht bei seinem Namen nennen soll; der Riese schätzt ihn keineswegs.

Die junge Elbe ändert ihren Charakter nach den ersten wenigen hundert Metern: vom kleinen Rinnsal zum raschen Bach, der in zahlreichen Kaskaden über die Steilwand des Kares im Osten der Hochebene stürzt. Die Wasserfälle sind im Hochsommer beschaulich, zur Zeit der Schneeschmelze schwellen sie aber gewaltig an und tosen brausend zu Tal.

2 Der reißende Bergbach zu Spindlers Mühle

An der «Elbquelle» befindet sich ein Denkmal, ein Mosaik, das schematisch den Lauf der Elbe und die Wappen einiger Städte am Fluss zeigt. Dargestellt sind auch die Einmündungen der Nebenflüsse. Jeder von ihnen verbreitert den Strom deutlich. Dies lässt sich bereits auf den ersten Kilometern seines Laufs, im wilden Tal unterhalb der Elbbaude, gut beobachten. Die steile Karwand, über die der junge Fluss in Wasserfällen zu Tal stürzt, ist weitgehend frei von Bäumen. Nur am Unterhang stehen Fichten. Eigentlich kann man die meisten von ihnen nicht mehr als solche bezeichnen, denn sie sind Baumleichen. Die meisten Fichten nahe der Waldgrenze des Riesengebirges sind abgestorben; ihre Rinden sind abgeplatzt, das Holz ist silbrig verwittert. Man führt das Absterben dieser

An der Elbquelle befindet sich ein Mosaik, das den Elblauf und die Wappen einiger Städte am Fluss zeigt.

Bäume auf die Verunreinigung der Luft zurück: Bei der Verbrennung von Braunkohle, die man in der DDR, in Polen und in der Tschechoslowakei in zurückliegenden Jahrzehnten reichlich abgebaut und zum Heizen verwendet hat, wird sehr viel Schwefeldioxid freigesetzt. Mit Wasser reagiert es zu Schwefelsäure. Sie kann in den feinen Tröpfchen der Wolken enthalten sein, die in ungefähr 1000 Meter Höhe an die Hänge der Berge stoßen. In dieser Zone des «Nebelwaldes» greift die Säure besonders aggressiv an; Nadeln werden zerfressen, die Bäume erheblich geschädigt. In den Böden nimmt der Säuregrad so stark zu, dass giftiges Aluminium aus den Tonmineralen des Granits freigesetzt wird. Auch darunter leiden die Pflanzen.

Die Auswirkungen des Verbrennens von Braunkohle und anderer fossiler Brennstoffe sind es allerdings nicht allein, die die Bäume in vielen Mittelgebirgen sterben ließen. Das «Waldsterben» hat viele Ursachen. Man muss auch an die Spätfolgen früherer Nutzungen der Standorte denken. Vor einigen Jahrhunderten stand in der Nähe der Elbe kaum noch ein Baum. Die Wälder, in denen es ursprünglich mehr Buchen und andere Laubbäume gab als heute, waren nämlich weithin beseitigt worden, weil man besonders in den Bergwerken von Kuttenberg in Mittelböhmen massenweise Holz zum Schmelzen von Erz brauchte. Es wurde vom Riesengebirge aus elbabwärts geflößt. Später schlug man im Gebirge auch Holz für den Betrieb örtlicher Glashütten ein. Quarz, aus dem man Glas herstellt, ist ein Bestandteil von Granit, dem Gestein des Riesengebirges. Quarz hat einen sehr hohen Schmelzpunkt; er wird erst bei über 1400°C flüssig. Eine derart hohe Temperatur erreichte man im späten Mittelalter und in der frühen Neuzeit nur durch das Verbrennen von Buchenholzkohle, die zuvor in einem Kohlenmeiler hergestellt wurde. Dem Quarzsand setzte man Pottasche als Katalysator zu, um seine Schmelztemperatur zu senken. Pottasche gewann man beim Verbrennen von Holz aus dessen Asche. Für die Herstellung von Buchenholzkohle und Pottasche mussten riesige Waldschläge vernichtet werden.

Unterhalb ihrer Quelle fließt die Elbe über zahlreiche Wasserfälle.

Nach der Abholzung waren die steilen Hänge der Erosion durch das Wasser ausgesetzt. Das Moos, das den Waldboden überzog, trocknete aus, weil es nicht mehr von Bäumen beschattet wurde, und starb ab. Moosreste, Bodenbestandteile, Sand und Steinbrocken wurden vom Wasser abgespült. Der Boden verlor seine fruchtbaren Bestandteile und seine Fähigkeit, Wasser zu speichern. Regen- und Schmelzwasser gelangten auf schnellstem Wege in die Elbe. Im 19. und 20. Jahrhundert forstete man die

Flächen wieder auf, pflanzte aber ausschließlich raschwüchsige Fichten, die mit dem kargen Boden zunächst gut, je größer sie wurden, aber um so schlechter zurechtkamen. Die flachen Wurzelteller schwankten mit den Bäumen im Wind: Dabei verloren sie einerseits den Kontakt zum unter ihnen liegenden Boden, weil sie aus dem Untergrund gerissen wurden, andererseits verfestigten sie ihn. Die Bäume konnten aus dem zusammengepressten Untergrund immer weniger Wasser und Mineralstoffe aufnehmen und verloren ihre Widerstandskraft gegen Sturm und Schadinsekten. Sie starben ab.

Unter den bizarren Baumleichen wachsen neue Gehölzpflanzen in die Höhe – die Vogelbeere, junge Fichten, auch Buchen. Aber es ist nicht leicht für sie, im schneereichen Riesengebirge emporzukommen. Viele Bäume sind durch die Schneelasten und Eismassen geschädigt, fast so wie das Knieholz oberhalb der Waldgrenze. An einigen Stellen sind Lawinen von der Karwand niedergegangen; sie ließen alle Bäume zerbersten, die dort in die Höhe gewachsen waren. Nun erobern die Gehölze die Lawinenbahn erneut. Niemand kann sagen, ob ihnen dies letztlich gelingen wird. Denn es sind zahlreiche lawinenarme Winter notwendig, um einen wirklichen Schutzwald entstehen zu lassen, der die Tallagen unterhalb dieser vor den Auswirkungen von Schnee- und Eisabgängen wirksam schützen kann.

Die Elbe auf dem Weg nach Spindlers Mühle

Das weithin zerstörte oder geschädigte Gehölz kann nicht so wie ein geschlossener Wald Wasser speichern. Wasser wird vor allem zwischen den Wurzeln und in den Moospolstern festgehalten, die sich aber nicht ausbilden können, wenn die Bodenoberfläche dauernd der Sonne ausgesetzt ist. Die meisten Moose, vor allem diejenigen, die Wasser speichern können, gedeihen nur an schattigen, feuchten Orten, am besten in einem geschlossenen Wald. Weil viele Wälder an der oberen Elbe und ebenso an ihren Nebenflüssen und -bächen die wichtige ökologische Funktion der Speicherung von Feuchtigkeit nicht erfüllen, fallen Hochwasserspitzen markanter aus, und in regenarmen Perioden kommt weniger Wasser in die Elbe, als dies bei einem intakten geschlossenen Wald der Fall wäre.

Die Hochwasserspitzen sind ohnehin bedeutend. Vor allem zur Zeit der Schneeschmelze, aber auch nach sommerlichen Wolkenbrüchen entfaltet die sonst so friedliche kleine Elbe eine gewaltige Kraft. Vielleicht gab es einmal einen Karsee unterhalb der Elbbaude. Aber er ist längst durch die Elbe beseitigt worden, die mitten durch das Kar fließt. Ihre Kraft reichte

Der Blick von der Karwand östlich der Elbquelle in das von Gletschern geprägte Tal, in dem die junge Elbe verläuft

aus, um alle Moränenriegel zu durchbrechen. In ihrem Bett unterhalb liegen zentnerschwere Granitbrocken. Sie sind an den Ecken abgerundet. Das bedeutet: Der im Sommer schmale und friedliche Bach bewegte sie in wasserreichen Zeiten – und er wird das auch weiterhin tun. Er schafft es, die vom Gebirge abgebrochenen Gesteinstrümmer zu gewaltigen Kieselsteinen abzuschleifen. Kleinere Schottersteine werden vom Wasser bei der Schneeschmelze aus dem Bachbett gespült; sie werden weiter flussabwärts getragen. Aber auch diese Steine sind beachtlich groß. Im Bett der jungen Elbe bleiben Steine von einigen Dezimetern Durchmesser liegen. Brocken, die weniger als etwa 30 Zentimeter Durchmesser haben, werden von den mächtigen Fluten davongetragen und erst weiter unterhalb wieder abgelagert, wo die Gewalt des Wassers nachgelassen hat.

Die Wassermengen, die von der Hochebene um den Elbursprung herabströmen, reichen allein nicht aus, um solche Naturkräfte zu entfesseln. Von allen Seiten verstärken Bäche den jungen Fluss, der bereits nach einigen Kilometern eine Breite von mehreren Metern aufweist, und dies selbst in Zeiten geringerer Wasserführung. Sein Wasser hat auch deswegen so viel Kraft, weil sein Gefälle gewaltig ist. Auf den ersten etwa sieben Kilometern seines Laufes überwindet der Fluss bereits ungefähr die Hälfte seines gesamten Gefälles von der Quelle bis zur Mündung: Wasser, das zum Elblauf wird, setzt sich bei mehr als 1400 Meter Meereshöhe auf den Höhen des Riesengebirges in Bewegung. Die erste Ortschaft, die der junge Fluss erreicht, ist Spindlers Mühle (auch Spindlermühle oder Spindelmühle genannt, amtlich tschechisch Špindlerův Mlýn), deren oberer Teil etwa 850, der untere nur wenig mehr als 700 Meter hoch über dem Meer liegt. Dort wird er von einem weiteren wasserreichen Bach erreicht, vom Weißwasser (Bilé Labe). Dieser Wasserlauf entspringt am Hang der Schneekoppe und könnte so gut wie der Quellfluss, den wir bisher verfolgt haben, Elbe genannt werden. Er ist nämlich mindestens genauso lang.

Spindlers Mühle ist ein bekannter Ferienort, der vor allem im Winter überlaufen ist. Von hier aus kann man zu zahlreichen Skitouren ins Riesengebirge aufbrechen. Seinen Namen erhielt der Ort erst 1793. Damals schrieben einige Bewohner an Kaiser Franz II. nach Wien und baten ihn, den Bau einer Kirche zu genehmigen. Das tat der Habsburger, und er adressierte sein Genehmigungsschreiben an Spindlers Mühle, von wo aus seine Untertanen an ihn geschrieben hatten. So kam der Ort zu seinem Namen. Er verweist darauf, dass hier die höchstgelegenen Mühlen an der Elbe standen. Ihr Betrieb war mit Sicherheit riskant, denn immer wieder zerschlug das Hochwasser die Wasserräder und Mahlwerke, und immer wieder gab es auch Zeiten, in denen die Wassermenge nicht ausreichte, um die Mühlräder in Bewegung zu setzen. Deshalb legte man Rückhaltebecken an, um die Wasserführung des Flusses auszugleichen. Aber in dem engen Tal der Elbe lassen sich die Hochwasserspitzen nur geringfügig abmildern, und nur wenig Wasser kann für die regenarme Zeit des Spätsommers zurückgehalten werden, um es allmählich an den Fluss abzugeben.

Unterhalb von Spindlers Mühle, kaum zehn Kilometer vom Ursprung entfernt, ist die Elbe bereits in Niedrigwasserperioden über zehn Meter breit; in ihrem Flussbett liegen immer noch mächtige Schottersteine. Sie zeugen von der immensen Gewalt des Wassers, die zuzeiten entfesselt wird. Bei Hochwasser schwillt der Flusslauf gewaltig an, er ist dann noch erheblich breiter und tiefer. Zur Abwehr von Schäden wurden seine Ufer aufwändig mit stabilen Mauern befestigt. Aber selbst die tonnenschweren Steine dieser Mauern reißt das Wasser gelegentlich mit sich, wenn es besonders bei der Schneeschmelze unbändig zu Tale tost. Fast alles Wasser, das bei Niederschlägen auf das Riesengebirge fällt, verlässt das Gebirge nach Süden. Dorthin wendet sich die junge Elbe jetzt; bei der Kleinstadt Hohenelbe (Vrchlabí) tritt sie in das Böhmische Becken ein. Das Schloss von Hohenelbe gehörte dem 1634 ermordeten Albrecht von Wallenstein und wurde häufig von ihm bewohnt. Er ließ dort die eisernen Rüstungen für seine zahlreichen Söldner herstellen und setzte sich so für die bedeutende örtliche Eisenindustrie ein. Der Schlossbau beruht auf einer originellen Idee: Er hat für jede Jahreszeit einen Turm, für jede Woche des Jahres einen Raum und für jeden Tag ein Fenster.

Ein wenig elbabwärts liegt Kukus (Kuks), wo der Reichsgraf Franz Anton Sporck in der Zeit um 1700 einen Badeort einrichten ließ. Sporck war ein Förderer von Kunst und Musik. In seinem sehenswerten Barockgarten veranstaltete er Opernaufführungen, und er setzte sich dafür ein, dass das zuvor nur von Jägern geblasene Waldhorn zum Orchesterinstrument wurde. Daher kann man das Horn als ein Instrument aus dem Riesengebirge auffassen. Im frühen 20. Jahrhundert dann kam indes der Vater des Reichsgrafen zu noch größerer Berühmtheit. Reichsgraf Johann Sporck ist das Vorbild des «Cornet» von Rainer Maria Rilke. Dieses Stück Heldendichtung war 1912 der erste Band der berühmten Insel-Bücherei und entwickelte sich nicht nur zum erfolgreichsten Buch des Dichters, sondern auch zu einem der auflagenstärksten Bücher des 20. Jahrhunderts.

3 Zuerst nach Süden, dann nach Westen durch das Böhmische Becken

Südlich von Hohenelbe ist die Elbe kein Gebirgsfluss mehr. Sie zieht nun gemächlichere Bahnen durch das Böhmische Becken. Dieses Hügelland ist von höheren Gebirgen eingeschlossen: vom Riesengebirge, Isergebirge und Erzgebirge im Norden, dem Böhmerwald im Südwesten und Süden, den Bergländern im Grenzgebiet zwischen Tschechien und Österreich im Süden und den Böhmisch-Mährischen Höhen im Südosten. Sämtliches Wasser, das in diesem Gebiet vom Himmel herunter regnet, landet früher oder später in der Elbe. Und all dieses Wasser muss letztlich die enge Pforte finden, die Böhmen nach Norden hin entwässert: das nach Sachsen führende Elbtal. Im Böhmischen Becken sind die Regenmengen erheblich niedriger als im Bergland. Im Winter fällt nicht so viel Schnee, und er bleibt auch nicht überall den ganzen Winter über liegen; es gibt mehrere Phasen mit Tauwetter. Doch viele der Flüsse, die den Elblauf auf ihrem Weg durch das Böhmische Becken nach und nach verstärken, kommen aus den regenreichen Gebirgen, und wenn es dort regnet, schwellen ihre Fluten an. Besonders gefährlich wird dies, wenn ein Regengebiet mehrere Gebirge und mehrere Einzugsgebiete von Quellflüssen der Elbe nacheinander trifft, wie dies 2002 der Fall war.

Hohenelbe liegt 470 Meter über dem Meeresspiegel. Nach einer Laufstrecke von nur 23 Kilometern hat die Elbe also bereits einen Höhenunterschied von beinahe 1000 Metern hinter sich gebracht. Auf ihrem Lauf nach Süden, in Richtung Pardubitz (Pardubice), ist das Gefälle der Elbe noch relativ hoch; unterhalb von Pardubitz unterschreitet die Höhe des Elbwasserspiegels bereits 200 Meter, und in Melnik, an der Einmündung der Moldau (Vltava) liegt er nur noch bei 155 Meter Meereshöhe. Dort hat die Elbe erst etwa 300 Kilometer ihres über 1000 Kilometer langen Laufes zurückgelegt, aber bereits den allergrößten Teil ihres Gefälles überwunden. Die Folge davon: Der Fluss ist auf weite Strecken träge, und das ist er auch bereits unterhalb von Pardubitz.

Der landschaftliche Gegensatz zwischen dem Riesengebirge und dem Böhmischen Becken ist gewaltig. Auch über dem lieblichen Beckenland wirkt das von Nadelwäldern bestandene Riesengebirge «riesig». Solange der Fluss ein starkes Gefälle und daher viel Kraft besitzt, kann er die mitgerissenen Steinbrocken aus dem Gebirge noch transportieren. Wo sein Gefälle geringer wird, erlahmt seine Kraft: Sein Transportgut bleibt im Flussbett liegen. Auf diese Weise bildet sich ein Schotterbett. In Zeiten starker Wasserführung kann das gesamte Schotterbett überflutet werden; gelangt weniger Wasser in den Strom, fällt ein Teil des Schotters trocken. Feinere Bestandteile von Gestein, die zwischen den Kieselsteinen abgelagert wurden, können, wenn sie völlig getrocknet sind, vom Wind aufgenommen werden. Heutzutage betrifft das nur eine geringe Menge an Ablagerungen; in den Eiszeiten hingegen waren die Unterschiede der Wasserführung im Jahreslauf größer als heute. Damals gelangte im Winter fast kein Wasser in die Elbe, denn es wurde auf den Höhen des Riesengebirges zu Gletschereis. Im Sommer aber tauten die Gletscher, und viel Wasser floss in der Elbe ab. Zeitweise war damals der Fluss breiter als heute.

Auch wenn damals die Wasserkraft in der Mitte des Bettes noch so groß war: Bis zu den Rändern des Flusses reichte sie nicht. Dorthin vermochte das Wasser nur feine Gesteinspartikel zu tragen. Feiner Sand und Ton wurden dort abgelagert. Wenn die eisigen Winterstürme über das kahle und dann weithin trockene Elbbett wehten, setzten sie große Mengen feiner Ablagerungen in Bewegung. Die schwereren Sandkörner verlor der Wind gleich am Rand des Flussbettes. Daher finden sich am Rand der Tieflandelbe zwischen Königgrätz und Melnik an vielen Orten Dünen.

Der feine Ton wurde weiter geweht; er blieb in den Senken zwischen dem Flusstal und den Hügelketten als Löss liegen. Im Löss sind praktisch alle Mineralstoffe, die Pflanzen zum Wachstum benötigen, in großer Menge vorhanden, denn er ist ja aus sehr fein zermahlenen unterschiedlichen Gesteinen entstanden. Daher gelten die Böden, die sich auf Löss entwickeln, als außerordentlich fruchtbar. Sie sind außerdem tiefgründig: Wer einen solchen Boden pflügt oder hackt, stößt kaum einmal auf Stein. Das machten sich die Bauern bereits in der Jungsteinzeit, vor etwa 7000 Jahren, zu Nutze: Sie rodeten die Wälder und begannen, Einkorn und Emmer anzubauen, zwei Getreidearten, die mit dem Weizen verwandt sind. Mit Werkzeugen aus Stein, Knochen und Holz waren die Bauern in der Lage, den nahezu steinfreien Boden aus Löss umzubrechen. Seitdem ist im Böhmischen Becken, beispielsweise in einer von Archäologen intensiv untersuchten Siedlung bei Bilan (Bilany) in der Nähe von Kuttenberg, stets Ackerbau betrieben worden, genauso wie auch an anderen Uferstrecken der Elbe, die durch Lössgebiete führen.

Allerdings blieben damals die Siedlungen nicht immer an Ort und Stelle erhalten. Nach einigen Jahrzehnten Nutzungsdauer gab man sie auf, rodete ein neues Stück Wald und begann dort die Landwirtschaft. Aus heutiger Sicht fragt man sich, warum; man bürdete sich dadurch ja mehr Arbeit auf als notwendig, wie es scheint. Wohl kaum hatte nach einigen Jahrzehnten Nutzungsdauer die Bodenfruchtbarkeit so stark nachgelassen, dass man keine ausreichenden Ernten mehr einbringen konnte. Denn sogar bis heute sind die Böden auf dem Löss ausgesprochen fruchtbar geblieben. Möglicherweise benötigten die damaligen Bauern nach einigen Jahrzehnten Baumaterial, um neue Hütten zu errichten. Geeignetes Bauholz fanden sie vor allem an solchen Orten, die bisher nicht besiedelt waren. Sie hatten nun die Wahl: Entweder sie transportierten das Holz von der Rodungsparzelle zur bestehenden Siedlung, oder sie verlegten die Siedlung dorthin, wo man frisches Bauholz gewinnen konnte. Offenbar haben sie Letzteres getan. Über der verlassenen Siedlungsstelle schloss sich erneut der Wald.

Das Leben der Menschen in Böhmen begann sich im frühen Mittelalter von Grund auf zu verändern. Staatliche Strukturen rückten immer dichter an das Gebiet heran. Bauern, die alle paar Jahrzehnte ihre Siedlungen verlagerten, ließen sich ohne Umstellung ihrer Lebensweise nicht in ein staatliches Gebiet integrieren. Aus Sicht der Bewohner eines Staates galten sie als «wild» oder auf jeden Fall als «unzivilisiert». Immer wieder ist es zu Tragödien gekommen, weil die Menschen in den Staaten das Leben von Menschen nicht verstanden haben, die außerhalb staatlicher Strukturen lebten. In der Nachbarschaft des Reichs der Karolinger und ihrer Nachfahren, das sich im Mittelalter nach Osten ausbreitete, bildeten sich slawische Fürstentümer heraus – mit Machtzentren, die eine größere Stabilität aufwiesen als die Siedlungen, die zuvor bestanden hatten. Einige dieser Machtzentren wurden wieder aufgegeben, andere hatten Bestand. Sie wurden nach und nach von den Elementen erreicht, die Grundfesten des mittelalterlichen Staates waren: vom Christentum, von der Schriftlichkeit, von festen Straßen, festen Handelsbeziehungen, dem Münzwesen. Staatliche Verwaltung war in Böhmen mit der deutschen Sprache verbunden; daher breitete sich auch der Einflussbereich der deutschen Sprache weiter nach Osten aus. Schließlich wurde Böhmen in das Reich integriert, und

Elbbrücke in Königgrätz

nicht nur das: Es wurde zu einem seiner wirtschaftlich und kulturell wichtigsten Teile.

Stabile Siedlungsstrukturen breiteten sich in Böhmen vor allem im 13. und 14. Jahrhundert aus. Eine der ältesten Städte, die zu einem Stützpfeiler der Stabilität in dieser Gegend wurden, ist Königgrätz (Hradec Králové), das 1232 Stadtrechte erhielt. Königgrätz hat eine ideale Lage für eine stabile Stadt. Es liegt auf einem Geländesporn zwischen den Flüssen Elbe und Adler (Orlice); Königgrätz war daher gut zu befestigen. Auf den Wasserwegen konnten lebensnotwendige Güter in die Stadt transportiert werden, vor allem Holz, das von einer aufstrebenden Stadt in Mengen gebraucht wurde. Holz hatte nicht nur Bedeutung als Material zum Bauen und zur Werkzeugherstellung, sondern war der einzige verfügbare Brennstoff, den man zum Heizen und für mancherlei Gewerbe nutzen konnte. Das Wasser der Flüsse ließ sich anstauen; man konnte Wassermühlen betreiben, und dank ihrer konnte stets Mehl für eine große Bevölkerungsmenge erzeugt werden. Weil die Stadt vom hochwassersicheren Höhenzug bis zum Wasser reichte, ließen sich die Mühlen in die Befestigungswerke mit einbeziehen. Sie nützten der örtlichen Bevölkerung auch dann, wenn die Stadt belagert wurde. Die Mühlen waren das gewerbliche Zentrum einer mittelalterlichen Stadt; in ihnen konnten Dienstleistungen für das Umland erbracht werden. Die Bauern brachten ihr Korn zum Mahlen und nahmen Mehl mit nach Hause – aber einen Teil des Mehls mussten sie in der Stadt lassen, um für die Dienstleistung zu bezahlen. In den Mühlen konnte auch Holz gesägt werden, es wurden dort Erze und Gewürze zermahlen, Farben und Öl produziert. Nicht vergessen werden darf, dass das Wasser selbst ein wichtiges Versorgungsgut für die Stadtbewohner ist, und Abwasser konnte in die Flüsse geleitet werden. An Flussmündungen lassen sich Fließgewässer besser queren als an anderen Stellen. Denn die Strömungen zweier Flüsse stauen sich gegenseitig, die Strömungsgeschwindigkeit lässt nach, die Flüsse sind flach. Es bilden sich natürlicherweise Furten, und in späterer Zeit ließen sich dort gut Brücken bauen. Die besondere Gunst des Geländes, die man bei der Gründung einer Stadt ausnützte, lässt sich in Königgrätz hervorragend erkunden. Man muss die Geländekenntnis der Stadtgründer bewundern!

Eine derart von den natürlichen Bedingungen begünstige Stadt wurde zum wichtigen Handelsort. Davon zeugt der große dreieckige Marktplatz. An seiner westlichen Schmalseite stehen drei Gebäude, die vor allem die Macht repräsentieren: das weltliche Rathaus, die christliche Kathedrale und dazwischen der 72 Meter hohe Weiße Turm (Bíla Věž). An den Längsseiten des Marktes befinden sich zahlreiche weltliche und kirchliche Gebäude, darunter die Residenz des Bischofs und die Jesuitenkirche. In der Mitte des Platzes ragt eine Mariensäule auf, die von einer Statuengruppe umgeben ist. Auf dem Markt trafen sich lokale Händler mit solchen, die auf Fernwegen unterwegs waren: In Königgrätz kreuzen sich die alten Handelsstraßen von den Donauländern nach Breslau und von Prag nach Krakau. Diese Handelswege hätten auch einen etwas anderen Lauf nehmen können. Nun aber hatten sie einen Fixpunkt: Königgrätz als von der Topographie besonders begünstigte mittelalterliche Stadt. Königgrätz bekam als erste böhmische Stadt Stadtrecht verliehen, übrigens handelte es sich dabei wie im Falle vieler anderer Städte an der Elbe und östlich davon um Magdeburger Stadtrecht.

An der Straßenfront des ältesten Hauses von Pardubitz (U Jonáše) sind Jonas und der Walfisch abgebildet. Vorbild für die tosenden Fluten könnte die Elbe bei Hochwasser gewesen sein.

Königgrätz ist dennoch heute nicht aus diesem Grund bekannt, sondern weil dort 1866 zwischen Preußen und Österreich eine historisch folgenreiche und blutige Schlacht geschlagen wurde. Dadurch wurde der Weg geebnet zur Gründung des Zweiten Deutschen Kaiserreichs, das nur fünf Jahre später, nach dem Sieg der Preußen über die Franzosen im Jahr 1871, ausgerufen wurde. Auch das Habsburgerreich musste in der Folgezeit neu organisiert werden. Die Gewichtung der einzelnen Nationalitäten innerhalb des Vielvölkerstaates verschob sich, und der Einfluss einiger nationaler Gruppen stieg an. Letztlich ging von hier eine wesentliche Weichenstellung für die Bildung eines unabhängigen tschechischen Staates nach dem Ersten Weltkrieg aus.

Im Unterschied zu ländlichen Siedlungen vorgeschichtlicher Prägung konnten Städte seit dem Mittelalter nur dann auf Dauer bestehen, wenn sie aus dem Umland versorgt wurden bzw. in ein Handelsnetz integriert waren. Einige Güter ließen sich auf dem Wasserweg herbeischaffen, für andere brauchte man ein festes Straßennetz. Dieses konnte aber nicht in einer Gegend aufgebaut werden, in der ländliche Siedlungen wie seit Jahrtausenden immer wieder verlagert wurden. Auf die Stabilisierung der Städte folgte daher im Mittelalter die Stabilisierung der Dörfer: Seit dem

14. Jahrhundert waren sie in ihrer Lage fixiert. Lokatoren, im Auftrag der Grundherrschaft agierende Landvermesser, maßen die Flächen der einzelnen Bauern ab und gaben den Dörfern damit eine fest strukturierte Ackerflur. Reglementierungen wie die Dreifelderwirtschaft wurden eingeführt, um in den Dörfern Überschüsse zu erwirtschaften, mit denen die Bevölkerung der Städte versorgt werden konnte. Ohne diese Überschüsse wäre die dauerhafte Entwicklung der Städte als wirtschaftliche, politische und kulturelle Zentren nicht möglich gewesen. Weil die Dörfer nun fixiert waren, lohnte sich mit der Zeit auch die Anlage von Spezialkulturen, die auf längere Zeit bestehen müssen. Nun erst waren die Voraussetzungen dafür geschaffen, dass sich der Anbau von Wein, Obstbäumen und Hopfen in Böhmen ausbreiten konnte. Diese Spezialkulturen prägen heute weite Landstriche im Böhmischen Becken und machen die Landschaft abwechslungsreich.

In der gleichen Zeit, in der die Dörfer eine feste Lage erhielten, entstanden weitere Städte; Pardubitz (Pardubice), etwas unterhalb von Königgrätz gelegen, erhielt seine Stadtrechte zwischen 1332 und 1340. Die Stadt hat eine mit der von Königgrätz vergleichbare Lage: auf einem allerdings weniger stark ausgeprägten Geländesporn zwischen der Elbe und ihrem Nebenfluss Chrudimka. In das rechtwinklige Straßennetz eingepasst ist der große viereckige Hauptplatz Pernštýnské Náměstí. An seiner Ostseite steht das älteste Haus der Stadt, U Jonáše, aus dem Jahr 1515. Auf seiner gesamten dem Markt zugewandten Fassade ist eine Darstellung der biblischen Legende von Jonas und dem Walfisch zu sehen, umgeben von tosenden Fluten. Diese müssen nicht zwingend das unbändige Meer darstellen; der Schöpfer dieses überdimensionalen Wandbildes hatte sicher eher die tobenden Fluten der Elbe gesehen, die alljährlich im Frühjahr auch Pardubitz bedrohten.

Pardubitz ist seit Jahrzehnten ein wichtiger Standort der chemischen Industrie. Aus seiner Umgebung stammt Semtex, der lange Zeit nur schwer aufzuspürende «Plastiksprengstoff», der von zahlreichen Terroristen verwendet wurde. Die Chemiewerke verschmutzten die Elbe gewaltig. Von Pardubitz ab galt die Elbe jahrzehntelang als einer der am stärksten verunreinigten Flüsse Europas. Seit der Wende von 1989 werden unter gemeinsamen Anstrengungen der Tschechen und ihrer Nachbarstaaten Maßnahmen getroffen, um das Wasser der Elbe zu reinigen – mit noch nicht abschließendem, aber doch deutlich spürbarem Erfolg.

Kuttenberg, die alte Bergbaustadt östlich von Prag. Auf der Elbe wurde Holz aus dem Riesengebirge hierhin geflößt.

Pardubitz liegt nahe dem südöstlichsten Punkt, den der Elblauf auf seinem Weg durch Böhmen erreicht. Unterhalb der Stadt knickt der Fluss in westliche Richtung ab, und damit ändert er auch seinen Charakter. Er wird zum Tieflandstrom mit geringem Gefälle. So tosend wie auf dem Pardubitzer Haus U Jonáše würde er sich selbst bei überreichlicher Wasserführung dort nicht gebärden. Bei Hochwasser würde er nach beiden Seiten weit ausufern, wenn Dämme das Hinterland nicht vor Überflutung schützten. Dennoch werden große Niederungsbereiche immer wieder von Wasser bedeckt. Weil es nur langsam fließt, lagert es auf den überfluteten Flächen feine Mineralbestandteile ab, die das Wasser bisher mit sich getragen hatte. Diese Mineralstoffe düngen das Land. Vor allem in der zweiten Hälfte des 20. Jahrhunderts befanden sich unter den feinen Mineralbestandteilen auch zahlreiche Schwermetallpartikel und andere Teilchen aus den Abwässern der chemischen Industrie. Von ihnen wurden zahlreiche Auensedimente verunreinigt.

Wenn das Hochwasser zurückgegangen ist, wächst das Gras auf den Niederungswiesen besonders gut. Im Sommer ist das Land trocken: Dann kann man dort viel Gras ernten und es anschließend vorzüglich zu Heu trocknen. Weil sich hier viel Futter gewinnen ließ, waren schon vor Jahrhunderten beste Voraussetzungen für die Viehzucht gegeben, auch für die Haltung von edlen Pferden. In Pardubitz gibt es seit langem einen berühmten Pferdemarkt, später wurde die Stadt zum Austragungsort eines bekannten Pferderennens. Auch das flussabwärts gelegene Kladrub an der Elbe (Kladruby nad Labem) ist ein für die Pferdezucht berühmter Ort. Unterhalb von Pardubitz ist die Elbe heute kanalisiert; sie ist daher schiffbar, und Pardubitz ist ihr am weitesten flussaufwärts liegender Hafen.

Wilhelm von Pernstein, der großen Einfluss auf die Stadtanlage von Pardubitz nahm, ließ zu Anfang des 16. Jahrhunderts den 35 Kilometer langen Opatowitzer Kanal graben, über den etwa 350 Teiche zwischen Königgrätz und Kolin mit Elbwasser versorgt wurden. In diesen Teichen wurde Fischzucht betrieben; Fisch war ein ständig verfügbares Nahrungsmittel und hatte daher für die permanente Versorgung der städtischen Bevölkerung eine große Bedeutung. Später jedoch, im 18. Jahrhundert, wandelte man die Teichanlage zu Feldern um. Ihr Boden war besonders fruchtbar, denn zum einen hatten sich dort lange Zeit immer wieder Mineralstoffe abgelagert, zum anderen hatten Mikroorganismen in den Teichen Stickstoff aus der Luft fixiert, so dass er als lebensnotwendiges Nitrat den Pflanzen reichlich zur Verfügung stand. Weitere Düngung war zunächst nicht notwendig, das Korn wuchs bestens.

In Kolin (Kolín), der nächsten Stadt an der Elbe unterhalb von Pardubitz, steht längs des Flusses eine von dem schwäbischen Baumeister Peter Parler gestaltete Kirche – wie auch in den nahen Städten Kuttenberg und Prag. Im Mittelalter staute man die Elbe in Kolin mit einem mächtigen Wehr, um mit dem Wasser zahlreiche Mühlen anzutreiben. Dort zweigte auch ein längerer Kanal von der Elbe ab, über den Floßholz aus dem Riesengebirge nach Kuttenberg (Kutná Hora) gebracht wurde. Holz wurde dort seit dem Ende des 13. Jahrhunderts in großen Mengen gebraucht. Mit der ersten Stabilisierungswelle des Staates kamen im 13. Jahrhundert neue Bergbautechniken ins Land. Vielleicht kannte man die Silberadern von Kuttenberg schon längst, aber erst um 1275 begann ihre Ausbeutung. Das Silber wurde zu Münzen verarbeitet: In Kuttenberg wurden die berühmten Prager Groschen geprägt, die um 1300 im Münzumlauf auftauch-

Das fruchtbare Hügelland Mittelböhmens

ten. Ihr Name leitet sich vom lateinischen «denarius grossus» ab, das man etwa mit «dicker Pfennig» übersetzen könnte. Das «ss» wurde zu einem «sch», weil die Tschechen diese Buchstaben so aussprechen. Der Groschen gehörte zu einer Währung von völlig neuer Qualität in Mitteleuropa – sein Nominalwert unterschied sich von seinem Materialwert. Diese Unterscheidung, bei deren Einführung Bankfachleute aus der damals führenden Finanzwelt in Norditalien mitwirkten, war bahnbrechend für die Entwicklung einer modernen Geldwirtschaft in Europa.

Um das kostbare Erz aus dem Gestein herausschmelzen zu können, musste man es erhitzen – nur Holz kam damals dafür in Frage, Holz aus dem waldreichen Riesengebirge. Der Silberbedarf, man kann auch sagen die Geldgier war so groß, dass die Bergleute bereits im Mittelalter in Schächten bis zu 500 Meter in den Untergrund vordrangen. Derart tief liegende Stollen gab es zu dieser Zeit wohl sonst nirgends auf der Welt. Kuttenberg entwickelte sich seit der Zeit um 1300 zur prächtigen Stadt –

alle ihre Bauten, darunter vor allem der Dom Sankt Barbara, ein berühmtes Werk Peter Parlers und seiner Bauhütte, zeugen von unermesslichem Reichtum. Noch mehr profitierte Prag von den Silberfunden in seinem Hinterland: An der Moldau lagen die Märkte, von denen aus die Groschen in den Handel gelangten.

Problematisch war in Kuttenberg die Wasserversorgung. Man konnte keine Brunnen graben, weil der Fels unter der Stadt von Bergwerksstollen geradezu durchsiebt war. Und die Stadt liegt nicht direkt an einem wasserreichen Fließgewässer, sondern auf einem Berg; unterhalb von ihm ziehen nur das Flüsschen Vrchlice und kleine Bäche ihre Bahn. Daher errichtete man Zisternen in der Stadt, um Regenwasser und Wasser aus der Umgebung aufzufangen. Eine davon ist der große Steinerne Brunnen. Kuttenberg ist heute ein von zahlreichen Touristen aus aller Welt aufgesuchtes Ziel; der Ort wurde in die Liste des Weltkulturerbes der UNESCO aufgenommen.

Insgesamt lässt sich entlang des Weges der Elbe vom Riesengebirge bis in die Nähe von Prag deutlich machen, dass dieses Land von der politischen, wirtschaftlichen und kulturellen Stabilisierung im 13. Jahrhundert erheblich profitiert hat. Schon bald danach kamen die immensen Reichtümer Böhmens zum Vorschein: das Silber von Kuttenberg und das Holz des Riesengebirges. Dank der Silberfunde von Kuttenberg und der Verfügbarkeit von Holz aus dem Gebirge wurde Böhmen im 13. und 14. Jahrhundert vom Rand des Reiches in sein Zentrum gerückt, und das hieß damals auch: vom Rand der Welt in ihren Mittelpunkt. Vielleicht war dies der Grund dafür, dass man den Wasserweg für besonders wichtig hielt, der die Rohstoffe Silber und Holz zueinander brachte. Er erhielt im Mittelalter den Namen der Elbe (Labe), der zuvor nur für den Flusslauf weiter unterhalb gebraucht wurde. Aus zwei noch zu nennenden Gründen wäre es allerdings schlüssiger gewesen, wenn die Moldau ihren Namen dem gesamten Fluss gegeben hätte. Von ihr und dem anderen langen böhmischen Nebenfluss der Elbe, der Eger, ist in dem nächsten Kapiteln die Rede, bevor wir dem Elblauf dann weiter flussabwärts folgen.

4 Die Moldau, der eigentliche Oberlauf der Elbe?

Wo beginnt die Elbe? Diese Frage muss erneut aufgegriffen werden, wenn von der Moldau die Rede ist. Denn sie ist wesentlich länger und wasserreicher als die junge Elbe. Ihren Mittel- und Unterlauf kannte und nutzte man sehr viel eher als ihren Oberlauf. Daher bekam der breite Unterlauf auch früh einen Namen. Quellen im Gebirge gibt es viele; sie und die Bäche, die sie hervorbringen, lassen sich nicht direkt nutzen. Man benannte diese Quellen erst, als man den Gesamtlauf der Flüsse festlegen wollte. Es war Ansichtssache, welche von vielen Quellen die «eigentliche Quelle» eines Flusses sein sollte. Eine naturwissenschaftlich vorgegebene Notwendigkeit besteht nicht, eine bestimmte Quelle als die der Elbe zu bezeichnen. Das hing von den Menschen ab, die sich für eine entschieden. Interessanterweise gab es im Fall der Elbe zwei sehr unterschiedliche Antworten auf die Frage, wo ihre Quelle liegt. Sie stammen aus verschiedenen Zeiten.

Eigentlich müsste man die Moldau als den Oberlauf der Elbe ansehen. Denn die Elbe legt bis zur Einmündung der Moldau bei Melnik (Mělník) nur 261 Kilometer zurück, während die Moldau bis dorthin bereits eine Laufstrecke von 425 Kilometer hinter sich bringt. Die Moldau ist auch der breitere Strom. Ihr Wasserreichtum hängt damit zusammen, dass zahlreiche Nebenflüsse aus dem Südwesten und Südosten Böhmens in sie münden.

Ptolemäus, der in antiker Zeit zum ersten Mal geographische Vorstellungen über Mitteleuropa zusammentrug, zog den eigentlich richtigen Schluss über die Wasserläufe in Böhmen: Er fasste die Moldau als Oberlauf der Elbe auf. Für ihn war die Elbe daher ein längerer Strom als für uns. Legte man ihre Quelle in den Böhmerwald, wo die Moldau entspringt, wäre sie mehr als 150 Kilometer länger.

Doch im Mittelalter hatte man eine andere Vorstellung. Man lokalisierte den Elbursprung im Riesengebirge, und ihren wichtigsten Quellfluss nannte man Moldau (Vltava). Dafür mag es mehrere Gründe geben, über deren Berechtigung sich allerdings nur Vermutungen anstellen lassen. Vielleicht kannte man im frühen Mittelalter sowohl den Mittel- und Unterlauf der Elbe, den man auch so nannte, und ferner ein Flussstück beim früh besiedelten Prag (Praha), dem man einen anderen Namen gab. Erst später sah man den Zusammenhang zwischen den Flussläufen. In römischer Zeit war dieser möglicherweise bereits bekannt gewesen, aber das Wissen darüber mag verloren gegangen sein. Es könnte auch sein, dass man den Fluss zwischen Riesengebirge und Melnik als wichtiger ansah und ihm deshalb den gleichen Namen wie dem Unterlauf gab. Denn die Elbe hatte für das mittelalterliche Böhmen erhebliche Bedeutung: Dort wurde, wie wir bereits gesehen haben, das Holz aus dem Riesengebirge nach Kuttenberg geflößt, das man dort zur Verhüttung von Erz brauchte.

Die Moldau hat mehrere Quellen im Grenzgebiet zwischen Tschechien, Deutschland und Österreich. Die Hauptquelle liegt unmittelbar nordöstlich vom Hauptkamm des Böhmerwaldes (Šumava) auf der tschechischen Seite des Gebirges. Ebenso wie die Elbe wendet sich die Moldau zunächst in östliche Richtung, aber wohl aus anderen Gründen. Die obere Moldau war in weit zurückliegender Zeit ein Nebenfluss der Donau. Als im Verlauf der letzten etwa 15 Millionen Jahre die Alpen und Karpaten entstanden, ging dieser Laufweg verloren. Von Norden her, wo das Gelände absank, fraß sich ein kleiner Wasserlauf immer näher an die Moldau heran und zapfte sie schließlich an; dann lenkte er sie nach Norden um, hin zu Elbe und Nordsee. In der Nähe von Hohenfurth (Vyšší Brod) macht die Moldau seitdem einen scharfen Knick nach Norden. Aus dem kleinen Bachtal schuf der breitere und wasserreichere Fluss eine tiefe Schlucht an der Teufelswand; «Teufelswand» ist auch der Titel einer Oper von Friedrich (Bedřich) Smetana. Die Enge des Tals verweist darauf, dass es nur wenige Millionen Jahre durchflossen ist. Der Fluss wird das schmale Tal wohl sukzessive erweitern. Das braucht lange Zeit, zumal wenn das Gestein – wie an der Teufelswand – sehr hart ist. Besonders bei Hochwasser kann es sehr gefährlich sein, sich in einer solchen Schlucht aufzuhalten.

Die alten Täler der Moldau, die einmal Nebenflüsse der Donau waren, konnte man im 18. Jahrhundert zur Anlage von Kanälen nutzen. Auf einem von ihnen, dem Schwarzenberger Schwemmkanal, triftete man Holz aus dem Böhmerwald nach Wien, wobei man zuerst den Oberlauf der Moldau, dann die Donau nutzte. Auf einem durch frühere Flussläufe bereits geebneten Terrain erbaute man 1828 auch die erste Eisenbahn auf dem europäischen Kontinent: die zunächst von Pferden gezogene Bahn von Budweis nach Linz.

Das Tal der Moldau im Böhmerwald

Aus dem Böhmerwald transportierte man Holz aber auch auf der Moldau flussabwärts in Richtung Prag; die Flöße wurden in Hohenfurth zusammengebunden. Von Budweis (České Budějovice) an war die Moldau in früheren Jahrhunderten schiffbar. Die durchgehende Befahrbarkeit mit Schiffen oder Flößen wurde in den letzten Jahrzehnten aufgegeben, weil man mehrere Staudämme baute, um Elektrizität zu gewinnen und den Unterlauf vor Überflutungen zu schützen. Eines der künstlichen Gewässer, die auf diese Weise entstanden, ist heute der größte See Tschechiens, der Stausee Lipno am Rand des Böhmerwaldes.

Während man die Schifffahrt auf der Moldau einschränkte, hat man die Elbe von Melnik aus flussaufwärts bis Pardubitz schiffbar gemacht: Auch daran zeigt sich, dass man stets eher daran dachte und denkt, die Elbe so weit wie möglich als Verkehrsweg zu nutzen. Die Elbe hat aber für Böhmen oder für Tschechien nicht die gleiche mythische Bedeutung wie die Moldau. Die Moldau, nicht die Elbe ist «der» Fluss Tschechiens – ein nationales Symbol. Vor allem Friedrich Smetana machte die Moldau als

Nach einem Gewitterguss ist die junge Moldau über die Ufer getreten.

solches weltberühmt, und zwar besonders durch sein mehrteiliges Werk «Má vlast» (Mein Vaterland); die symphonische Dichtung «Die Moldau» ist der bekannteste Teil davon.

Smetana beschrieb musikalisch den gesamten Flusslauf vom kleinen Bächlein bis zum breiten Strom, der weiten Horizonten zuströmt. Doch wer das Musikstück hört, sieht am ehesten Prag (Praha) vor seinem geistigen Auge, die Stadt an der Moldau mit ihren zahlreichen Brücken. Eine Vision soll zur Gründung dieser Stadt geführt haben – und das ist sogar glaubhaft. Denn entstanden ist sie bereits im frühen Mittelalter, als noch niemand ahnen konnte, dass genau an ihrer Stelle einmal ein so wichtiger Flussübergang liegen sollte, über den dann die unermesslichen Reichtümer aus den Kuttenberger Silbergruben nach Westen gelangten.

Zwei Hügel im heutigen Prager Stadtgebiet waren im frühen Mittelalter von Burgen bestanden: Vyšehrad und Hradschin. Vom Vyšehrad soll die Gründung Prags ausgegangen sein, denn Libussa (Libuše), die «Urmutter» der Tschechen und Titelfigur eines Schauspiels von Franz Grillparzer und einer Oper Smetanas, saß hier und prophezeite, dass sie eine große Stadt vor sich erblicke. Sie sah sie dort wachsen, wo ein Mann eine Türschwelle auf den Boden gelegt habe. Türschwelle heißt auf Tschechisch «prah». Daraus wurde der Name Praha oder Prag. In Libussas Geist wuchs auch eine Burg auf der anderen Seite des Flusses empor. Diese Burg, der Hradschin, ist heutzutage eines der Wahrzeichen von Prag, die Burg auf dem Vyšehrad ist dagegen größtenteils geschleift. Dort liegt heute der tschechische Nationalfriedhof, auf dem auch Smetana und Antonín Dvořák bestattet sind.

Archäologische Funde verweisen darauf, dass diese Gründungslegende wenigstens einen wichtigen Fehler aufweist: Der Hradschin war früher besiedelt als der Vyšehrad. Die in beiden Burgbezeichnungen vorkommende Silbe «Hrad» ist mit dem russischen «Gorod» (für Burg oder Stadt) verwandt, das in zahlreichen slawischen Stadtnamen als «-grad» auftaucht. Im Deutschen wird ein abgeschlossener Bezirk ähnlich benannt, allerdings kein mit Häusern, sondern Pflanzen bebautes Stück Land, ein «Garten». Beide, Stadt und Garten, wurden von den Menschen so bezeichnet, weil sie (im Gegensatz zur ländlichen Siedlung und zum ländlichen Feld) eine feste Außengrenze erhielten. Davon ging eine neue Organisationsform menschlichen Lebens aus, wie auch aus dem Fortgang der Gründungslegende Prags hervorgeht. Libuše, die eine Tochter des weisen und reichen legendären Krok oder Crocco war, heiratete einen Mann aus dem Volk, einen Bauern, dessen eigentlicher Name in der Legende nicht überliefert ist. Viel wichtiger war seine Berufsbezeichnung, von der man seinen angeblichen Namen ableitete: Přemysl, von Franz Grillparzer «Primislaus» genannt, war Pflüger. Aus dieser Ehe ging das Geschlecht der Přemysliden hervor, das die Geschicke Prags und seiner Umgebung jahrhundertelang lenkte, vom 9. bis zum frühen 13. Jahrhundert in männlicher Linie, doch auch darüber hinaus.

Inwieweit Libuše und Přemysl historische Figuren waren, ist nebensächlich. Wichtig war die Vision, die zur Gründung Prags führte. Gemeinsam mit seiner Frau entschloss sich ein Bauer, sich vom Großmährischen Reich im Osten zu lösen und eine eigene Dynastie zu begründen. Sein Herrschaftsbereich brauchte ein Zentrum: Prag. Die feste Stadt am Flussübergang, die zunächst aus separaten Kernen der ursprünglichen Burgen bestand, konnte in die größer werdenden Wirtschaftsnetze des frühen Mittelalters integriert werden. Bořivoj, der älteste historisch bezeugte Herrscher aus dem Geschlecht der Přemysliden und Großvater des später als Nationalheiligen verehrten Václav (Wenzel), legte etwa im Jahr 870 den Grundstein (die Türschwelle?) zur Prager Burg und ließ sich 874 taufen. Bořivoj gründete die erste Prager Kirche, eine Marienkirche auf dem Hradschin. Die Moldau wurde zunächst durch Furten gequert, dann über Holzbrücken, die immer wieder vom Hochwasser oder vom winterlichen Eis zerstört wurden. 1172 baute man die erste Steinbrücke.

Der nächste Markstein für die Geschichte Böhmens war die Verleihung des Königstitels an die Přemysliden; im Jahr 1212 verfügte der die meiste Zeit seines Lebens in Italien weilende Kaiser Friedrich II., dass dieser Königstitel erblich wurde. Das Land bekam mehr Macht. Dies hatte gewaltige Auswirkungen, die in Böhmen vor allem unter der Herrschaft der Přemysliden Wenzel I. (1230–1253) und Ottokar II. (1253–1278) sichtbar wurden. Innerhalb weniger Jahre änderte sich das Land an der Moldau von Grund auf. In der Mitte des 13. Jahrhunderts entstand in einer engen Flussschleife, in der «Krummen Au», Böhmisch Krumau (Český Krumlov), 1253 wurde diese angeblich schönste Stadt Tschechiens zum ersten Mal urkundlich erwähnt. Wenige Jahre später, 1256, wurde Budweis (České Budějovice) gegründet. Seit 1259 entstand das Zisterzienserkloster Hohenfurth (Vyšší Brod). Und seit 1257 wurden systematisch deutsche Kaufleute an der Prager Kleinseite (Malá strana) angesiedelt. Prag wuchs zu einer

Stadt zusammen und erhielt unter Ottokar II. eine einheitliche Stadtbefestigung. Wenig später begann die systematische Ausbeutung der Silberminen von Kuttenberg östlich von Prag. Über die Städte an der Moldau, die im 13. Jahrhundert neu entstanden waren oder ein neues Gesicht bekommen hatten, kamen Erz und Münzen in den Westen und Süden des deutschen Reiches.

Libussa soll die Vision gehabt haben, dass der Ruhm der Stadt bis zu den Sternen reiche. Und tatsächlich: Nachdem die männliche Linie der Přemysliden ausgestorben war und die Přemyslidin Elisabeth (Eliška) Johann von Luxemburg geheiratet hatte, dieser König von Böhmen geworden war und ihr Sohn, der ursprünglich Wenzel geheißen hatte, als Karl IV. 1346 deutscher König und 1355 Kaiser geworden war, stieg Prag zur wichtigsten Stadt Mitteleuropas auf. Mit ihr konnten sich nur noch Rom und Konstantinopel messen. In Prag herrschte das «Goldene Zeitalter», dessen Reichtum mit Silbergroschen erworben wurde. Karl IV. gründete 1348 die Prager Universität, die man als die älteste deutsche Universität bezeichnet, die man aber auch die älteste Universität Mitteleuropas nennen könnte. Unter Karl IV. nahm die Bevölkerungszahl Prags erheblich zu; der Kaiser gründete daher einen eigenen Stadtbezirk, um allen Menschen Wohnorte zu schaffen, die Prager Neustadt (Nové město). Karl holte den Baumeister Peter Parler in seine Residenz, der das Bild von Prag und dessen Umland nachhaltig prägte. Zu den Bauten, die er und seine Bauhütte errichteten oder planten, gehören weite Teile der Prager Burg, der Veitsdom und die Karlsbrücke, die allerdings erst im 19. Jahrhundert nach dem Kaiser benannt wurde. Die Vorgängerbauten, über die man die Moldau überqueren konnte, waren der Kraft von Wasser und Eis nicht gewachsen gewesen, obwohl sie aus Stein errichtet waren. Nun mischte man der Legende nach Eier in den Mörtel, um dem Bauwerk Beständigkeit zu verleihen. Und tatsächlich: Zwar wurden immer wieder einzelne Brückenpfeiler von Hochwasser und Treibeis in Mitleidenschaft gezogen, aber das Bauwerk hielt vom Zeitpunkt seiner Fertigstellung um das Jahr 1400 bis heute.

Ein Schwemmkanal für Holz im Böhmerwald

Bis kurz vor der Vollendung der neuen Brücke war Nepomuk Domherr und Generalvikar des Erzbischofs in Prag gewesen. Als solcher war er der Beichtvater der böhmischen Königin. Weil er jedoch das, was die Königin ihm anvertraute, ihrem Mann, dem König, nicht berichtete, fiel er in Ungnade. Ihm wurde der Prozess gemacht, er wurde gefoltert, schließlich zum Tode verurteilt. Man stürzte ihn in Fesseln von der Moldaubrücke in den Fluss. Über dem Fluss begann es dort, wo Nepomuk in den Fluten versunken war, hell aufzuscheinen; ein Strahl reichte bis zu den Räumen der Königin in der Burg. Allen Zuschauern wurde klar: Ein Heiliger hatte sein Martyrium erlitten. Seitdem steht sein berühmtes Standbild auf dem Neubau der Brücke. Auch an vielen anderen Brücken über die Elbe und andere Flüsse findet man Nepomuk als Brückenheiligen. Er wurde zum Schutzpatron aller Menschen, die etwas mit dem Wasser zu tun haben, der Schiffer und Flößer, auch der Brückenbauer – und der Müller, denn die betrieben mit dem Wasser ihre Mühlwerke.

Karl IV. ließ von Parler noch eine weitere Burg errichten, und zwar hoch über einem abgelegenen Tal. Sie hatte kaum strategische Bedeutung, sollte aber dennoch unzugänglich sein: Auf Burg Karlstein (Karlštejn), etliche Kilometer westlich von Prag gelegen, wird der Kronschatz aufbewahrt. Parler baute auch den Dom von Kuttenberg; es entstand also nach seinen Plänen eine Art von Gesamtkunstwerk, das von Karlstein im Westen über die Brückenstadt Prag bis nach Kuttenberg östlich der Goldenen Stadt reichte. Dies mag ein Symbol dafür sein, dass die für den mittelalterlichen Handel wichtigsten Wege von Westen her, vor allem von Nürnberg aus, durch Prag verliefen, quer über die Moldau, später entlang der Elbe nach Osten, in Richtung Pardubitz, von dort nach Mähren und Schlesien. Karl IV. war es ferner sehr wichtig, sein Machtzentrum über die Elbe an das Meer anzubinden. Er erwarb 1373 Brandenburg; dort baute er Tangermünde zu einem wichtigen Hafenplatz an der Elbe aus. Die Wege von Prag nach Süden wurden erst im Lauf der folgenden Jahrhunderte wichtiger, als die Stadt immer stärker an die habsburgischen Kernlande in Österreich gebunden wurde.

Prag, nun unter Habsburger Herrschaft, durchlief in den folgenden Jahrhunderten eine wechselvolle Geschichte. Zweimal wurden ihm Religionskriege beinahe zum Verhängnis. Nachdem der Reformator Jan Hus 1415 auf dem Konstanzer Konzil als Ketzer verbrannt worden war, brach mit dem 1. Prager Fenstersturz der Hussitenkrieg aus: Radikale Anhänger des Reformators warfen drei katholische Ratsherren aus dem Fenster. Für Prag brachte der Krieg zwischen Hussiten und Katholiken ebenso zahlreiche Zerstörungen mit sich wie zweihundert Jahre später der Dreißigjährige Krieg, der ebenfalls von Prag seinen Ausgang nahm, mit dem Zweiten Prager Fenstersturz von 1618: Damals beförderten Vertreter der

Stände Habsburger Beamte unsanft aus dem Fenster, weil sie sich von ihnen provoziert gefühlt hatten.

Nach den Zerstörungen von großen Teilen der Stadt wurde sie großartiger und prächtiger wieder aufgebaut. Daher gibt es in der Stadt eine große Vielfalt an Gebäuden, die in verschiedenen Stilrichtungen errichtet wurden. Nach einer Zeit des Niedergangs, die während des Dreißigjährigen Krieges einsetzte, vor allem aber das 18. Jahrhundert umfasste, ging von Prag die kulturelle Emanzipation des Tschechischen vom Deutschen bzw. Habsburgischen aus. Das Interesse für die tschechische Identität lag zunächst bei Intellektuellen, die als Deutsche oder Österreicher bezeichnet werden müssen: Clemens Brentano befasste sich noch vor Grillparzer mit Libussa, und Adalbert Stifter, der aus Oberplan (Horní Planá) an der oberen Moldau stammte, schrieb seinen Roman «Witiko» über den Begründer der mächtigen Herrscherfamilie Rosenberg (Rožmberk) aus Südböhmen, die im gleichnamigen Ort an der Moldau ansässig war. Friedrich Smetana, der «Die Moldau» komponierte, war deutsch aufgewachsen und hatte erst in späteren Jahren Tschechisch gelernt; er war nie in der Lage, einen fehlerfreien tschechischen Brief zu schreiben. Erst allmählich wachte die «tschechische Volksseele» auf; für das kulturelle Prag, das auch vom Jüdischen mitbestimmt wurde, war bis in die erste Hälfte des 20. Jahrhunderts hinein das Miteinander der Sprachen wichtig. Durch den Nationalismus von Deutschen und Tschechen und die anschließende Abschottung des Ostens vor dem Westen in der Zeit des Sowjetkommunismus wurde dieses Miteinander zerstört. Prag ist heute Wallfahrtsort vieler Intellektueller aus aller Welt. Aber an das frühere Miteinander der Kulturen können sie noch nicht wieder anknüpfen. Zwischen Tschechen und Deutschen bestehen noch immer tiefe Gräben des Nicht-Verstehens, die vorsichtig überwunden werden müssen.

Nach dem Fall des Eisernen Vorhangs im Jahr 1989 begann die Millionenstadt an der Moldau aufzuatmen. Überall setzte eine rege Bau- und Restaurierungstätigkeit ein, und stetig größer werdende Touristenströme kamen nach Prag. Doch jäh wurde die Stadt von einer Katastrophe erschüttert, die anschließend auch Regionen an der Elbe erreichte. Im August 2002 zog ein gewaltiges Regengebiet über die Ostalpen nach Österreich und von dort in den Böhmerwald, dann die Moldau und Elbe entlang zum Erzgebirge. Ein solches bedrohliches Wetterereignis tritt immer wieder ein. Als knapp fünfzig Jahre vorher, im Jahr 1954, eine ähnliche

Sintflut vom Himmel regnete, konnte das Wasser hinter einer gerade fertiggestellten Staumauer an der Moldau aufgehalten werden, bevor es Prag unter Wasser setzte. Dieses Glück hatte man 2002 nicht. Die Stauseen an der Moldau waren bald bis zum Rand gefüllt; schließlich liefen sie über. Große Teile von Prag wurden überflutet, zahlreiche Häuser stürzten ein, die Tunnel der U-Bahn liefen voll Wasser. Schäden in Milliardenhöhe waren zu beklagen. Nach der Flutwelle blieb der Schlamm zurück, und die Wassermassen wälzten sich auf die Elbe zu. Auch weiter im Norden entfalteten sie ihre verheerende Kraft.

Prag mit seinen zahlreichen Moldaubrücken

Nur wenige Kilometer nördlich von Prag erreicht die Moldau, nachdem sie noch an Mühlhausen (Nelahozeves), dem Geburtsort von Antonín Dvořák, und Schloss Veltrusy mit seinem schönen Park aus der Zeit um 1780 vorbeigeströmt ist, bei Melnik die Elbe. Oder, man könnte auch sagen, dort mündet die kleine Elbe in die größere und wasserreiche Moldau. Aber diese Sicht der Dinge wird durch die Konvention der Flussnamen ausgeschlossen, die sich in jahrhundertealter Tradition entwickelt haben.

Die Moldau bei Oberplan

5 Die Eger

In der Elbe, im Norden Böhmens, sammelt sich fast alles Wasser aus dem Böhmischen Becken. Auch aus dem Westen eilt ein zu bestimmten Zeiten wasserreicher Fluss der Elbe zu: die Eger (Ohře). Die Quelle der Eger liegt am Ochsenkopf, dem knapp über 1000 Meter aufragenden Gipfel des Fichtelgebirges, in Deutschland also. Der Ochsenkopf ist insofern ein bemerkenswerter Berg, als die Europäische Hauptwasserscheide über ihn verläuft. An seinen Hängen entspringen auch Main und Naab. Die Naab fließt zur Donau, der Main zum Rhein. Und wenige Kilometer weiter nördlich tritt die Saale zum Vorschein, ein weiterer Nebenfluss der Elbe. Wenn man sich dem Fichtelgebirge von Westen her nähert, fällt einem sofort ein Unterschied zu anderen Bergregionen auf, die weiter im Westen liegen: Auf seinen Höhen wachsen Fichten. Das brachte dem Bergland seinen Namen ein. Das Fichtelgebirge ähnelt weiter östlich liegenden Mittelgebirgen; auch die Hochlagen von Erzgebirge, Isergebirge, Riesengebirge und Bayerischem Wald sind von Fichten bestanden.

In der Nähe des Fichtelgebirges kreuzen sich seit langer Zeit Handels- und Verkehrswege, in Wiesau, Marktredwitz und Eger (Cheb) mit seinem großen dreieckigen Markt, wo im Mittelalter sogar eine Kaiserpfalz gegründet wurde. Man hat immer wieder angenommen, das Egerland läge genau in der Mitte Europas. Ob dies tatsächlich so ist, lässt sich schwer sagen, denn Europa ist ein von Buchten zerfurchter Kontinent mit vielen Landvorsprüngen. Jedenfalls kann man das Egerland als eine zentrale Region von Europa auffassen. Historisch gesehen hat es einen bayerischen und einen böhmischen Teil. Vor allem nach dem Zweiten Weltkrieg lagen Welten zwischen diesen beiden Gebieten, doch hat man bald nach 1989 dem Gebiet einen neuen gemeinsamen Namen gegeben: «Euregio Egrensis». Durch die Verleihung dieses Namens auf Initiative der Europäischen Union wird auf die besondere Verbundenheit der Gebiete diesseits und jenseits der Staatsgrenze hingewiesen.

Wer an das Egerland denkt, dem fallen einerseits die überbordende Fröhlichkeit der Egerländer Musikanten ein, andererseits die Gräuel, die mit Auswüchsen des Nationalismus in diesem Grenzgebiet in Verbindung standen. Sie waren nicht nur im 20. Jahrhundert prägend für das Gebiet;

Die Eger bei Karlsbad

im Dreißigjährigen Krieg war das Egerland zentrales Kampfgebiet, und in Eger wurde 1634 Albrecht von Wallenstein ermordet. Wohl und Wehe des Landes hängen aber auch mit seinen geologischen Gegebenheiten zusammen. Das Land an der Eger erstreckt sich am Südhang des Erzgebirges. Vom Kamm dieses Berglandes erreichen zahlreiche Bäche den Fluss. An den Hängen des Gebirges und seiner Täler treten zahlreiche Bodenschätze an die Erdoberfläche.

Im späten Mittelalter und in der frühen Neuzeit begann man zunächst damit, das Silber des Erzgebirges abzubauen. Der enorme Silberreichtum – bis zum Einsetzen des Silbererzbergbaus in Amerika galt das Erzgebirge als das silberreichste Gebiet der Welt – gab dem Gebirge seinen Namen. Als die Silberadern von Kuttenberg allmählich immer schwieriger zu verfolgen und auszubeuten waren, löste der Silberfund von Sankt Joachimsthal (Jáchymov) erneut einen regelrechten Silberrausch aus. Im Jahr 1516 begann man dort mit dem Erzbergbau und gründete den Ort als erste und bald wichtigste Bergstadt des Erzgebirges. Weitere Städte wurden nach ähnlichem Muster gegründet, und etliche davon erhielten das besondere Joachimsthaler Recht. Bereits 1533 war Sankt Joachimsthal zur zweitgrößten Stadt Böhmens herangewachsen. 18 000 Menschen wohnten in 1200 Häusern. In diesem Jahr, dem wirtschaftlich überhaupt besten des Ortes, wurden 14 000 Kilogramm Silber abgebaut. Seit 1519 wurde dort der Taler-Groschen geprägt, der bald zur weit verbreiteten Münze wurde. Man nannte ihn auch Joachimstaler oder kurz «Taler». Der «Dollar», heute die wichtigste Währung, hat seinen Namen von den Münzen, die am Südhang des Erzgebirges geprägt worden waren.

Historisch bedeutsam war, dass der Silberboom in der Reformationszeit eingesetzt hatte. Joachimsthal wurde zu einem Zentrum des Protestantismus; es zog zahlreiche Persönlichkeiten der geistlichen und geistigen Welt an. Unter anderem lebte der Arzt Georg Agricola dort; hier holte er sich die wesentlichen Anregungen für seine epochemachenden Werke über den Bergbau und die Mineralogie. Nach 1536 war der Silberrausch bereits zu Ende, und der Niedergang Joachimsthals begann. Die meisten Menschen verließen den Ort so schnell, wie sie gekommen waren, und suchten andernorts ihr Glück. Wer blieb, litt bald Not und musste sich einen anderen Broterwerb suchen. In Sankt Joachimsthal war bereits zu Anfang des 17. Jahrhunderts, als nur noch 3000 Menschen im Ort lebten, die Spitzenklöppelei das wichtigste Gewerbe. Außerdem wurden die Schnitzerei und der Bau von Musikinstrumenten betrieben.

Der Bergbau in Sankt Joachimsthal und seiner Umgebung lebte später wieder auf, als man weniger wertvolle Erze ausbeutete. Einige von ihnen bekamen mit der Zeit ebenfalls immensen Wert. Aus radioaktivem Gestein, das bei dem Ort abgebaut worden war, isolierten Marie und Pierre Curie die Elemente Radium und Polonium, wofür Marie Curie im Jahr 1911 den Nobelpreis für Chemie erhielt. Ihr Mann, mit dem gemeinsam sie bereits acht Jahre zuvor durch den Nobelpreis für Physik geehrt worden war, war inzwischen bei einem Verkehrsunfall ums Leben gekommen. Zeitweise wurde ein Drittel der Weltproduktion an Radium in Sankt Joachimsthal gefördert. Nach dem Zweiten Weltkrieg wurden Uranerze für die Sowjetunion abgebaut. Dadurch kam in den letzten Jahrzehnten des Bergbaus nicht nur Reichtum dorthin; die Bergleute, die radioaktive Uranerze abbauten und aufbereiteten, hatten (und haben) eine erschreckend geringe Lebenserwartung.

Ein anderer Bodenschatz, den man am Südrand des Erzgebirges ausbeutete, hatte für die Umwelt ebenfalls große Auswirkungen: Braunkohle. Ihre Ablagerungen waren im Zeitalter des Tertiär in Süßwasserseen entstanden. Sie hatten sich gebildet, als sich das Erzgebirge hob und zu einem natürlichen Stauwehr für Wasser wurde: Es konnte nicht mehr abfließen.

Man baut Braunkohle seit Jahrhunderten ab, bei Brüx (Most) schon mindestens seit 1613. Die ersten Braunkohlegruben waren klein, man trieb Stollen in die Berge. Das weiche Gestein darüber gab nach. 1895 stürzte ein Teil der Stadt Brüx in einen Trichter, der sich im Boden auftat. Gewaltige Ausmaße nahmen die Tagebaue an, die man nach dem Zweiten Weltkrieg betrieb. 1964 wurde beschlossen, fast die ganze Stadt Brüx abzureißen und zu verlagern, denn unter ihr befanden sich reiche Kohlelagerstätten. Die Pfarrkirche aus dem 16. Jahrhundert wurde 1975 in einer aufwändigen Aktion um 841 Meter versetzt. Alle anderen Bauten verschwanden, die Einwohner bekamen neue Wohnstätten in Plattenbauten zugewiesen. Die Abgeschlossenheit des Böhmischen Beckens und die politische Großwetterlage in der Zeit des Kalten Krieges waren die Grundlage für den Plan gewesen, die hoch industrialisierte Tschechoslowakei (und dabei besonders den tschechischen Teilstaat) zu einem wirtschaftlich unabhängigen Gebilde werden zu lassen. Der Energiehunger des Industriestaats war immens. Weil sich die Wasserkraft nur an wenigen Stellen nutzen ließ und andere Energieträger nicht vorhanden waren, verbrannte man Braunkohle in den nordböhmischen Kraftwerken – oder man brachte sie per Schiff auf der unteren Eger, der Elbe und der unteren Moldau nach Prag und damit ins Zentrum Tschechiens und verheizte sie dort. Die gewaltigen Tagebaukrater im Brüxer Revier sind ein Zeugnis für die aberwitzige Idee, heute noch in Mitteleuropa eine wirtschaftlich autonome Region aufrechterhalten zu können. Dies war schon im Mittelalter nicht möglich, als die Entwicklung weiter Teile Mitteleuropas von den Silberfunden in Böhmen abhängig war – heute ist ein solches Abgrenzen von Wirtschaftsräumen noch viel weniger die Basis für wirtschaftlichen Erfolg; das zeigt sich in Nordböhmen nur allzu deutlich.

Unter den wirtschaftlichen Autonomiebestrebungen litt nicht nur das Land an der Eger, in das man die tiefen Gruben trieb. Die dort lagernde Braunkohle ist reich an Schwefel, der bei ihrer Verstromung in großen Mengen ungefiltert in die Umwelt gelangte. Beim Verbrennen der Braunkohle entstand Schwefeldioxid, und daraus bildete sich in feinen Regen-

und Nebeltropfen Schwefelsäure. Ihr Gehalt im Regenwasser stieg erheblich an und machte es aggressiv. Der Regen fraß die Fassaden der Häuser an, ließ Putz und Farbe bröckeln, schädigte Menschen, Tiere und Pflanzen. Die Lebenserwartung der Menschen in Nordböhmen ist bis heute geringer als in anderen Industriegebieten der Erde. Der Gehalt an Schwefelsäure im Regenwasser ist ein wichtiger, wenn auch sicher nicht der einzige Grund für das «Waldsterben» in den Kammlagen des Erzgebirges und anderer Mittelgebirge.

Die schädlichen Emissionen gehen seit 1990 stark zurück, einerseits durch das Aufgeben der Kohleverstromung an Orten, an denen sie sich nicht mehr lohnt, andererseits durch den Einbau von Filtern in Heizungen und Verbrennungsanlagen. Aber so schnell, wie man dies wünschen würde, lässt sich die gesamte Energieversorgung eines Industriestaates nicht umstellen. In sehr vielen Wohnungen gibt es moderne Heizungen, aber noch längst nicht überall. An kalten Tagen breitet sich noch immer Smog in Nordböhmen aus, und immer noch gelangen dort mehr Schadstoffe aus den Schloten in die Atmosphäre. Das Land benötigt Hilfe von außen, um seine Probleme zu lösen und an seine erfolgreiche Entwicklung früherer Zeiten wieder anzuknüpfen, in denen es weltoffen gewesen war. Die Folgen von Umweltverschmutzung und mangelndes Kapital in der Bevölkerung prägen die Tristesse vor allem der Vorstädte. Dort aber strahlen ebenfalls nicht angenehm wirkende grelle Farbkleckse: gigantische Einkaufsmärkte. Sie zeigen die explosionsartige Öffnung der Märkte nach 1989 an, die vor allem von Handelsketten aus westlichen Ländern genutzt wird.

Das elegante Karlsbad wird von Touristen aus aller Welt besucht.

Im Egerland gibt es noch einen weiteren besonderen Bodenschatz, der mancherorts mit dem Wasser an die Erdoberfläche tritt, das in die Eger fließt: Wärme. Dieses Wasser wird von der Glut im Inneren der Erde aufgeheizt und dringt in Erdspalten weit nach oben. Einer der Nebenflüsse der Eger heißt Tepl (Teplá); auf Tschechisch bedeutet dies «Warmer Fluss». Seine Quellen sind bis zu 72 Grad heiß. Am Unterlauf des Flusses soll der Sage nach eine Jagdgesellschaft Karls IV. eine heiße Quelle entdeckt haben. Der Badeort, der später dort entstand, soll deswegen den Namen Karlsbad (Karlovy Vary) erhalten haben. Man nimmt aber an, dass die Quellen von Karlsbad schon lange vorher bekannt waren; darauf verweist unter anderem der slawische Name des Flusses, der durch Karlsbad verläuft. Karlsbad erhielt 1370 Stadtrecht und wurde wie die später gegrün-

CIGARETY • BECHEROVKA
EXCHANGE

deten Badeorte des Egerlandes, Franzensbad (Františkovy Lázně) und Marienbad (Mariánské Lázně), weltbekannt. Sie werden vor allem durch prächtige Bauten des späten 19. und des frühen 20. Jahrhunderts geprägt, aus einer Zeit, in der zahlreiche Prominente in ihnen weilten. Die Zeit unmittelbar vor dem Ersten Weltkrieg war eine Glanzzeit von Karlsbad. Daran gilt es nun wieder anzuknüpfen: Nicht nur Touristen aus dem westlichen Ausland, sondern auch aus Russland und Ostasien strömen in großer Zahl in das Egerland.

Nur wenige Kilometer unterhalb des Zusammenflusses von Elbe und Moldau mündet die Eger in die Elbe. Die drei Flüsse schließen sich zu dem mächtigen und wasserreichen Strom zusammen, der sich nun nach Norden wendet, dem Gebirge zu.

6 Vom Wasserstraßenkreuz der Elbe, Moldau und Eger zur Porta Bohemica

Mittelalterliche Städte wurden oft an den Einmündungen kleinerer in größere Flüsse gegründet. Dort hatten sich spitze Landzungen gebildet, weil die Strömungen beider Flüsse nahe vor ihrem Zusammenfluss nachlassen. Sie können viele Feststoffe nicht weiter transportieren und lagern sie zwischen sich ab. Die Stadt auf einer Landzunge zwischen zwei Flüssen konnte gut befestigt werden. Auf der ebenen Fläche ließen sich nicht nur Stadtquartiere, sondern auch große Marktplätze anlegen. Den größeren Fluss hielt man in der Regel offen und nutzte ihn zum Beispiel, um Holz heran zu flößen oder zu triften. Beide Gewässer ließen sich unmittelbar oberhalb ihres Zusammenflusses durch eine Furt überqueren, und man konnte später an dieser Stelle auch eine Brücke bauen. Deren Pfeiler hielten an dieser Stelle der Strömung besonders gut stand. Der kleinere Fluss wurde durch Wehre gestaut. An ihnen legte man Mühlen an, die gewerblichen Zentren der Städte.

All dieses tat man an den Zusammenflüssen von Elbe, Moldau und Eger nicht. Auf den ebenen Ablagerungen an den Flussmündungen wurden keine Siedlungen gegründet, es entstanden im Mittelalter keine Wehre und Mühlen; die Flüsse wurden offen gehalten, so dass man sie mit Schiffen befahren konnte. Auf diese Weise entstand im Norden Böhmens ein Kreuz von Wasserstraßen: Die Elbe kommt von Osten, die Moldau aus dem Süden, die Eger aus dem Westen; und alles Wasser aus diesen Flüssen gelangt als breite Elbe weiter in den Norden. Die durchgehende Befahrbarkeit der Flüsse in Böhmen war eine Grundlage dafür, dass sich das Land als abgeschlossener Wirtschaftsraum entwickeln konnte. Hat man dies vorhergesehen oder gar regelrecht geplant, als man im Mittelalter Städte gründete? Oder fürchtete man das Hochwasser an den niedrig gelegenen Plätzen zwischen den Flüssen, an denen fast alles Wasser aus dem Böhmischen Becken zusammenströmte?

Dennoch wurden an den beiden Flussmündungen Siedlungen gegründet, die bereits frühzeitig einen städtischen, wehrhaften Charakter annahmen. Allerdings befanden sie sich gegenüber den Mündungen von Moldau und Eger. Im frühen Mittelalter gab es dort slawische Ansied-

Die Mündung der Moldau in die Elbe unterhalb von Melnik

lungen; aus ihnen wurden später Melnik (Mělník) und Leitmeritz (Litoměřice). In Melnik ragen das Schloss und die Kirche mit ihrem weithin als Landmarke sichtbaren Turm hoch über der Moldaumündung auf. An den Hängen darunter wächst seit dem Mittelalter ein berühmter Wein; die Nachmittagssonne verwöhnt ihn, und das nahe, sich kaum bewegende Wasser der beiden Flüsse sowie die Nebelbänke, die sich darüber bilden können, sind ein Wärmespeicher in kalten Herbstnächten: Hier gibt es nicht so frühzeitig Frost wie andernorts, so dass die Reben länger reifen können.

Durch den Zufluss der Moldau verbreitert sich die Elbe von 96 auf 147 Meter. Nur einige hundert Meter unterhalb der Einmündung stößt man auf Hafen- und Industriegelände, denn bis Melnik flussaufwärts können auch größere Schiffe gelangen, die beispielsweise Container nach Tschechien bringen. 1841 fuhr von hier aus zum ersten Mal der Dampfer «Bohemia» nach Dresden. Seit 1885 lag in der Elbe unterhalb von Melnik

eine 750 Kilometer lange Kette. An dieser Kette entlang zogen Dampfschlepper schwere Lastkähne flussaufwärts und auch -abwärts. Ihr Energiebedarf war erheblich geringer als der von Raddampfern. Die Schlepper besaßen ein charakteristisches Aussehen. Sie hatten an Bug und Heck nicht wie andere Schiffe aufragende Borde, sondern waren dort abgerundet, denn die Kette musste möglichst reibungslos über Bug und Heck entlang laufen können. Begegneten sich zwei Schleppzüge, musste die Kette geöffnet und anschließend wieder geschlossen werden. Trotz der umständlichen Aktionen des Lösens und Wiederverknüpfens der Kettenglieder und der aufwändigen Pflege der gesamten Anlage bewährte sich die Kettenschifffahrt über lange Zeit, auf einigen Flussabschnitten bis in den Zweiten Weltkrieg hinein. Der Hafen von Melnik wurde seit 1897 mehrmals ausgebaut.

Der Kirchturm von Melnik ist eine weithin sichtbare Landmarke.

An Weinbergen entlang, an beiden Seiten von Eisenbahnlinien und Straßen begleitet, fließt die Elbe nach Raudnitz (Roudnice nad Labem), wo ein wichtiger Holzhafen lag: Unzählige Flöße wurden hier zusammengebunden und auf die Reise geschickt. Nahe der Stadt mit ihrer Elbbrücke aus dem 14. Jahrhundert ragt der Georgsberg (Říp) auf. Für die Tschechen ist dieser Basaltkegel ein nationales Denkmal, denn der Sage nach soll sich ihr Urvater Čech mit seinen Mannen hier dazu entschlossen haben, das Land zu besiedeln, das später nach ihm Tschechien genannt wurde. Im Revolutionsjahr 1848 zogen Prager Studenten auf den Berg, um für einen tschechischen Nationalstaat zu demonstrieren. 1868 holte man in einer feierlichen Zeremonie von hier den Grundstein für das Prager Nationaltheater.

Die nächste Stadt an der Elbe ist das schon erwähnte Leitmeritz an der Egermündung. Wo die Elbe von der Strömung der Eger aufgehalten wird, ist ein guter Ort für eine Brücke, im Prinzip wenigstens. Doch auch dort gab es immer wieder Probleme: Seit dem Mittelalter wollte man den Standort kontinuierlich für eine Brücke nutzen, doch immer wieder ließen Hochwasser und Eisgang die Pfeiler einstürzen – oder die Brücke wurde in Kriegen niedergebrannt. 1454, 1501 und 1504 wurde die Brücke von der reißenden Elbe weggeschwemmt. 1632, im Dreißigjährigen Krieg, wurde sie im Verlauf kriegerischer Handlungen zerstört. Erst 1712, nach langer Zeit, in der es nur Fähren gab, baute man sie wieder auf, doch 1744 verbrannten sie die Preußen. Die daraufhin neu gebaute Brücke wurde 1757, im Siebenjährigen Krieg, erneut von den Preußen zerstört. Ein Jahrzehnt lang diente eine Schiffbrücke als Behelf: Man legte Balken über mehrere nebeneinander vertäute Kähne. 1773 war die neue gedeckte Brücke fertig; das Dach machte die Flussüberquerung bei Regen und Eis sicherer. 1814 wurde dieses Bauwerk durch Eisgang zerstört. Gerade hatte man es wieder aufgebaut, riss es im nächsten Jahr erneut das Eis mit sich. 1824 weihte man den nächsten Neubau ein, doch er hielt nur bis 1845. Die modernen Brücken sind stabiler, weil sie dank der Verwendung von Stahl, Ketten und Beton größere Spannweiten haben. Aber es wird an dieser Chronik der Leitmeritzer Brücken deutlich, wie gefährlich das Leben am Fluss war und auch immer noch ist. Immer wieder kam es zu Hochwasser, oder es bildete sich Treibeis mit messerscharfen Kanten, die Holzkonstruktionen regelrecht zersägten oder zersplittern ließen. Oder das Eis staute sich an Brückenpfeilern und verursachte eine Überflutung, als das nachströmende Wasser an dem Hindernis nicht vorbeikam. In der Stadt war man einigermaßen sicher, denn sie liegt hoch über dem Fluss auf dem

Ein Kettenschlepper zieht Lastkähne auf der Elbe. «Kettendampfschiff bei Obergrund», Gemälde von Raimund Gröschler, 1888.

Prallhang, den man im süddeutschen Sprachraum «Leite» nennt. Vielleicht bezieht sich der Stadtname auf diese Lage.

Das flache Land gegenüber von Leitmeritz, wo die Eger in die Elbe mündet, blieb lange Zeit unbebaut. Von 1780 an, unter der Herrschaft des Kaisers Josef II., wurde es stark verändert. Die Egermündung wurde verlagert, zwei Dörfer mussten weichen. Anschließend wurde das Gelände aufgeschüttet und dann eine Grenzfestung zum Schutz des Landes vor den Preußen errichtet. Sie erhielt zu Ehren von Josefs Mutter Maria Theresia, die im gleichen Jahr gestorben war, den Namen Theresienstadt (Terezín). Die Anlage bestand aus zwei Festungen, der großen, die für das Militär gedacht war, und der kleinen, die zwischen dem alten und dem neuen Egerlauf errichtet wurde. Die kleine Festung war Garnisonsstadt bis 1887, danach eine zivile Siedlung. Dort befand sich ein Gefängnis. 1941 wurden alle Einwohner von der Gestapo vertrieben und in den Mauern der Festung ein berüchtigtes Konzentrationslager eingerichtet. Heute ist Theresienstadt Gedenkstätte. Das Gelände ist noch immer von Hochwasser bedroht: Beim verheerenden Elbhochwasser von 2002 stand Theresienstadt mitsamt der Gedenkstätte unter Wasser.

Unterhalb von Leitmeritz liegt Lobositz (Lovosice) – zwischen Chemiefabriken und dem fruchtbaren und milden Land, das «Garten Böhmens» genannt wird und in dem man viel Obst anbaut. An den Südseiten der vulkanischen Hänge des Böhmischen Mittelgebirges gedeihen wärmeliebende Gewächse, neben Wein auch Esskastanien-, Mandel-, Aprikosen- und Pfirsichbäume. Groß Tschernosek (Velké Žernoseky) ist für die Mühlsteine bekannt, die dort aus Gneis hergestellt wurden. Die schweren Steine wurden auf Elbschiffe verladen. Sie drehten sich später in vielen Mühlen am Fluss.

Die vulkanischen Gesteine des Böhmischen Mittelgebirges stiegen südlich des Hauptkammes von Erzgebirge und Elbsandsteingebirge aus den Tiefen der Erde auf. Im geologischen Zeitalter des Tertiär und auch noch im anschließenden Eiszeitalter waren hier zahlreiche Vulkane aktiv. Aus Lava und Phonolith bildeten sich spektakuläre Bergkegel. Zwischen den harten Gesteinen brach sich die Elbe einen engen Weg, die so genannte Porta Bohemica. 800 Meter breit ist das gesamte Elbtal bei Libochowan (Libochovany). Es ist der einzige Abfluss von Wasser aus dem gesamten böhmischen Becken. Normalerweise ist genug Platz für die beiden Straßen und die beiden Eisenbahnlinien an den Ufern des Flusses. Dann füllt er nur einen Teil des Tales aus. Bei Hochwasser wird das ganze Tal vom Fluss beansprucht, und nur dann kann er sein schon seit Jahrmillionen andauerndes Werk der Verbreiterung des Tales fortsetzen: Wasser, Eis und mitgeführte Steine hobeln die seitlich aufragenden Felsen ab, so dass das Gebirge unterspült wird und schließlich am Rand einstürzt. Dann liegt weiteres loses Gestein im Flussbett, das vom Wasser bei starker Strömung transportiert werden kann. Die Steine werden an den Kanten zu Kieseln abgerundet; vom Wasser bewegte Schottersteine treffen wie Rammen und Hämmer auf den noch stehenden Fels und zertrümmern ihn weiter. Macht man sich das Szenario klar, das bei einem natürlichen Hochwasser herrscht, wird deutlich, dass dann die Bauten und Anlagen, die der Mensch am Rand des Tales geschaffen hat, besonders stark gefährdet sind. Denn Straßen und Eisenbahnlinien, auch die Häuser im Talgrund liegen dort, wo das Hochwasser sich schon vor langer Zeit den Weg frei geräumt hatte. Trotz aufwändiger Befestigungen können sie jederzeit und immer wieder beschädigt werden. Wenn man ein solches Tal nutzen will, muss man sich

«Überfahrt über die Elbe am Schreckenstein bei Aussig», Gemälde von Ludwig Richter, 1837

der dort möglichen Gefahren bewusst sein. Es lässt sich lange Zeit ohne Probleme nutzen; dann aber «stört» die Natur, die das Tal geschaffen hat und weiter in ihm wirkt, das reguläre Funktionieren der Infrastruktur der Menschen. 2002 wurden Straßen und Eisenbahnlinien zerstört, der Eisenbahnverkehr von Prag nach Dresden war monatelang unterbrochen, weil Unterbau und Gleise nach dem verheerenden Hochwasser der Elbe auf weite Strecken völlig erneuert werden mussten.

Trotz der erheblichen Gefährdung durch Hochwasser ist die Porta Bohemica seit Jahrhunderten ein äußerst wichtiger Verkehrsweg – zu Wasser und zu Lande. Auf dem Land gibt es allerdings schon längere Zeit einen alternativen Weg, der den Kamm des Erzgebirges bei Zinnwald (Cinovec) überwindet. Dieser Route folgt auch die Trasse der neuen Autobahn von Dresden nach Prag. Auf beiden Verkehrswegen fallen die seltsamen Bergkegel des Böhmischen Mittelgebirges besonders auf, die weit aus dem Hügelland hervorragen. Das muss auch Emigranten aus den Niederlanden so gegangen sein, die in der Zeit um 1600 aus religiösen Gründen ihre

Heimat verließen und in Prag gastliche Aufnahme fanden. Unter ihnen waren zahlreiche Maler. In ihrem Gedächtnis hatten sich die merkwürdigen Bergformen von steil aufragenden Vulkankegeln, dazu auch die seltsamen Formationen des Sandsteingebirges eingeprägt, von denen im nächsten Kapitel die Rede sein wird. Die steilen Gebirge mit ihren Nadelwäldern tauchten seitdem auf Bildern dieser Maler immer wieder auf – sogar in unmittelbarer Nachbarschaft zu Meeresszenen. Dabei ging es keineswegs um naturgetreue Abbildungen, sondern vielmehr um das Aneinanderrücken von besonders malerischen Landschaftselementen. Auch in den folgenden Jahrhunderten wurden die isolierten Bergkegel immer wieder dargestellt. Man erkennt sie beispielsweise auf Bildern von Caspar David Friedrich. Er reiste von Dresden nach Nordböhmen, prägte sich dort die Bergformen ein und bannte sie später im Atelier auf die Leinwand.

Ein besonders markanter Bergkegel ragt am Nordende der Schlucht auf: Auf ihm liegt die Burg Schreckenstein (Střekov). Die 100 Meter, fast senkrecht am Rand des Elbtals aufragende Steilwand des Berges ist der Klingsteinfelsen. Von der mittelalterlichen Burg aus wurde die Elbe überwacht. Im 17. Jahrhundert brannte sie ab. Im 19. Jahrhundert wurden einige Teile der Burg restauriert. Die Burg Schreckenstein faszinierte Maler, Dichter und Komponisten. Berühmt wurde sie durch das Bild «Überfahrt am Schreckenstein» von Ludwig Richter, das eine friedliche abendliche Szenerie zeigt: Der bedrohlich wirkende Felsen mit der Burg und weitere vulkanische Bergkegel ragen im Hintergrund auf, im Vordergrund gleitet das Fährboot auf dem stillen Fluss dahin, ein Fahrgast spielt auf der Harfe. Man sagt, Richard Wagner habe sich von Berg, Fels und Burg zu seinem «Tannhäuser» inspirieren lassen.

Der Schreckenstein ragt direkt oberhalb der Industriestadt Aussig (Ústí nad Labem) auf. Ihr Kern liegt an der Mündung des Flusses Biela (Bilina), durch den in einer weit zurückliegenden Phase der Erdgeschichte einmal die Eger in die Elbe mündete, bevor ihr Unterlauf durch das sich hebende Gebirge nach Süden abgedrängt wurde. Das ehemalige Eger- und heutige Bielatal eignete sich gut für die Anlage von Verkehrswegen ins nordböhmische Kohlerevier. Die bei Brüx abgebaute Kohle wird schon seit langem in Aussig in Elbkähne verladen. Dort wurden außerdem wichtige Chemiewerke errichtet, aus denen das bedeutende Chemiekombinat Spolchemie (Spolana) hervorging. Die Chemiefabrik wurde dort im Jahr 1856 gebaut, weil Kohle in der Umgebung zur Verfügung stand; Kalk und verschiedene Salze wurden auf der Elbe nach Aussig transportiert. Nur Schwefel musste von fern her geholt werden, er kam im 19. Jahrhundert aus Sizilien.

Um den Oberlauf der Elbe von Aussig ab das ganze Jahr für die Kohlekähne befahrbar zu machen, die nach Prag unterwegs sind, wurde unterhalb des Schreckensteins ein großes Kraft- und Stauwerk errichtet. František Vahala plante dieses Werk, das von 1922 bis 1935 ausgeführt wurde – nur wenige Jahre, nachdem die Tschechoslowakei nach dem Ersten Weltkrieg ein unabhängiger Staat geworden war. Für den jungen Staat war es lebensnotwendig, dass sein Zentrum Prag kontinuierlich mit Kohle versorgt werden konnte. Nur so war die moderne industrielle Entwicklung der Metropole und des gesamten Landes möglich. Die Staustufe brachte zwei Vorteile. Unterhalb des Schreckensteins bestanden natürlicherweise Stromschnellen mit einer recht starken Strömung, die von flussaufwärts fahrenden Schiffen nur schwer zu bewältigen waren. Hier wurde eine Schleuse errichtet, über die die Schiffe in den künstlich hoch gestauten Bereich der Elbe gehoben werden können. Und in Zeiten geringer Wasserführung der Elbe wird bei Aussig der Wasserspiegel künstlich hoch gehalten, so dass sie auf eine lange Strecke tief genug für die Schifffahrt ist. Bei stärkerer Wasserführung hingegen fließt das Wasser durch ein Laufwasserkraftwerk, so dass elektrischer Strom produziert wird.

Hochwasser allerdings lässt sich durch eine solche Sperre nicht aufhalten. Beim Elbhochwasser von 2002 stieg der Elbpegel, der bei Aussig normalerweise 3,50 Meter misst, bis auf 12,20 Meter an. Niedrig gelegene Stadtteile wurden überschwemmt, zum Glück jedoch nicht die gesamte Stadt, deren Hochhäuser sich an den Elbtalhängen weit hinauf ziehen. Betroffen wurden aber die Industriebetriebe, darunter auch die Chemiewerke: Schadstoffe traten aus und verunreinigten den Fluss. Dies muss künftig verhindert werden. Weil sie vom Flussverkehr erreicht werden müssen, kann man die Fabriken nur in tiefen Lagen errichten und betreiben. Sie müssen aber besser gesichert werden.

Die am weitesten elbabwärts gelegene tschechische Stadt ist Tetschen (Děčín). Eigentlich ist sie eine Doppelstadt. Von beiden Seiten münden dort Flüsschen in die Elbe, und an beiden Flussmündungen entstanden Städte. Sie liegen beide nicht auf den flachen Landzungen zwischen den Gewässern, sondern oberhalb der Flussmündungen, wohl deshalb, weil die Überflutungsgefahr im Elbtal zu groß ist. In Tetschen mündet der

Poltzen (Ploučnice) in die Elbe, gegenüber, in Bodenbach (Podmokly), das 1942 nach Tetschen eingemeindet wurde, ein kleinerer Bach. Auf der linken, der Tetschener Elbseite, überragt das markant auf einer Bergnase gelegene Schloss die Elbe, die Stadt sowie die ausgesprochen hässlichen Anlagen von Verkehrswegen. Eisenbahnlinien und Straßen überspannen das Ganze auf Brücken: Den beiden gegenüber in die Elbe einmündenden Tälern entlang besteht hier eine besonders günstige Verkehrsachse quer zur Elbe. Beim Bau der modernen Infrastruktur hat man nicht auf die landschaftliche Schönheit geachtet. Auch der gegenüber vom Schloss aufragende Sandsteinfelsen, die Schäferwand, ist von Häusern und modernen Verkehrsanlagen eingerahmt oder verdeckt. Das Schloss wurde bis 1991 von Sowjetsoldaten als Kaserne genutzt. Stück für Stück wird es nun saniert. Die Sanierung sollte allerdings auch die Umgebung des Schlosses einschließen. Für das gesamte nordböhmische Elbtal wird ein Plan gebraucht, der eine Symbiose moderner Nutzungen mit den ungewöhnlich schönen Landschaftsbildern erlaubt. Hier wird deutlich: Bei der Sanierung von Landschaften geht es nicht nur um das Einhalten von Umweltparametern. Für die Reinhaltung von Luft und Wasser ist in den letzten Jahren beeindruckend viel getan worden. Die Belastung der Elbe durch Einleitung ungeklärter Abwässer und die Abfälle aus den Chemiefabriken hat ganz erheblich abgenommen. Doch der landschaftlichen Schönheit der Porta Bohemica sollte man sich noch besonders annehmen.

Die Industrialisierung der Tschechoslowakei in der Zeit nach dem Ersten Weltkrieg, insbesondere aber unter der Herrschaft des Kommunismus, mit dem dabei verfolgten Ziel, diesen Staat wirtschaftlich autark zu machen, hat zu schweren Umweltschäden geführt. Genauso wenig wie dies vernünftig war, so wenig ist es möglich, dass das heutige Tschechien allein die Umweltschäden beseitigen kann. Der Weg in die Zukunft führt für eine Landschaft wie das nordböhmische Elbtal nur über gemeinsame Anstrengungen Europas, vor allem im Miteinander von Tschechen und Deutschen. Dieses Miteinander lässt sich als Chance begreifen: Viel mehr Menschen als die, die heute an der Elbe wohnen, können sich für dieses Land verantwortlich fühlen. Ihr gemeinsames Handeln ist nicht nur für die Menschen gut, sondern auch für die Landschaft, in der sie leben. Nur dieses Miteinander kann dazu führen, dass eine so einmalige Landschaft wie das Elbtal Nordböhmens seine gute Zukunft findet.

7 Die Böhmische und die Sächsische Schweiz

Nördlich vom böhmischen Mittelgebirge hat die Elbe noch eine weitere Schlucht zu durchqueren, die der Fluss in andere Gesteine eingeschnitten hat. Die Elbe durchbricht das Sandsteingebirge.

Der Sandstein lagerte sich wie die Sedimente des Böhmischen Beckens in der Kreidezeit ab, vor etwa 100 Millionen Jahren. Der Sand blieb am Grund eines Meeres liegen. Das lässt sich aus den Fossilien erschließen, die man im Elbsandsteingebirge finden kann. Sandiges Sediment lagert sich in einem Meer vor allem dann ab, wenn eine geringe Bewegung im Gewässer besteht, wenn also Gezeiten hin und her strömen oder wenn ein Fluss in ein Meer mündet. Der feine Ton wird dann nicht deponiert, sondern weiter im Wasser bewegt oder transportiert. In viel späterer Zeit, als sich der Sand abgelagert hatte und durch Druck zu Stein verfestigt war, hob sich das Land, so dass aus einem Meeressediment ein Bergland wurde. In einigen Klüften, die sich beim Hebevorgang auftaten, drangen aus den Tiefen der Erde Vulkane vor, deren Ergüsse sich zu Basalt verfestigten. Damals muss sich an Ort und Stelle auch schon ein Fluss befunden haben. Er begann, auf einer flachen Sandsteintafel seine Mäander auszubilden, und wurde später zur Elbe. Während das Gebirge langsam angehoben wurde, schnitt sich die Elbe immer tiefer in den Untergrund ein. So könnte man sich die Bildung des Elbsandsteingebirges vorstellen.

Das Einschneiden des Flusses als geologischer Prozess ging von Norden aus. Nur wenn am Nordrand des Sandsteingebirges ein Abfluss bestand, konnte auch das Wasser vom Südrand aus nach Norden abfließen. Wäre dies nicht möglich gewesen, hätte sich das Wasser eher im Süden des Böhmischen Beckens einen Abfluss geschaffen. Doch dort hob sich das Land, ohne dass gleichzeitig ein Flussbett entstanden wäre. Allmählich gelangte so immer mehr Wasser in den Norden Böhmens. Auf jeden Fall darf man sich nicht vorstellen, dass das Wasser im wahrsten Sinne des Wortes von Süden nach Norden durch den Gebirgsriegel brach. Das ist prinzipiell nicht möglich. Vielmehr musste sich von Norden her ein Tal ins Gebirge verlängern. Schließlich zapfte der darin verlaufende Bach den oberhalb liegenden Flusslauf an, so dass sich viel mehr Wasser darin ergoss als zuvor. Der Bach wurde zum Fluss. Dieser Vorgang ist schwer zu beschreiben,

und deshalb spricht man davon, dass die Elbe das böhmische Mittelgebirge und das Elbsandsteingebirge durchbreche, und das canyonähnliche Tal bezeichnet man landläufig als «Durchbruchstal».

Wenn Sandstein unter dem Einfluss von Wind und Wetter sowie zusätzlich durch die Wasserkraft eines Flusses abgetragen wird, bilden sich keine abgerundeten Bergformen heraus, sondern kantige Gebilde: ebene Flächen, die so genannten Ebenheiten, aus denen senkrechte Wände aufragen, und oberhalb von ihnen kann dann erneut eine Ebene liegen. Solche Berge nennt man Tafelberge. Neben ihnen stehen im Sandsteingebirge auch schlanke, beinahe turm- oder gar nadelförmige Felsen. Zwischen zwei senkrecht aufragenden Felsen befinden sich manchmal nur schmale Klüfte. Nachdem ein übermütiger Kaminkehrer eine dieser Klüfte am Königstein im sächsischen Elbsandsteingebirge durchklettert hatte, nennt man solche Spalten heute in aller Welt «Kamine». Die höchste Erhebung des Elbsandsteingebirges ist ein Tafelberg, der Hohe Schneeberg (Děčínský Sněžník), 726 Meter hoch; er liegt im böhmischen Teil des Gebirges, zehn Kilometer westlich von Tetschen. Ebenfalls im Süden des Berglandes, im tschechischen Teil, findet man eine der seltsamsten Sandsteinbildungen: das Große Prebischtor östlich des Grenzorts Herrnskretschen (Hřensko). 26 Meter breit und 21 Meter hoch ist dieses größte, auf natürliche Weise entstandene Felsentor Europas. Über zwei senkrecht aufragenden Felsen blieb eine widerstandsfähige Sandsteinplatte unverwittert liegen; aber unter ihr zerstörte die stetige Einwirkung von Wasser den Stein. Es könnte sein, dass die zahlreichen bizarren Felsen an der Elbe das Vorbild für die Landschaften Karl Mays wurden. Der Schöpfer vieler Beschreibungen von Felsschluchten und Canyons lebte und starb in Radebeul, einige Kilometer flussabwärts von Dresden. Die originale Szenerie seiner berühmten Romane in Amerika und im Nahen Osten hatte May nie gesehen. Aber er kannte das Elbtal!

Im Elbsandsteingebirge an der Bastei, die so genannte «Sächsische Schweiz»

Die Grenze an der Elbe zwischen Tschechien und Deutschland ist der tiefste Punkt des Böhmischen Beckens: Der Elbwasserspiegel liegt dort 115 Meter über dem Meer. Die Elbe hat bis dorthin eine Fließstrecke von etwa 350 Kilometern hinter sich gebracht, auf denen ein Wassertropfen, der auf die höchsten Gipfel des Riesengebirges gefallen ist, ein Gefälle von über 1300 Meter zurückgelegt hat. Auf den folgenden etwa 800 Flusskilometern ist das Gefälle der Elbe ungleich geringer. Und noch eine Merkwürdigkeit muss hier hervorgehoben werden. Zwischen der Elbquelle und dem Grenzort liegen nur etwa 100 Kilometer Luftlinie, der Elblauf auf dieser Strecke ist aber wegen des weiten Bogens, den der Fluss durch das Böhmische Becken zurücklegt, dreieinhalb Mal länger.

An der tschechisch-deutschen Grenze ist die Elbe auf einer Länge von etwas über drei Kilometern tatsächlich Grenzfluss. Der rechtselbische Grenzort Herrnskretschen mit dem Straßenübergang liegt ein Stück weit nördlich vom linkselbischen Schmilka, wo sich der Grenzübergang für den Eisenbahnverkehr befindet.

Im 20. Jahrhundert war die Elbe nicht nur hier, sondern auf einem längeren Abschnitt Grenzfluss. Nur in unserer Zeit konnte man auf die Idee kommen, einen Fluss zur Grenze zu machen und für ein Verkehrshindernis zu halten. In den Jahrhunderten und Jahrtausenden zuvor hatte der Fluss stets eine verbindende Funktion: Auf dem Wasser konnte man sich gut fortbewegen, und dort war auch ein Transport von Waren in idealer Weise möglich. Stets bestanden also enge Verbindungen zwischen den Menschen oder den Siedlungen an beiden Ufern; überall gab es Fähren und Furten, in späterer Zeit Brücken. Eine Grenze durch einen Fluss zu legen ist etwas Unnatürliches.

Der größere Teil des Sandsteingebirges liegt in Sachsen. Die Elbe passiert hier ebenfalls seltsame Steingebilde, deren Aussehen so merkwürdig ist wie deren Namen: die Schrammsteine, dann beim Ort Krippen die Kaiserkrone und den Zirkelstein, den Großen und den Kleinen Zschirnstein. Am kleinen Ort Postelwitz vorbei, in dem früher nur Menschen lebten, die entweder selbst Schiffe lenkten, Schiffe bauten oder Schiffe gegen die Strömung zogen, verläuft das blaue Band der Elbe weiter nach Bad Schandau. In der Nähe dieses Ortes gibt es ein weiteres Felsentor zu bewundern: den wie ein Tunnel durch den Sandstein führenden «Kuhstall». Er heißt so, weil man dort angeblich im Dreißigjährigen Krieg die Rinder aus den umliegenden Orten vor fouragierenden Soldaten versteckt hat. Über dem Ort Königstein ragt der gleichnamige Tafelberg mit einer seit 1589 bestehenden Festung auf, der «Pfaffenstein» und die Felsnadel «Barbarine». Die Elbe umfließt in einer ausgedehnten Schleife den Tafelberg «Lilienstein»; etwas weiter flussabwärts liegt ein weiterer Tafelberg, der «Große Bärenstein». Zwischen den Orten Rathen, wo die Elbe an den Felsen «Talwächter» und «Lokomotive» vorbeizieht, und Wehlen ragt als letzter markanter und berühmter Gipfel des Elbsandsteingebirges die «Bastei» auf. Zwischen seinen Felsen, wunderbaren und viel gerühmten Aussichtspunkten auf die Elbe und die umliegenden Gipfel des Sandsteingebirges, liegen tiefe Schluchten. Eine von ihnen soll Carl Maria von Weber inspiriert haben: Angeblich sah er in ihr das Vorbild zur «Wolfsschlucht» in seiner Oper «Der Freischütz». Doch können ihn andere Schluchten ebenfalls angeregt haben: Auch eine Schlucht im Riesengebirge wird für das Vorbild der berühmten Szenerie gehalten. Nachdem Webers Oper in den 1820er Jahren zu einem überwältigenden Publikumserfolg geworden war, pilgerten noch mehr Menschen zur «Bastei» als zuvor. 1826 errichtete man eine durch Geländer gesicherte Holzbrücke zwischen den Felsen, die 1850/51 durch die noch heute bestehende Steinbrücke ersetzt wurde. Weniger stark gebogen hält die Elbe von der «Bastei» aus auf Pirna und damit den Nordrand des Gebirges zu.

Alle Gipfel des Sandsteingebirges sehen nicht nur märchenhaft aus; auch ihre Namen sind geheimnisvoll. Sie setzen sich aus slawischen und deutschen Wortelementen zusammen, und vielleicht sind sie auch im Lauf der Jahrhunderte verballhornt worden. Sah man wirklich eine Lilie im «Lilienstein»? Oder trug der Berg früher einen anderen Namen, der dann falsch überliefert wurde? Ähnliches gilt für die Ortsnamen. Viele sind einwandfrei slawischen Ursprungs, bei anderen ist dies nicht so klar. Auch wenn sie deutsch klingen, könnten diese Namen Verballhornungen slawischer Begriffe sein.

Slawischen Ursprungs sind auf jeden Fall die Namen der Gewässer, die zwischen den Bergen in die Elbe münden. Sie haben in den letzten Jahrmillionen erheblich daran mitgewirkt, das heutige Bild des Elbsandsteingebirges zu gestalten, indem sie Berge abtrugen und tiefe Schluchten einkerbten. Einige von ihnen sind mit gleicher Geschwindigkeit entstanden wie das Elbtal; sie münden ohne Geländestufe darin ein. Andere Schluchten sind nicht so rasch eingekerbt worden wie der Fluss. Sie bilden so genannte Hängetäler: Ihre Kerbe reicht nicht ganz bis zum Grund des Elbtals, und ihre Bäche fallen an seinem Rand steil ab. Am Ausgang eines solchen Hängetals liegt der Amselfall bei Rathen. Die wichtigsten Zuflüsse der Elbe im Elbsandsteingebirge sind die Kamnitz (Kamenice), die bei Herrnskretschen die Elbe erreicht, sowie die ebenfalls von Osten her zur Elbe stoßenden Flüsschen Kirnitzsch und Polenz. Ihre Mündungen befinden sich bei Bad Schandau.

Das Elbtal des Sandsteingebirges war im Mittelalter eine außerordentlich abweisende Gegend. Neben dem Fluss ist hier noch weniger Platz als

Unterhalb der Bastei zieht die Elbe ihre Bahn, an den Bergen des Elbsandsteingebirges entlang.

im böhmischen Mittelgebirge: Heute haben an vielen Stellen nicht einmal eine Straße und die Eisenbahnlinie Platz; daher verläuft die Straße am rechten, die Bahn auf dem linken Elbufer. Für Häuser und erst recht für landwirtschaftliche Nutzflächen ist kein Raum vorhanden, und an den steil aufragenden Elbtalhängen kann man keine Äcker anlegen. Immer wieder nahm sich das Hochwasser viel Platz: Der Fluss dehnte sich bis an die Ränder des Tales aus, und das Wasser stieg sogar ein Stück weit an den Talflanken empor. Immer wieder wurden die Hütten der Menschen mitgerissen, die sich der Ungunst der Lage zum Trotz am Fluss niedergelassen hatten. Und natürlich kann das Wasser hier auch heute die gleiche Kraft entwickeln: Straße und Eisenbahnlinie sind ihm dann im Weg (wie zuletzt im Sommer 2002).

Die Menschen wurden durch Schaden klug: Sie fanden schließlich die wenigen erhöhten Wohnplätze, an denen sie vor Hochwasser sicher waren. Getreide anzubauen war für die meisten von ihnen aber nicht möglich. Sie hatten ihr tägliches Auskommen mit der Fischerei. Fische ließen sich gegen Agrargüter tauschen. Andere begannen, Schifffahrt zu betreiben, bauten Schiffe oder zogen die Kähne flussaufwärts. Zwanzig bis dreißig Mann waren notwendig, um eine Last von 200 Tonnen zu ziehen. Man nannte die Schiffszieher an der Elbe mit einem slawischen Begriff «Bomätscher»; sie schafften es, das Verbot durchzusetzen, Pferde für die mühevolle Treidelarbeit einzuspannen, denn das hätte sie um ihren Verdienst gebracht.

Allmählich fand man aber auch andere Wege, der Not zu entkommen. Denn das Sandsteingebirge weist zwei Güter auf, mit denen man reich werden konnte und kann.

Das eine ist der Sandstein selbst: Wie gut er sich als Baustein eignet, sieht man bereits an den merkwürdigen Felsbildungen. Steht eine Burg auf einem Sandsteinberg (wie beispielsweise am Königstein), fällt es fast schwer zu erkennen, bis wohin der Fels aufgetürmt ist und wo die von Menschen geschaffene Burgmauer beginnt. Manche Steine haben schon eine Quaderform, die sich zum Transport und zum Bauen eignet. Sandstein aus dem Sandsteingebirge war besonders begehrt, weil der größte Teil des weiteren Elblaufs bis zur Nordsee nicht durch Gebirge aus festem Gestein führt. Überall aber werden feste Steine benötigt. Gotische Dome wurden daraus errichtet: in Pirna, Meißen, Wittenberg und Magdeburg. Viele Brücken, die seit dem Mittelalter über die Elbe geschlagen wurden, sind aus Sandstein aufgemauert worden. Jahrhundertelang baute man Schlösser aus den Steinen des Elbsandsteingebirges: in Dresden, Torgau, Potsdam (Sanssouci), Schwerin, Ludwigslust und Güstrow. Auch das Brandenburger Tor in Berlin entstand aus sächsischem Sandstein. In den Hansestädten Hamburg und Bremen, in denen niemals Fürsten regierten und keine Schlösser gebaut wurden, errichtete man die Rathäuser aus dem begehrten Baumaterial Böhmens und Sachsens.

Der andere wertvolle Rohstoff war und ist Holz. In den sandigen und flachgründigen Böden, die bei der Verwitterung von Sandstein entstehen, lässt sich nur wenig Wasser festhalten. Zwischen einzelnen Regenperioden tritt Trockenheit auf. Mineralstoffe werden rasch ausgewaschen, der mineralarme Sand bleibt zurück. Mit diesen problematischen Bodenverhältnissen werden Nadelbäume eher fertig als Laubbäume; auf den armen Böden des Sandsteingebirges herrschen Fichte und Kiefer vor, in den etwas feuchteren Schluchten auch Tannen. Für Waldnutzer haben diese

Bäume große Vorteile. Sie wachsen sogar auf schlechten Böden relativ rasch. Sie bilden gerade Stämme aus. Und ihr Holz hat ein geringes spezifisches Gewicht; es kann auf Wasser schwimmen, während das Holz vieler Laubbäume auf dem Wasser untergeht. Wenn man Nadelholz als Brennholz nutzt und anschließend die Wälder pflegt und aufforstet, kann man bald wieder Brennholz einschlagen. Nadelholz ist aber auch sehr wertvolles Nutzholz. Man brauchte es unbedingt für die Konstruktion von großen Dachstühlen und für den Schiffbau: Aus Tannen- und Fichtenstämmen wurden die geraden Schiffsmasten angefertigt. Ihr relativ geringes Gewicht machte die Schiffe besonders wendig. Weil man Nadelholz gut flößen konnte, entstand eine neue Erwerbsquelle für die Menschen, die am Fuß des Elbsandsteingebirges wohnten. Sie schlugen Holz in den Wäldern, trifteten die Einzelstämme die schmalen Nebenflüsse der Elbe hinunter, banden daraus am Elbufer große Flöße und lieferten deren Holz an die Städte, die flussabwärts lagen. Zunächst wurde so die Holzversorgung von Dresden sichergestellt, dann auch von anderen Elbstädten. Tannen und Fichten gibt es an den Ufern der Elbe flussabwärts nicht, Kiefern dagegen stehen auch auf den Sandböden Brandenburgs und seiner Umgebung. So kam Holz aus dem Elbstandsteingebirge bis nach Hamburg und darüber hinaus bis in die Niederlande; auch Holz aus dem Inneren Böhmens gelangte auf dem Strom bis an die Nordseeküste. Im Mittelalter wurde Holz zum Beispiel für den Bau der Magdeburger Elbbrücke und der Kirche in Aschersleben elbabwärts geflößt.

Der Export von Holz und Stein wurde zum wichtigen Ziel sächsischer Politik. Auch weitere Reichtümer des Landes ließen sich gut verkaufen, natürlich an allererster Stelle das Erz aus dem Erzgebirge, später auch Klöppelspitzen und die Produkte des Holzhandwerkes neben vielen anderen Erzeugnissen des «häuslichen Gewerbefleißes». Für die Holzvermarktung setzte sich im 16. Jahrhundert Kurfürst August, in Sachsen «Vater August» genannt, besonders ein. Kurz nach der Übernahme der Regierung im Jahr 1553 – der große Silberrausch im Erzgebirge war gerade vorbei – begann er, große Floßbetriebe aufzubauen. Seit 1557 besteht der Königsteiner Floßbetrieb. Dafür wurden die in die Elbe mündenden Gewässer Biela, Cunnersdorfer Bach und Krippenbach zu Floßstrecken umgebaut. Man musste an den Oberläufen das Wasser stauen; die Wehre dieser Schwellweiher wurden gezogen, wenn das Holz im Wasser lag und zur Elbe transportiert werden sollte. Ein solcher «Schwall» hielt je nach Größe des Wasserbeckens nur eine halbe Stunde, manchmal auch wenige Stunden an. Diese Zeit musste genügen, um die Trift zu vollenden. Daher mussten die Triftstrecken so ausgebaut werden, dass sich die Stämme nicht an ihren Rändern verhakten. Mit Steinverbauungen wurde dafür gesorgt, dass das Holz möglichst ungehindert bachabwärts glitt. In Königstein wurden dann die großen Elbflöße zusammengebunden und auf die Reise geschickt.

Wenig später verfuhr man in Schandau entsprechend: 1567 wurde das kurfürstliche Floßwerk auf der Kirnitzsch eingerichtet. An diesem Flüsschen entstanden ebenfalls zahlreiche Floßweiher, die mit Wehren gestaut wurden. Das Kirnitzschtal ist heute eine Touristenattraktion, und die meisten Besucher meinen, sie sähen dort Natur. Doch weite Strecken des Bachverlaufs und zahlreiche Wasserfälle, die von den Seiten in das Tal gelangen, sind in Wirklichkeit Menschenwerk. Auch die Polenz wurde zum Floßgewässer ausgebaut. Schandau war ein weiterer wichtiger Ort für das Zusammenbinden von Flößen. Der dritte wichtige Floßort im Elbsandsteingebirge wurde Herrnskretschen, wohin das Holz auf der Kamnitz gelangte.

An der Elbe wurden Sägemühlen errichtet; man exportierte oft nicht ganze Stämme, sondern das bereits zugeschnittene Holz. Es wurde auf den Flößen als so genannte Oblast mitgeführt. Unter den Flößen war häufig ein Behältnis angebracht, in dem lebende Karpfen transportiert wurden. In Sachsen machte man aus allem Geld! Es wurde zuerst in der Staatskasse angesammelt und später für die Ansammlung von Kunstschätzen in der Residenz Dresden verwendet, vor allem unter August dem Starken zu Beginn des 18. Jahrhunderts. Wie viele der Kunstwerke, die bis zum Zweiten Weltkrieg und nun wieder seit 2006 im Grünen Gewölbe bewundert werden können, sind dadurch erworben worden, dass man Erz, Stein und Holz sowie zahlreiche andere Güter verkaufte!

Im 18. Jahrhundert kamen nicht nur Kunstwerke ersten Ranges nach Dresden, sondern auch hervorragende Künstler. Bereits im 18. Jahrhundert entwickelte sich das Bewusstsein für die Schönheit der Elblandschaft, die Erkenntnis, dass das Elbtal zwischen Tetschen und Dresden auf der Welt einmalig ist. Die wohl erste Landschaft, für die dies angenommen wurde, war die Schweiz. Johann Jacob Scheuchzer, Albrecht von Haller und andere hatten ihr Heimatland im 18. Jahrhundert nicht nur besungen, sondern auch die Grundlagen für dessen moderne wissenschaftliche Be-

Im Kirnitzschtal wurde ein Gewässer zum Triften und Flößen geschaffen.

Viele Wasserfälle im Kirnitzschtal sehen wie wilde Natur aus, sind aber Menschenwerk: Sie strömen über künstliche Wehre.

schreibung gelegt. Wenig später wurden die landschaftlichen Besonderheiten des Elbtals südlich von Dresden erkannt. Später nannte man dies «Elbromantik». Der sächsische Hofmaler Johann Alexander Thiele malte 1739 den Teplitzer Schlossberg, die Höhen des Erzgebirges und Blicke ins Böhmerland. 1766 kamen die Schweizer Maler Anton Graff und Adrian Zingg an die Dresdner Akademie. Die beiden unternahmen eine Reise elbaufwärts und waren begeistert von dem, was sie sahen: eine einmalige Landschaft voller Schönheit, den sich schlängelnden Elblauf zwischen malerischen Felsen. Das nannten sie eine «Schweiz»; seitdem gibt es die Begriffe Böhmische (Český Švýcarsko) und Sächsische Schweiz. Die Berge und der Fluss wurden zur Attraktion für Künstler und Kunstsinnige.

«Die Elbe bildet eine romantische Natur um sich her», schrieb Friedrich von Schiller 1785, der damals im Elternhaus von Theodor Körner bei Dresden zu Gast war. Während seines Aufenthaltes schrieb er nicht nur am «Don Karlos», sondern dichtete auch seine Ode «An die Freude». War

sie von der Elbe und ihrer Schönheit inspiriert? Um die Wende vom 18. zum 19. Jahrhundert kamen viele Künstler nach Dresden und von dort aus in die Sächsische und Böhmische Schweiz: Caspar David Friedrich malte immer wieder einzelne Berge, die aus Ebenheiten aufragen, und er stieß auf seinen Malerreisen bis an die Quelle der Elbe im Riesengebirge vor. Carl Gustav Carus und Wilhelm von Kügelgen waren weitere bekannte Künstler, die das als Schweiz geadelte Gebirge und Tal besuchten. In den 1830er Jahren schrieb Ludwig Richter an Kügelgen: «Ich habe nun angefangen, von italienischen Banden mich abzuwenden, und habe die böhmischen Dörfer an mein Malerherz genommen.» Er malte unter anderem die «Überfahrt am Schreckenstein». Auch an der Elbe ließ sich wahrhaft Schönes erblicken und darstellen, nicht nur im Arkadien der Mitteleuropäer, im sonnigen Süden.

Was im 19. Jahrhundert Pilgerstätte der «Landschafter» war, wurde am Ende des 20. Jahrhunderts Nationalpark – mit strengen Naturschutzauflagen. Doch es ist eigentlich die Landschaft, wie sie von der Natur geprägt und von Menschen gestaltet wurde, die hier nach wie vor besondere Beachtung verdient. Die «Schweiz» an der Elbe wird durch eine Staatsgrenze geteilt, und daher gibt es hier auch zwei «Schweizen», die Böhmische und die Sächsische. Kulturell ist aber die Einheit zwischen beiden Regionen zu sehen, für die vielleicht «Elbschweiz» der passende Name wäre.

8 Dresden, das Elbflorenz

Im Elbsandsteingebirge hat der Fluss zum letzten Mal auf längere Strecke ein Tal durchflossen, das von ihm selbst geschaffen wurde. Flussabwärts legte sich die Elbe in Senken, die durch geologische Prozesse oder andere, mächtigere Wasserströme vorgeformt worden waren. Der Fluss schwenkte schon im Elbsandsteingebirge auf eine nordwestliche Fließrichtung ein. Sie prägt den gesamten weiteren Flusslauf und ist entscheidend davon beeinflusst, dass sich in der Dresdner Gegend vor Millionen von Jahren zwei Platten der Erdhülle übereinander geschoben haben. Von Nordosten her überlagerte die so genannte Lausitzer Platte die Gesteinsschichten der Kreidezeit, durch die der Fluss schon weiter oberhalb seine Bahn genommen hatte. Sie wurden unter dem Gewicht der Lausitzer Platte in die Tiefe gedrückt. An der südwestlichen Kante der Lausitzer Platte bildete sich eine tiefe Rinne, die wie geschaffen war für die Aufnahme eines Flusses. Die Elbe fließt im Dresdner Raum also zwischen der Lausitzer Platte (im Nordosten) und kreidezeitlichen Ablagerungen (im Südwesten) entlang. Aus der Lausitzer Platte, die aus alten und unfruchtbaren Gesteinen besteht, wurden im Lauf der Zeit Sandmassen ausgespült, die sich an ihrem Rand ablagerten. Daraus wurde die Dresdner Heide mit ihren Kiefernwäldern. Vor den Hügeln aus der Kreidezeit setzte sich in der Eiszeit Löss ab, feiner Staub mit einer Vielzahl von Mineralstoffen. Im Dresdner Raum wird er genauso wie in Mittelböhmen seit Jahrtausenden von Ackerbauern bestellt.

Das talartige Becken zwischen den zwei gegensätzlichen Landschaften des Erzgebirgsvorlandes und der Lausitz ist eine klimatisch verwöhnte Gegend. Ihre Bewohner und Besucher erkannten dies und überhöhten den lieblichen Eindruck der Gegend. Johann Gottfried Herder bezeichnete Dresden im 18. Jahrhundert als das «Elbflorenz». Diesen Titel kann man auf die gesamte Gegend zwischen Pirna und Meißen anwenden. Seit Jahrhunderten wird dort – allen Zerstörungen von außen zum Trotz – ein Paradies geschaffen. Sein Mythos scheint unzerstörbar zu sein.

Der erste Ort, den die Elbe nach dem Verlassen des Sandsteingebirges passiert, ist Pirna. Diese Stadt war im Mittelalter die bedeutendste im Dresdner Elbtalkessel, weil sich hier eine gute Elbfurt befand. In der Mitte

Das Wasserpalais von Schloss Pillnitz. In früherer Zeit legten hier Gondeln an.

des 13. Jahrhunderts war Pirna sogar die wichtigste Elbstadt zwischen Leitmeritz und Magdeburg. In ihrem Hinterland lagen ergiebige Bergbauorte. Seit dem 15. Jahrhundert baute man Eisenerz in Berggießhübel und Bad Gottleuba am Rand des Erzgebirges ab und verhüttete es dort auch, doch in den Handel kam es als «Pirnisches Eisen»; man nannte es nach dem Hafen, in dem es auf Schiffe verladen wurde. Pirna war immer wieder von Elbhochwasser bedroht. Die Eisenbahnlinie von Dresden nach Prag wurde auf einem hohen Damm an der Stadt entlang geführt; so war sie meistens sicher vor der Überflutung. Der Damm konnte die Stadt davor schützen, doch hatte er auch negative Auswirkungen: Wenn hohe Fluten aus dem Erzgebirge herunterkamen, wurden sie am Bahndamm gestaut, bevor sie in die Elbe abflossen. Es gibt zu wenige Durchlässe im Damm.

Nach dem Bau der Eisenbahn wurden in Pirna zahlreiche Fabriken gebaut. Die Rohstoffe der Maschinenfabrik und des Zellulosewerkes kamen ursprünglich wohl aus dem Umland. Auch Kunstseide wurde in

Pirna hergestellt. Die Chemiewerke verschmutzten lange Zeit die Elbe erheblich, genauso wie die Industriebetriebe in Heidenau, einige Kilometer flussabwärts. Zwischen den heutigen Industrieorten Pirna und Heidenau passiert die Elbe einen romantischen Ort, das Schloss Großsedlitz mit seinem bekannten Barockpark. Die Anlage entstand in den Jahren nach 1719, zu einer Zeit, in der in Dresden und seinem Umland eine Hochkonjunktur des Bauens herrschte.

In Heidenau mündet ein Nebenfluss in die Elbe, der in den letzten Jahren zu trauriger Berühmtheit kam: die Müglitz. Eigentlich ist sie eher ein Bach als ein Fluss, aber nach dem sintflutartigen Regen im August 2002 wurde sie zu einem reißenden Strom. Durch zahlreiche Orte riss der Fluss eine Schneise der Zerstörung: Bilder aus Glashütte, dem berühmten Uhrmacherort, und Weesenstein mit seinem im Kern mittelalterlichen Schloss gingen damals um die Welt. Die Uhrenfabriken waren kaum, das Schloss überhaupt nicht betroffen, denn es liegt hoch auf einem Felsen. Aber in den letzten Jahrhunderten hatte man die Ortschaften immer weiter in die Täler ausgedehnt, die ihre Form nicht nur in ferner geologischer Vorzeit erhalten haben. Jedes Hochwasser vertieft und erweitert die Schluchten, trägt Felsvorsprünge ab und transportiert Gesteinslasten fluss- oder bachabwärts zur Elbe. Die Orte an der Müglitz und zahlreichen anderen Flussläufen brauchten im Mittelalter Wassermühlen, und die konnten nur im Talgrund errichtet werden. Wenn sie zerstört wurden, war es relativ einfach, sie erneut aufzubauen: Man musste das Mühlrad richten, die Achsen, Kammräder und

Hochwassermarken am Pillnitzer Schloss

Transmissionen neu justieren. So einfach sind die Verhältnisse heute nicht mehr. Aus vielen ehemaligen Mühlen wurden in den letzten Jahrzehnten moderne Industriebetriebe. Wenn elektronisch gesteuerte Präzisionsinstrumente von den Fluten zerstört werden, ist der Schaden ungleich größer als ehedem bei der Mühle. Daher sollte man sich in Zukunft sehr genau überlegen, ob man für solche Anlagen wirklich tief eingeschnittene Täler nutzen will. Viele Tallagen sind zu gefährlich für den Bau von Wohnhäusern, Handwerks- und Industriebetrieben. Das hat sich beim Hochwasser der Elbe und ihrer Nebenflüsse 2002 sehr deutlich gezeigt. Und tatsächlich zieht man die Konsequenzen aus der Katastrophe: Ein Teil des zerstörten Weesenstein wird nicht wieder aufgebaut.

Schräg gegenüber von Heidenau, auf dem rechten Elbufer, liegt Pillnitz. Dort gab es seit dem Mittelalter Bauerndörfer; man baute unter anderem Wein an. Im 18. Jahrhundert wurde bei Hosterwitz eine Plantage aus 2500 Maulbeerbäumen zur Seidenraupenzucht angelegt. In der Elbe lagen seit dem 13. Jahrhundert Schiffsmühlen, in denen Getreide gemahlen wurde. Ihre Baukörper schwammen auf dem Wasser; daher konnte man sie sowohl bei hohen und als auch bei niedrigen Wasserständen nutzen. Bei Hochwasser wurden sie nicht beschädigt wie die festen Mühlen in den Nebentälern der Elbe. Gefahr für sie bestand allerdings im Winter, denn sie konnten vom Treibeis zerdrückt werden. Es gab sie bis zum 19. Jahrhundert. Die damals eingeführte Kettenschifffahrt wurde durch die Mühlen behindert. Also mussten sie verschwinden; fortan wurde das Mehl in landfesten, von Turbinen angetriebenen Mühlen gemahlen.

Schloss Pillnitz wurde im Auftrag des Kurfürsten August des Starken von Sachsen durch den Hofbaumeister Daniel Pöppelmann gebaut. Sein zur Elbe gewandter Baukörper ist das «Wasserpalais» mit einer großen Freitreppe. An ihr können bei hohen und niedrigen Wasserständen Boote anlegen – im 18. Jahrhundert waren dies Gondeln venezianischer Bauart. «Echte» Gondolieri brachten den Hofstaat von Dresden aus hierher. Das Schloss bekam ein geschwungenes Dach, das an chinesische Bauten erinnern sollte. Dies geschah aus Begeisterung darüber, dass es einem sächsischen Handwerker, Johann Friedrich Böttger, gelungen war, Porzellan herzustellen, das man zuvor nur aus China importiert hatte. Pöppelmann errichtete, als das «Wasserpalais» fertig war, ein fast getreues Abbild davon ein Stück hangaufwärts: das «Bergpalais». Beide waren im Südosten durch eine weitere Anlage verbunden, die zu Beginn des 19. Jahrhunderts abbrannte. Danach wurde das Neue Palais gebaut, das seitdem die Baukörper des Wasser- und des Bergpalais miteinander verbindet. Am Schloss liegen ausgedehnte Gärten. Besondere Attraktionen sind eine 1807 nach Pillnitz gelangte Gartenhortensie und eine 1770 aus Japan hierher gekommene Kamelie, zu deren Schutz man ein Winterhaus gebaut hat. Oberhalb des Schlossgartens schließt sich der Weinberg mit einem weiteren berühmten Bau von Pöppelmann an: der Weinbergkirche, die er nach dem Schloss errichtete.

Von der gezähmten Wildnis der Parks und Weinberge blickt man auf die Pillnitzer Elbinsel, von der die Sage geht, sie sei noch nie betreten worden. Das stimmt nicht, denn zumindest die Naturforscher haben die Insel gründlich erkundet, unter anderem der Maler, Dichter und Naturforscher Carl Gustav Carus. Ursprünglich gab es mehrere solcher Inseln bei Dresden. Bis auf die Insel bei Pillnitz und eine weitere bei Gauernitz sind sie im Zuge der Elbregulierung des 19. Jahrhunderts beseitigt worden. Weil tatsächlich nur wenige Menschen auf die Pillnitzer Elbinsel gelangen, wuchert dort ungestört die Wildnis eines Auenwaldes. Hochwasser und Eis schlagen immer wieder einmal Lücken in den Wald, die bald erneut geschlossen werden. Alle Pflanzen können rasch wachsen, denn sie werden von den Fluten mit allen Mineralstoffen versorgt, die sie für ein optimales Gedeihen benötigen. Lianen klettern an ihnen empor, unter anderem Wilder Hopfen und Waldrebe. Seit dem 19. Jahrhundert sind auch Bäume aus anderen Ländern auf der Insel angepflanzt worden, zum Beispiel Ess- und Rosskastanien.

Flussabwärts von Pillnitz dehnten sich einst weitere Weinberge aus. Vielerorts wurde der Weinbau aufgegeben, nachdem es in den Jahren 1886 bis 1889 zu einem verheerenden Reblausbefall gekommen war. In Loschwitz, dem berühmten Dresdner Villenvorort, waren schon vorher Sommersitze der wohlhabenden Dresdner entstanden. Besonders prächtig sind die drei so genannten Elbschlösser: Prinz Albrecht von Preußen ließ in den Jahren 1850 bis 1854 nach dem Vorbild der Villa Medici in Rom die Albrechtsburg errichten. Daneben entstand zur gleichen Zeit die Villa Stockhausen, auch Lingner-Schloss genannt, ein paar Jahre später (1859–1861) Schloss Eckberg im Tudorstil. Mit diesen Schlössern kamen nicht nur Anklänge an Italien und England ins Dresdner Elbtal, sondern auch der Baustil der Berliner bzw. Potsdamer Preußen.

In Loschwitz überspannt eine der berühmtesten Elbbrücken den Strom:

das so genannte Blaue Wunder. Gebaut wurde es in den Jahren 1891–1893. Ein Wunder war die Brücke deswegen, weil es hier gelang, eine Weite von 145,5 Metern ohne einen Zwischenpfeiler zu überwinden. Das war ein großer Fortschritt, denn die Schifffahrt wurde nicht behindert, und der Brücke konnte kein winterlicher Eisgang etwas anhaben. Seit dem Mittelalter hatte das Eis unzählige Pfeiler von Elbbrücken gerammt und zum Einsturz gebracht. Im Volksmund hielt man etwas anderes für noch bemerkenswerter: Ihren Namen erhielt die Brücke von der ungewöhnlichen Farbe ihres ersten Anstrichs. In Loschwitz gibt es ferner seit 1895 eine Standseilbahn und seit 1901 eine Schwebeseilbahn. Mit beiden Verkehrsmitteln fällt die Überwindung der steilen Geländekante am Rand der Lausitzer Platte leichter.

In einer leicht geschwungenen Linkskurve bewegt sich die Elbe nun auf den Stadtkern von Dresden zu. Die Stadt ist längst nicht so alt wie andere Städte an der Elbe, und sie bekam erst recht spät Bedeutung. Zwar gab es vielleicht schon um 1200, sicher aber im 14. Jahrhundert eine Elbbrücke, doch das Städtchen war damals noch klein. Es lag auf dem Taschenberg, einer kleinen Anhöhe über dem Elblauf, vor Hochwasser sicher. Die Elbe machte, wenn sie hohe Fluten führte, das kleine Dresden zur trockenen, gut geschützten Insel. Das Wasser, das dann nicht in den «normalen» Elblauf einschließlich der breiten, unbebauten Elbwiesen passte, suchte sich südlich der Stadt einen weiteren Weg, etwa dort, wo heute die Eisenbahnlinien um die Stadt herumführen und seit 1897 der wie ein Palast wirkende Hauptbahnhof steht. Das Gelände blieb bis zur Mitte des 19. Jahrhunderts unbebaut oder Parkgelände (der seit 1676 angelegte Große Garten befindet sich dort) – mit gutem Grund. Es ist bis heute nicht sicher vor Hochwasser: Im Sommer 2002 wurde uns dies in Erinnerung gerufen.

Dresdens Sterne begannen heller zu strahlen, als im Jahr 1485 die albertinische Linie der herrschenden Wettiner beschloss, Dresden zur Residenz zu machen. 1547 ging die Kurfürstenwürde auf die Albertiner über; Dresden wurde zur Hauptstadt des Kurfürstentums Sachsen. Unter der Herrschaft von Kurfürst («Vater») August entstanden im 16. Jahrhundert zahlreiche Renaissancebauten, darunter große Teile des Schlosses. August gründete die Kunstkammer und erwarb die Kostbarkeiten, die zu sammeln ihm die Erlöse aus dem Verkauf der Reichtümer des Landes gestatteten. Die Stadt wurde bald zur Bastion ausgebaut; in den Festungsring wurde auch ein Stadtteil an der rechten Elbseite einbezogen, den man da-

mals Altendresden nannte. Nachdem dieser Stadtteil 1685 abgebrannt war, baute man ihn im Barockstil wieder auf; seitdem heißt er «Neustadt».

Die viel gerühmte Elbfront von Dresden

Das Gesicht Dresdens wurde besonders stark von August dem Starken und seinem Baumeister Daniel Pöppelmann in der ersten Hälfte des 18. Jahrhunderts geprägt. August der Starke war der erste sächsische Regent, der als junger Mann eine Kavalierstour durch verschiedene Teile Europas unternommen hatte. Er war begeistert von der Landschaft, der Kunst und den Bauten Italiens sowie von der Eleganz am französischen Hof. Auf seiner Reise sah er Vorbilder für seine sächsische Residenz. August war zum Katholizismus übergetreten, damit seine Bewerbung um den polnischen Königsthron Erfolg haben konnte. Aber seine Stadt blieb protestantisch. Nachdem Augusts Bewerbung erfolgreich gewesen war, lebte ein König in Dresden, allerdings der König eines fremden Landes. Ein eigenes Königreich wurde Sachsen erst von Napoleons Gnaden im Jahr 1806. Das erste repräsentative Gebäude, das unter August dem Starken in Dresden entstand, war das Taschenbergpalais am Schloss. Eigentlich sollte auch das Schloss neu gebaut werden. Schließlich beschränkte sich der kunstsinnige Regent aber auf den Einbau des Grünen Gewölbes, seiner Schatzkammer. Auf der rechten Elbseite wurde das Japanische Palais errichtet, dahinter viele Gebäude der Neustadt mit der Dreikönigskirche. Über zwanzig Jahre lang wurde der Zwinger umgestaltet; an den Mauern der Festung wurde auf diese Weise ein herrschaftlicher Festplatz angelegt. Die Elbbrücke mit ihren zahlreichen Sandsteinbögen wurde neu gebaut; sie bekam zur Erinnerung an ihren Bauherrn den Namen Augustusbrücke. 1907 musste sie abgebrochen und umgebaut werden, denn ihre Durchlässe waren zu schmal für die Schifffahrt; mit breiteren Bögen entstand die Augustusbrücke neu. Unter der Regentschaft Augusts des Starken wurde mit der Anlage der Brühlschen Terrasse und dem Bau der Frauenkirche begonnen; beide Bauten waren noch nicht vollendet, als August der Starke 1733 starb. Die Brühlsche Terrasse wurde immer wieder als «Balkon Europas» bezeichnet. Sie ging aus ehemaligen Festungsanlagen hervor, die so gut wie uneinnehmbar unmittelbar aus der Elbe emporragten. Die Straße und die Schiffsanlegestelle davor sind spätere Hinzufügungen: Man schüttete dort nach den Zerstörungen des Siebenjährigen Krieges Trümmer auf. Der gerade fertiggestellten enormen Kuppel der Frauenkirche hatte der Beschuss der Preußen nichts anhaben können. Die folgende bauliche Entwicklung der Stadt war damit vorgezeichnet; weitere Bauten des 18. Jahrhunderts wie die Katholische Hofkirche, das Neue Rathaus und das Coselpalais passten sich in die viel gerühmte Silhouette der Stadt ein, die der 1747 nach Dresden berufene italienische Maler Bernardo Bellotto, genannt Canaletto, mehrfach dargestellt hat.

Der Blick des Italieners auf die Stadt trug entscheidend dazu bei, dass Dresden zum «Elbflorenz» wurde. Diesen Ruf mehrten die Kunstsammlungen, die von den sächsischen Kurfürsten erworben werden konnten. Kurfürst Friedrich August II. kaufte die Kunstsammlung des Herzogs von Este, und 1754 gelang der Erwerb von Raffaels Sixtinischer Madonna aus der Klosterkirche von Piacenza. Nachdem Anton Graff und Adrian Zingg den Begriff «Sächsische Schweiz» geprägt hatten, war gewissermaßen die «italienische Stadt» von der «Schweizer Landschaft» umgeben – eine in den folgenden Jahren viel gerühmte «Symbiose», die durch alle schweren Zeiten hindurch immer wieder dazu beigetragen hat, den Mythos von Dresden weiter zu tragen.

Weitere berühmte Bauten kamen im 19. Jahrhundert hinzu, unter anderem das Opernhaus von Gottfried Semper. Bis zur Elbregulierung in den 1860er Jahren galt aber nur der Kern der Altstadt auf dem Taschenberg als sicher vor dem jährlichen Hochwasser. Weite Teile seiner Umgebung wurden erst besiedelt, als die Elbe reguliert war. Damals wurde auch die Eisenbahn um den Altstadtkern herumgeführt – auf Gelände, das zuvor noch nicht bebaut gewesen war. Lange Zeit blieben die Flächen trocken, doch ein gewaltiges Hochwasser wie das vom Sommer 2002 verschonte sie nicht. Nicht nur die Elbe, auch die Weißeritz trat über die Ufer, ein Flüsschen, das in einer tief eingeschnittenen Schlucht vom Vorland des Erzgebirges her auf den westlichen Stadtrand von Dresden zuhält. Genauso wie im Tal der Müglitz waren auch hier in der tief eingeschnittenen Schlucht jahrhundertelang Siedlungen gewachsen; zudem hatte man unten im Tal die wichtige Eisenbahnlinie von Dresden nach Chemnitz gebaut. Monatelang konnten nach der Flut dort keine Züge fahren, denn die Strecke war wie auch viele Straßen und Siedlungen total zerstört. Die Weißeritz war durch Flussregulierungen zwar eigentlich aus Dresden verbannt worden, aber die Hochwasserwelle suchte sich ein Bett, das dem alten Lauf ähnelte. Weite Teile Dresdens standen unter Wasser, unter anderem der Hauptbahnhof.

Immer wieder entschloss man sich, Dresden nach Zerstörungen wieder aufzubauen, auch nach der schlimmsten, von der die Stadt betroffen wurde: Im Februar 1945 sanken große Teile der Innenstadt in einem auf grausame Weise perfekt zu nennenden Bombardement in Schutt und Asche. In der Zeit, in der Dresden Bezirkshauptstadt der DDR war, also bis 1989, baute man etliche Gebäude wieder auf, scheiterte aber an einem gigantischen Vorhaben wie dem Wiederaufbau der Frauenkirche. Das gelang erst nach der Wiedervereinigung beider deutscher Staaten, überwiegend durch private Initiativen: 2005 wurde die Kirche erneut geweiht. Ein Jahr später wurde auch das restaurierte Grüne Gewölbe fertiggestellt, wo viele der Schätze ausgestellt sind, die von den sächsischen Regenten in Jahrhunderten zusammengetragen wurden. Die Stadtquartiere, die im Zweiten Weltkrieg unzerstört blieben, vor allem solche aus dem 19. Jahrhundert, stellen die Denkmalpflege heute vor große Probleme: Aggressive Braunkohleabgase aus DDR-Zeiten setzten den Fassaden zu. Wohl kann man sie in einer Weise sanieren, die sie schöner erscheinen lassen als je zuvor. Doch das ist teuer, und in vielen Fällen ist es schwierig, das Geld dafür aufzubringen.

Blick von der Brühlschen Terrasse in Dresden

Die Einkünfte des Staates, die aus dem Verkauf von Bodenschätzen und dem Holz Sachsens stammten und die der vielfältige Gewerbefleiß gemehrt hatte, waren zu Stein geworden, der immer wieder erneuert wurde, um Dresden zu erhalten. Das bedeutete und bedeutet nicht nur für die Regierenden, sondern auch für die Einwohnerschaft eine gewaltige Anstrengung. Die nachhaltige Bewahrung der Stadt gelang – wie durch ein Wunder. «Elbflorenz» und die Sächsische Schweiz sowie die Elbe, die sich durch beides zieht, haben ihre Faszination nicht verloren – trotz der grauenhaften Zerstörungen im Krieg und durch Hochwasser.

Es ist seltsam, dass genau in der Zeit, in der das Gesamtkunstwerk Dresden zu wachsen begann, das heute weltweit berühmte Konzept der Nachhaltigkeit zum ersten Mal formuliert wurde, und zwar im Jahr 1713 durch den sächsischen Oberberghauptmann Hannß Carl von Carlowitz. Nachhaltig sollten fortan die Wälder Sachsens bewirtschaftet werden, um ihren Reichtum für die Zukunft zu sichern. Und mit künstlerischen Mitteln wurde damals das nachhaltig wirkende Bild Dresdens geschaffen, das jede der nachfolgenden Generationen zu bewahren und wiederherzustellen trachtete. Hätte man damals nicht Hervorragendes gebaut, würde sich heute kaum noch jemand um Dresden kümmern.

Seit 2004 steht Dresdens Elbtal auf der Liste des Welterbes der Menschheit bei der UNESCO und genießt als eine «sich weiterentwickelnde Kulturlandschaft von außerordentlichem und universellem Wert und hoher Authentizität» internationalen Schutz. Zu dieser Kulturlandschaft gehören innerstädtische Bereiche, die sich stürmisch, vielleicht zu stürmisch weiter entwickeln: Dresden erstickt im Verkehr. Die Stadt will daher schon seit langer Zeit eine weitere Brücke für den Autoverkehr über die Elbe schlagen, doch dagegen erhebt die UNESCO Einspruch.

Die Elbe verlässt Dresden an Industrieanlagen vorbei: Da wird die Kohle aus dem Plauenschen Grund und aus Freital auf Schiffe verladen, dort spiegelt sich der markante Turmbau der Zigarettenfabrik «Yenissey» in den Fluten. Die Schiffswerft von Übigau war zu Anfang des 20. Jahrhunderts eine der größten an einem europäischen Binnengewässer; sie wurde während der Weltwirtschaftskrise in den 1930er Jahren stillgelegt. Ein besonderes Erlebnis ist die Fahrt mit der Eisenbahn von Dresden aus nord- oder nordwestwärts, beispielsweise nach Leipzig, auf einer der ersten Ferneisenbahnen des europäischen Kontinents. Nur an wenigen Orten kreuzen sich derart viele Verkehrslinien wie im Nordwesten Dresdens, führen so viele Schienenstränge nebeneinander her, nutzen die Senke an der Elbe, führen über sie hinweg, gewinnen die Höhen nördlich von Dresden. Fährt man mit dem Zug, lässt sich das am besten erkennen.

9 Ein Paradies und ein Porzellan-Schloss

Nördlich von Dresden wird die Elbe nicht mehr überall von festen Talrändern festgehalten. Vor einigen Millionen Jahren floss sie vom Dresdner Talkessel aus direkt nach Norden. Und im Eiszeitalter legte sie sich anders als heute in diese Senke. Von Radebeul aus, nördlich von Dresden, nahm sie ihren Lauf am rechten Rand des Talkessels entlang, bei Coswig, Weinböhla und Niederau vorbei und östlich um das so genannte Spaargebirge herum, ein kleines Hügelmassiv gegenüber von Meißen. Nördlich des Hügels hielt sie auf Meißen zu und erreichte dort das engere Tal, das sie heute noch nutzt. Später schnitt sich von Meißen aus ein Tal westlich des Spaargebirges in den Untergrund ein und erreichte den Dresdener Talkessel. Der Lauf der Elbe wurde angezapft. Bevor die Elbe im älteren Eiszeitalter diesen attraktiveren Weg im Westen des Spaargebirges völlig in Besitz genommen hatte, war das heute von Reben bestandene Hügelland wohl zeitweise eine Insel. Das lässt sich auf Landkarten und im Gelände noch gut erkennen: Im Westen des Hügels fließt die Elbe entlang, östlich von ihm erkennt man ein trocken gefallenes Tal, das im 19. Jahrhundert zum Bau der Eisenbahn genutzt wurde, und nördlich des Hügels dehnen sich ursprünglich feuchte Wiesen aus, die man bezeichnenderweise Nassau oder Nasse Au nannte. Im Mittelalter wurden sie trockengelegt.

In der Umgebung von Radebeul sieht es ähnlich aus wie in Mittelböhmen. Die Gegend um Melnik bezeichnet man als das Böhmische Paradies, das Land nordwestlich von Dresden könnte man entsprechend das Sächsische Paradies nennen. Diesen Eindruck erweckt vor allem der nordöstliche Hang des Tales: Sanft steigt das Gelände an, vielerorts von Reben bedeckt. Sie können hier nur deswegen gut gedeihen, weil der nach Süden und Westen offene Hang an Sommertagen viele Stunden lang von der Sonne beschienen wird. Nur weil die Hänge senkrecht von der Sommersonne getroffen werden, wird der Wein hier reif; nirgends sonst in Deutschland baut man so weit im Norden noch relativ großflächig Wein an.

Der südwestliche Hang des Elbtals ist steiler, von Gehölz bewachsen. Hier reicht der intensive Sonnenschein nicht hin; niemals wäre man auf die Idee gekommen, auch hier Wein zu kultivieren.

Günstig für den Weinbau ist nicht nur die Lage der Rebhänge. Nördlich von Dresden gibt es auch besonders fruchtbare Lössböden – genauso wie in Böhmen. Der Löss wurde hier nicht allein aus dem Elbbett ausgeblasen, sondern er stammte vor allem aus dem Vorfeld der Gletscher, die sich in der Eiszeit von Norden her bis weit nach Süden ausbreiteten. In ihrer Nähe bildeten sich breite Abflussbahnen für Schmelzwasser, die so genannten Urstromtäler. Nur im Sommer floss viel Wasser ab. Im Winter, wenn die Gletscher an ihrer Front nicht tauten, fielen die Täler trocken, und dann setzte der Wind dort die feinen Schuttbestandteile in Bewegung. Sie blieben an Staubfängern liegen, an Hügeln und Bergen. Übrigens nicht nur in Sachsen: Am Nordrand der Mittelgebirge zieht sich quer durch Europa eine ganze Lösszone entlang, die man vielerorts Börde nennt. Dieses Wort ist mit dem englischen Begriff «border» verwandt; beide Worte bezeichnen eine Grenze. Die Börde ist die Nordgrenze der Mittelgebirge.

Ebenso wie die Lössebenen in Mittelböhmen wurden die fruchtbaren Lösslandschaften der Börden schon vor ungefähr 7000 Jahren von Ackerbauern besiedelt. Sie verwendeten ähnlich geformte Tonkrüge wie ihre Zeitgenossen in Böhmen, und auch die Siedlungen sahen nördlich und südlich der Porta Bohemica ähnlich aus. Daher liegt der Schluss nahe, zwischen den damaligen Bauern Böhmens und Sachsens eine enge kulturelle Verwandtschaft zu sehen. Es gab jedoch wichtige wirtschaftliche Unterschiede: In Sachsen baute man nicht nur Einkorn und Emmer wie in Böhmen an, sondern auch Gerste. Daraus lässt sich Interessantes ableiten: Die ähnlich gestalteten Siedlungen und Tontöpfe reichen nicht als Beweis dafür aus, dass es zu einem intensiven wirtschaftlichen Austausch zwischen den Bauern verschiedener Regionen kam. Einzelne Gebiete blieben lange wirtschaftlich so gut wie autark, und nur gelegentlich kam es zu Kontakten, vielleicht dann, wenn man besondere Gegenstände wie Bernstein oder Graphit von einem Ort zum anderen brachte. Wenn unterschiedliche Getreidearten in einzelnen Regionen angebaut wurden, heißt das auch, dass es keine weiträumigen Wanderbewegungen von ganzen «Völkern» zwischen diesen Gebieten gegeben hat. Hingegen kam es zu einer steten Verlagerung von Siedlungen auf kürzere Distanzen. Auch nördlich des Elbsandsteingebirges wurden Siedlungen immer wieder neu gegründet und nach einigen Jahrzehnten wieder aufgegeben. Dies blieb jahrtausendelang so. In späterer Zeit, in der Bronze- und Eisenzeit, wurden auch die Hochlagen der Hügel und die Niederungen am Fluss besiedelt, vielleicht weil die Haltung von Pferden an Bedeutung gewann und man

Das Elbtal zwischen Dresden und Meißen ist die Heimat des sächsischen Elbweines (Aufnahme von 1982).

Weideflächen benötigte. Eine größere Stabilität erlangten die Siedlungen dort ebenso wie in Böhmen erst im Mittelalter.

Ortsfeste Siedlungen entstanden am Nordrand der Mittelgebirge allerdings früher als südlich des Sandsteingebirges. Die erste Siedlung weit und breit, die über mehr als ein Jahrtausend stabil an Ort und Stelle erhalten blieb, war Meißen. Dieser Ort wurde in karolingischer Zeit gegründet, als äußerster Vorposten des Reiches gegen die Wildnis des Ostens, in der noch Siedlungen verlagert wurden und keine festen Handelswege angelegt werden konnten. Bei Meißen gab es nicht nur eine günstige Furt über die Elbe (ihre Strömung war dort, wo im Eiszeitalter ihre beiden Arme ineinander mündeten und das Flüsschen Triebisch die Elbe erreichte, etwas verlangsamt), sondern auch einen steil aufragenden Felsen aus beständigem Granit, von dem aus man gut beobachten konnte, wer die Furt benutzte. Die Siedlung musste wehrhaft sein. Der Meißener Burgberg wurde von 929 an befestigt, und die Burg wurde zum Zentrum der Grenzmark Meißen.

Doch die Befestigung machte die Burg noch nicht völlig sicher. Slawische Siedler aus dem Osten wehrten sich, aber wohl nicht in erster Linie, weil der Einflussbereich eines Staates gegen einen anderen vorrückte, sondern weil sich feste Siedlungsstrukturen in ein Gebiet ohne Zivilisation ausbreiteten. Sie nahmen den Burgberg Meißens ein, wurden aber erneut zurückgedrängt. Ihre Niederlage hatte damit zu tun, dass sie nicht innerhalb einer festen staatlichen Struktur agierten. Erst nach einigem Hin und Her gelang es, dauerhaft ortsfeste Siedlungen im Weichbild des Meißener Burgberges anzulegen. Im Schutz der Burg entstanden Markt und Stadt. Und um 1200 wurde in Meißen anstelle der Furt eine der ersten Brücken über die Elbe geschlagen.

Im Umfeld ortsfester Siedlungen kam es auch nicht länger zu einer ständigen Verlagerung der Felder. Im Zuge der Dreifelderwirtschaft mit einem organisierten Fruchtwechsel wurden sie nun dauerhaft genutzt. So wurden mehr Erträge erwirtschaftet, als man in den Dörfern brauchte; Abgaben konnten an die Städte geleistet werden, die ohne eine Versorgung von außen nicht zu den Zentren von Handel und Wandel hätten heranwachsen können. Darüber hinaus wurden jetzt auch solche landwirtschaftlichen Kulturen eingeführt, deren Anlage sich nur dann lohnte, wenn man von vornherein wusste, dass man sie für lange Zeit nutzen wollte: Obstgärten und Weinberge. Bis Obstbäume und Reben gute Erträge abwerfen, vergehen viele Jahre. Und vor allem für den Weinbau sind größere Investitionen notwendig: Man braucht besondere Anlagen und Gebäude, um Weinbeeren zu pressen und zu keltern. Also rodete man die Talhänge, auf denen zuvor wohl noch kein Acker gelegen hatte. Die Rodung lässt sich aus einer Ortbezeichnung erschließen: Der Name Lößnitz für die Weinhänge bei Radebeul geht auf den slawischen Begriff «Lésnica» zurück, und das heißt «Waldbach». Kein einziger Flurname deutet darauf hin, dass die Slawen bereits Wein anbauten. Und das ist auch nicht anders denkbar: Die Slawen hatten keine völlig festen Siedlungen, und die enorme Investition in die Anlage eines Weinberges lohnte sich für sie nicht. Im Umkreis fester Siedlungen hingegen war ein Getränk willkommen, das sich – im Unterschied zu Wasser – längere Zeit frisch halten ließ, und das war der Wein, den man vergor und dessen Gärung anschließend angehalten wurde. Für den christlichen Gottesdienst war er unverzichtbar. Das Christentum und die Verwendung von Wein breiteten sich zur gleichen Zeit aus.

Der Meißener Burgberg war von Anfang an sowohl ein weltlicher als auch ein geistlicher Stützpunkt. Staat und Christentum weiteten sich im Mittelalter gemeinsam nach Osten aus. Der heutige Dom entstand seit der Mitte des 13. Jahrhunderts, doch seine charakteristische Silhouette wurde erst am Anfang des 20. Jahrhunderts vollendet: Im Mittelalter hatte man schon einmal Türme an seiner Westfront errichtet, doch die hatten starkem Wind und einem Blitzschlag nicht trotzen können. Die Türme, die in den Jahren 1903 bis 1908 gebaut wurden, sehen so aus, als ob sie aus dem Mittelalter stammten – doch das ist ein Trugschluss, genauso wie bei anderen deutschen Domen, man denke nur an Köln oder Regensburg.

Die Burg, in der seit dem Mittelalter das sächsische Herrschergeschlecht der Wettiner residierte, war die älteste weit und breit. Und sie war Jahrhunderte später die erste in Mitteleuropa, die zu einem viel weniger martialisch wirkenden Schloss nach französischem Vorbild umgewandelt wurde. Dieses älteste deutsche Schloss entstand seit 1471. Man nennt es nach seinem Erbauer Albrechtsburg. Allerdings wurde das Schloss von den Wettinern letztlich nicht als Residenz bezogen, denn vor seiner Fertigstellung, 1485, teilte sich ihre Dynastie in zwei «Linien». Beide wählten sich neue Residenzen: die Albertiner Dresden, die Ernestiner Torgau und Wittenberg. Die Landesteile der Ernestiner fielen später ebenfalls an die Albertiner. Damals war das ursprünglich kleine Dresden bereits unbestritten zum Herrschaftsmittelpunkt Sachsens geworden, vielleicht weil für eine repräsentative Stadt am neuen Ort einfach mehr Platz war.

Trotz dieser neuen Entwicklung blieb man der ursprünglichen Absicht treu und baute die Albrechtsburg zu Ende. Doch war sie dadurch eigentlich von Anfang an ein Denkmal für eine Zeit, die zwar geplant war, aber nie begonnen hatte: eine glanzvolle Periode als Residenz der Wettiner in Meißen in einem repräsentativen Schloss mit einem Treppenturm, auf dessen Wendeltreppe man sogar beritten in die oberen Etagen gelangen konnte. Die Burg stand jahrhundertelang leer.

Erst zu Beginn des 18. Jahrhunderts fand man eine Nutzung für das Schloss. August der Starke sperrte dort den Chemiker Graf Ehrenfried Walter von Tschirnhaus, den Apotheker Johann Friedrich Böttger (1682–1719; auch «Böttiger» geschrieben) und deren Gehilfen ein, um sie zu zwingen, von der Welt abgeschieden Porzellan herzustellen. Tschirnhaus erzeugte mit Hilfe von speziellen Linsen und Spiegeln besonders hohe Brenntemperaturen, und Böttger, der bei einer öffentlichen Demonstration angeblich silberne in goldene Münzen umgewandelt hatte, traute man zu, das Geheimnis der Herstellung von Porzellan zu lüften. Porzellan aus Ostasien war sehr begehrt, doch um keinen Preis hatten die Chinesen verraten, wie sie es herstellten. Die Wissenschaftler, die man auch Alchimisten nennen könnte, experimentierten jahrelang. In den damaligen Kriegswirren musste der sächsische Herrscher das Labor des Apothekers mehrmals verlegen, auf die Feste Königstein, nach Dresden, wieder zurück nach Meißen. 1708, kurz nach dem Tod von Tschirnhaus, gelang die ersehnte Entdeckung des «sächsischen Goldes»: Böttger hatte schließlich ohne seinen Partner, aber aufbauend auf dessen Erfahrungen, Porzellan hergestellt.

Bereits 1710 wurde die sächsische Porzellanmanufaktur eingerichtet, und dafür war das leerstehende Schloss von Meißen ein idealer Platz. In der Nähe, bei Seilitz, gab es Kaolinit, den man als unverzichtbaren Rohstoff für die Porzellanherstellung nutzte. Aus Böhmen schaffte man Holz zur Befeuerung der Porzellanöfen heran. Um es besser vom Fluss auf den Felsen befördern zu können, baute man 1732 einen Aufzug am Burgberg. An einem Seil und auf Schienen wurde das Holz in die Höhe gezogen. Außerdem konnte man in Meißen gut darauf achten, wer den Burgberg betrat: Das Schloss mit seiner Manufaktur hatte nur einen einzigen Zugang, der sich gut absperren und bewachen ließ. Das Geheimnis der Porzellanherstellung sollte genauso wenig wie aus China nun vom Meißener Burgberg aus verraten werden. Diese «Industriespionage» wurde einige Jahrzehnte lang erfolgreich verhindert – und dann war der Ruhm des Meißener Porzellans schon so weit verbreitet, dass er ihm nicht mehr streitig gemacht werden konnte. Seit 1723 wirbt das berühmte Markenzeichen der gekreuzten Schwerter in aller Welt für Meißen. Es ist eines der am längsten genutzten «Logos» der Welt.

Zur Manufaktur gehörte eine Zeichenschule, an der die Porzellanmaler ausgebildet wurden. Leiter dieser Schule wurde 1828 der junge Ludwig Richter aus Dresden. Er war damals noch nahezu unbekannt, die «Überfahrt am Schreckenstein» und andere berühmte Bilder waren noch nicht gemalt. Doch die Albrechtsburg und das winklige Meißen mit seinen schmalen Gassen und mittelalterlichen Gebäuden inspirierten ihn immer wieder, wenn er malerische Städte und Burgen darstellte. Sein Name und Meißen verbanden sich aufs engste miteinander. Richters Bilder haben sicher zu der Meinung beigetragen, Meißen sei eine der schönsten deutschen Städte.

Im 19. Jahrhundert wurden die Warnungen der Denkmalpfleger immer lauter, die größer werdenden Maschinen der Porzellanmacher könnten das historische Gemäuer der Albrechtsburg zerstören. Man brauchte außerdem größere Produktionsflächen, weil das Meißener Porzellan für viele bürgerliche Haushalte zum Statussymbol geworden war. Ab 1858 baute man eine neue Fabrik im Triebischtal, in die ab 1863 die Produktion verlagert wurde. Die Albrechtsburg war nun wieder nur ein Denkmal. Aber ihre Räume wurden mit Bildern ausgemalt, die vom Ruhme Sachsens Zeugnis ablegen.

Wer heute Dresden besucht, sollte auch nach Meißen kommen. Von einem Ort zum anderen fährt man am besten auf der Elbe, an den lieblichen Elbhängen mit ihren Weingärten entlang, die seit dem Mittelalter immer wieder umgestaltet wurden. Auch die Wettiner nahmen auf ihre Gestaltung erheblichen Einfluss. Unter Kurfürst Johann Georg I., ab 1623, wurde das Gelände terrassiert. Nach württembergischen Vorbild legte man Trockenmauern und Treppen an; anders als im deutschen Südwesten wurden zusätzlich aber auch Weinpressen, Keltern und geräumige Häuser mitten im Weinberg gebaut. Denn man hielt es für sinnvoll, dass die Weinbauern ihre Weinberge stets bewachten und auch dort lebten, wo der Wein verarbeitet wurde. Etliche dieser Häuser wurden repräsentativ ausgebaut, denn offensichtlich fühlte man sich in ihnen wohl: von Reben umgeben, mit wunderbarer Aussicht auf die Elbe und die Berge und Hügel, an denen sich ihr blaues Band entlang wand. Eines der am frühesten gebauten Häuser, das man eigentlich ein Schlösschen nennen könnte, ist Hoflößnitz bei Radebeul, in der ersten Hälfte des 17. Jahrhunderts ebenfalls unter Johann Georg I. errichtet. Der Bau konnte trotz der Wirren des Dreißigjährigen Krieges bis 1650 fertiggestellt werden. August der Starke baute das Schlösschen um und erweiterte es um eine große Treppe, die ebenso wie Schloss Hohenelbe für Wallenstein zu einem astronomischen Symbol wurde: Sie hat 365 Stufen, 52 Absätze und 12 Ruheplätze.

Reichsgraf August Christoph von Wackerbarth, der Generalfeldmarschall Augusts des Starken, baute 1727 bis 1729 in der Nähe das Schlösschen «Wackerbarths Ruhe»; oben auf dem Berg wurde das «Spitzenhaus» errichtet. Im 19. Jahrhundert kamen etliche Villen reich gewordener Dresdner Bürger hinzu. Man erfüllte sich mit dem Hausbau Träume, einige Häuser wurden Schweizer Vorbildern nachempfunden, andere mediterranen Bauten an der Riviera. Man nennt daher ein ganzes Viertel von

Dom und Albrechtsburg in Meißen bei Elbhochwasser, 1999

Radebeul «Sächsisches Nizza», und in der Nähe gibt es die Paradiesstraße.

Zwischen den Weinbergen pflanzte man kleine Gehölze aus Robinien an. Diese im Frühsommer üppig blühenden Bäume aus Nordamerika lieferten gute Stecken zum Anbinden der Reben. Um sie zu gewinnen, musste man die rasch wachsenden Bäume immer wieder kappen, wenn ihre Triebe einige Meter lang geworden waren. Aus den Baumstümpfen trieben bald neue Stangen aus, die man nach drei oder vier Jahren erneut schlagen konnte. Robinien sind eine exzellente Bienenweide; außerdem verbessern sie den Boden, weil Bakterien an ihren Wurzeln Stickstoff aus der Luft binden und zu Nitrat umwandeln.

In der gleichen Zeit, in der sich viele reiche Dresdner am Rand der Weinberge ansiedelten, hatte der sächsische Weinbau mit erheblichen Problemen zu kämpfen. Sie hingen mit den immer besser werdenden Transportmöglichkeiten für Güter in aller Welt zusammen – heute würden wir dies «Globalisierung» nennen. Mit der Eisenbahn, die seit 1839 nach Dresden fuhr, war es möglich, billige Weine hoher Qualität von der echten Riviera und anderen Weinbaugebieten durch ganz Europa zu transportieren. Wein von der sächsischen «Riviera» wurde nicht in jedem Jahr süß, und immer wieder kam es vor, dass bei starkem Frost im Winter oder bei einem Kaltlufteinbruch im Frühjahr oder Herbst ganze Rebberge erfroren – im kontinentalen Klima des Dresdner Raums gibt es nicht nur heiße Sommer, sondern auch kalte Winter. Die Arbeit im Weinberg war mühsam, und sie warf nur wenig Ertrag ab. Immer wieder mussten Weinberge neu bepflanzt werden, nachdem die alten Reben erfroren waren. Eine Katastrophe ganz anderer Art hätte beinahe das Ende des Weinbaus an der Elbe bedeutet. Im späten 19. Jahrhundert wurde die Amerikanische Reblaus nach Europa eingeschleppt; in den Jahren 1886 bis 1889 grassierte die Reblausplage in den sächsischen Weinbergen. Die kleinen Tiere saugen an den Wurzeln der Rebpflanzen und lassen sie eingehen. Man konnte die Reblaus kaum bekämpfen. Wenn man bemerkte, dass die Pflanze befallen war, ging sie bereits ein. Sehr viele Weinberge wurden damals aufgelassen, und unter den Winzern herrschte große Not. Man fand für sie einen für die Gegend eigentümlichen Beschäftigungsausgleich, indem man ihnen Arbeitsstellen in Steinbrüchen anbot. Im ausgehenden 19. Jahrhundert brauchte man sehr viel Baustein. Weite Strecken von Landstraßen wurden chaussiert. Die dafür nötigen Pflastersteine wurden an der Elbe unterhalb von Dresden abgebaut und auf dem Fluss kostengünstig in alle Richtungen transportiert. Viele ehemalige Weinberge wurden für Steinbrüche geopfert.

Die Reblaus ließ sich letztlich durch einen Trick bekämpfen, auf den man 1907 kam: Amerikanische Reben waren gegen die Reblaus resistent. Man pfropfte also europäische Reben auf amerikanische Wurzeln. Ihnen konnte die Reblaus nichts anhaben. Auf den Unterlagen zog man wieder europäische Rebsorten – die Trauben bekamen durch die Wurzeln keinen anderen Geschmack. In der Folgezeit wurden etliche Steinbrüche aufgelassen, und daraufhin begann die Phase der «Wiederaufrebung» in der Lößnitz, auf dem Spaargebirge und den Hängen am Elbtal unterhalb von Meißen. Dem Elbwein haftet etwas Außergewöhnliches an; sein Herkunftsgebiet ist klein, und der Wein gilt deswegen als exklusiv. Er ist teurer als Wein aus anderen Anbaugebieten. Viele ehemalige Weinberge wurden im 20. Jahrhundert einer anderen Nutzung zugeführt: Man pflanzte Obstbäume, legte Erdbeer- und Spargelkulturen an, baute vielerlei Gemüse und Schnittblumen an, wie es sich für ein Paradies gehört. Lange Zeit im Jahr blüht dort etwas: Steinkraut und Blaukissen auf den Weinbergsmauern im Frühjahr, dann die Obstbäume, die Robinien, der Mauerpfeffer auf den Steinen – und dazwischen erkennt man immer wieder den ockerfarbenen Löss, dessen Fruchtbarkeit die Entwicklung der ganzen Blütenpracht ermöglichte.

Unterhalb von Meißen gibt es noch eine Flussschlinge der Elbe an Weinbergen entlang, an einem Doppelort mit dem klangvollen Namen Diesbar-Seußlitz vorbei. In Diesbar (oberhalb) und Seußlitz (elbabwärts) lebten Weinbauern und Fischer nebeneinander. In Seußlitz gab es im Mittelalter ein Kloster, das 1725/26 zu einem kleinen Schloss mit Park umgewandelt wurde.

Bei Merschwitz hat der Elblauf dann das Tiefland erreicht. Dort ändert sich der Charakter des Flusses, und das war früher den Menschen vielleicht noch stärker bewusst als heute. In Merschwitz war nämlich bis zur Einführung der Kettenschifffahrt im 19. Jahrhundert eine wichtige Wechselstation für die Bomätscher. Eine Mannschaft von ihnen, die Schiffe gegen die Strömung zogen, verrichtete diese schwere Arbeit nur unterhalb von Merschwitz, eine andere zog die Schiffe weiter flussaufwärts. Zwischen Merschwitz und Boritz lag eine wichtige Furt, und schon seit 1455 gab es dort eine Fähre. Am Fährhaus findet man interessante Hochwassermarken. Besonders beeindruckend sind die Beschädigungen der Eckpfeiler, die vom Treibeis herrühren: Hochwasser auf der Elbe war und ist vor allem wegen des Eises gefürchtet. Durch die Furt und per Fähre kreuzte man die Elbe, wenn man die Hohe Straße nutzte. Dieser mittelalterliche Fernweg, der vielleicht auch schon in viel früherer Zeit begangen wurde, führte am Nordrand der Lösszone entlang und verband genauso wie der Hellweg vom Niederrhein aus ostwärts verschiedene Teile Europas, zwischen denen es keinen Wasserlauf als natürliche Verkehrsader gab.

Von 1815 bis 1945, vom Wiener Kongress bis zum Ende des Zweiten Weltkrieges, war es von hier aus nicht mehr weit bis zur ehemaligen preußischen Provinz Sachsen; Preußen hatte sich auf Kosten Sachsens zu Beginn des 19. Jahrhunderts vergrößert. Das war den Sachsen natürlich ein Dorn im Auge, und darauf bezog sich der Inhalt eines im Volksmund viel zitierten Gedichtes, das in Paul Kellers «Märchen von den deutschen Flüssen» enthalten ist: «Warum ist denn die Elbe / Bei Dresden so gelbe? / Se schämt sich ze Schande, / Sie muß aus'm Lande, / Aus'm Lande so scheene, / So niedlich und kleene; / Denn gleich hinter Meißen, / Pfui Spinne, kommt Preißen!»

Die Elbe ist bei Dresden und Meißen tatsächlich zum gelben Fluss geworden. Das liegt an dem Löss, den der Regen von den Hügeln in den Fluss spült. Das ist bei der Elbe nicht anders als beim berühmtesten Gelben Fluss der Welt, dem Hwang-ho in China; dieser Strom verläuft durch das Gebiet mit den mächtigsten Lössdecken der Erde. Der feine Ton im Löss düngte alles Land, das vom Hwang-ho genauso wie von der Elbe überflutet wurde und machte die Wiesen flussabwärts besonders fruchtbar.

10 Ein Elbdelta im Urstromtal

Merschwitz ist nicht nur der Ort, an dem die Mannschaften der Bomätscher ausgetauscht wurden. Dort ist auch annähernd die Mitte des Elblaufs erreicht. Der Fluss hat von seiner Quelle im Riesengebirge bis Merschwitz etwa 500 Kilometer zurückgelegt. Ungefähr ebenso lang ist die Fließstrecke von Merschwitz bis Geesthacht, wo die Strömung der Elbe auf die Flutströmung der Nordsee trifft. In Merschwitz hat die Elbe ein Niveau von 94 Meter über Normalnull. Etwa 1300 Meter Gefälle legte der Fluss auf der ersten Hälfte seiner Laufstrecke zurück, knapp 100 Meter bleiben ihm für die zweite. Jedes Fließgewässer hat nahe der Quelle ein starkes Gefälle und ist dort ein munterer Bach. Und jeder Fluss wird letztlich zu einem trägen Strom, dessen Wasser ganz langsam ins Meer mündet. Bei der Elbe sind die Unterschiede zwischen dem stark geneigten Oberlauf und dem fast ebenen Unterlauf allerdings besonders erheblich. Unterhalb von Merschwitz sinkt das Gefälle des Flusses erstmals auf unter 20 cm pro Kilometer Laufstrecke, das ist eine Neigung von weniger als 0,2 Promille!

Das hat ökologische Konsequenzen: Je geringer das Gefälle eines Flusses ist, desto stärker ähnelt er einem See. Werden viele Mineralstoffe in einen träge fließenden Fluss eingetragen, entwickeln sich die Algen an seiner Oberfläche vehement. Sie sterben ab, sinken zu Boden, werden zersetzt. Dabei wird Sauerstoff verbraucht. Im sauerstoffarmen oder sogar sauerstofffreien Milieu wird alles Leben unmöglich, das auf Sauerstoff angewiesen ist. Es kann zu einem Fischsterben kommen. Je weniger stark ein Flusslauf geneigt ist, desto eher bildet sich eine winterliche Eisdecke aus. Bricht sie auf, kann das Eis zusammengeschoben werden, so dass nachkommendes Wasser gestaut wird; Hochwasser ist die Folge. Es dauert lange an. Es lässt die Deiche aufweichen; je weicher die Deiche sind, desto eher brechen sie, so dass das gesamte Land hinter ihnen überflutet wird. Das Wasser läuft oft erst nach Monaten von den überfluteten Wiesen und Feldern wieder ab. Es ist sehr kompliziert, Feuchtgebiete am Rand eines wenig geneigten Stromes zu dränieren und das Wasser abzuleiten.

An der Elbe treten alle diese Probleme immer wieder auf. Winterlicher Eisgang ist besonders gefürchtet, und dabei vor allem der Eisversatz, bei dem sich das Eis übereinander stapelt oder sogar türmt, so dass es das

Flusswasser staut. Bei der Hochwasserkatastrophe von 2002 brachen zahlreiche Deiche an der Elbe unter anderem, weil sie der lang anhaltenden Belastung durch das Hochwasser nicht standhalten konnten. Diese Eigenheiten des Flusslaufs der Elbe hängen mit seiner jungen Geschichte zusammen, vor allem mit den Auswirkungen von geologischen Entwicklungen im Eiszeitalter.

Der bisher betrachtete Elblauf ist im Wesentlichen in den jüngeren Zeitabschnitten des Tertiär entstanden, eines geologischen Zeitabschnitts, der vor etwa zwei Millionen Jahren zu Ende ging. Im Tertiär bildeten sich die europäischen Hochgebirge, unter anderem die Alpen. Das Wasser aus vielen Bereichen Mitteleuropas konnte nicht mehr nach Osten und Süden abfließen. Der Rhein und die Elbe wurden die neuen Leitbahnen für den Wasserabfluss.

Zur gleichen Zeit sank die Landoberfläche im Norden Mitteleuropas ab, und zwar nördlich der Mittelgebirge auf ein Niveau weit unterhalb des heutigen Meeresspiegels. Im Tertiär drangen immer wieder Meeresarme in die Senke zwischen den Mittelgebirgen und dem alten skandinavischen Hochgebirge vor. Die Meere waren flach, denn sie bedeckten Teile der Kontinentalplatte Eurasiens, und es setzten sich Ablagerungen an ihrem Grund ab. In einigen Gegenden wuchsen sie auf ein Niveau oberhalb des Meeresspiegels empor, beispielsweise in dem Zeitabschnitt des Tertiär, in dem die Bernsteinkiefern im Gebiet der heutigen Ostsee vorkamen. Aber auf die Länge gesehen sank die Kontinentaloberfläche, so dass das Meer vordringen konnte. Die heutigen Meere Nord- und Ostsee sind dessen Überreste. Sie waren ursprünglich nicht in zwei Meere geteilt, sondern eine zusammenhängende Wassermasse. Das lässt sich mit den Vorkommen von Bernstein beweisen: Der größte Teil des «nordischen Goldes» kommt an der Ostsee vor, aber man findet ihn auch an der Nordsee.

In das Meer, das sich im Tertiär zwischen den Mittelgebirgen und Skandinavien ausdehnte, mündete ursprünglich auch die Elbe, sicher nicht weit vom heutigen Nordrand der Mittelgebirge entfernt. Man kann sich ausmalen, wie die Landschaft aussehen würde, wenn es bei den Umweltverhältnissen des Tertiär geblieben wäre. Würde die Elbe ein Stück weit nördlich von Merschwitz, vielleicht in der Gegend von Riesa oder Torgau, bereits ins Meer münden, hätte sie sich tiefer in den Untergrund der Mittelgebirge eingeschnitten. Sie wäre in der Lage gewesen, bei Meißen ein beinahe einhundert Meter tieferes Tal auszuschachten. Auch der Canyon durch das Elbsandsteingebirge wäre an Tiefe und Breite noch spektakulärer geformt worden. Alles zusätzliche Gestein, das die Elbe aus den Tälern geräumt hätte, wäre bereits unmittelbar nördlich der Mittelgebirge abgelagert worden, dort, wo die Elbe das Meer erreicht hätte. Es hätte sich ein fruchtbares Delta gebildet, das vielleicht ein ähnliches Aussehen angenommen hätte wie die Camargue an der Mündung der Rhone ins Mittelmeer. An einem der Mündungsarme wäre ein großer Hafen entstanden, vielleicht in der Umgebung vom heutigen Riesa. Nördlich davon hätte sich das flache Meer ausgebreitet, aus dem nur einige wenige Inseln aus festem Gestein aufgeragt wären: eine kleine Insel aus Porphyr bei Torgau, eine größere bei Magdeburg, die wir heute Flechtinger Höhenzug nennen, der nördliche Teil von Rügen, kleinere Inseln bei Lüneburg, Bad Segeberg, Itzehoe und Hemmoor, schließlich Helgoland, das einen ähnlichen Eindruck wie heute gemacht hätte. Das Meer wäre im Bereich der heutigen Ostsee allerdings nicht ganz so groß und tief gewesen, denn dort wurden erst durch die eiszeitlichen Gletscher tiefere und breitere Meeresbuchten geschaffen.

So entwickelte sich aber die Landschaft nicht. Im Quartär, dem geologischen Zeitalter, das auf das Tertiär folgte, entstand im Gebiet zwischen dem heutigen nördlichen Belgien und dem Osten Europas ein breites Stück Land, an dessen Oberfläche nur an wenigen Stellen festes Gestein zum Vorschein tritt, dort nämlich, wo ohne die Landveränderungen im Quartär Inseln im Meer gelegen hätten. Alles sonstige Land besteht aus lockeren Ablagerungen: Ebenen und Hügeln, die von Wind und Wetter, aber auch vom Menschen vielfach umgeformt wurden. Ein solches Land, Lebensraum für viele Millionen Menschen, gibt es auf der Welt nicht noch einmal. In dieses Land schoben die Gletscher immer wieder neues Lockergestein, so dass das Meeresbecken teilweise zugefüllt und zu Land wurde.

Das Quartär ist das Eiszeitalter. In dieser Epoche änderte sich das Klima mehrere Male von Grund auf. Am Ende des Tertiär war es etwas wärmer als heutzutage. Dann setzte die erste Eiszeit ein, in der die Temperaturen etwa zehn Grad niedriger lagen als heute. Es folgten mehrere solcher Eiszeiten oder Glaziale. Sie wurden von Warmzeiten oder Interglazialen unterbrochen, in denen die Temperaturen den heutigen ähnelten. In den Glazialen bildeten sich Gletscher, die riesige Mengen an Schutt aus dem Norden in den Südteil der Senke zwischen den Mittelgebirgen und Skandinavien schoben. In den Interglazialen taute es, aber der Schutt blieb liegen: Aus einem Schuttwall der Gletscher wurde die jütische Halbinsel, durch die Nord- und Ostsee voneinander getrennt wurden. Die Ablagerungen der Gletscher versperrten der Elbe und vielen anderen Flüssen im nördlichen Mitteleuropa den Weg. Sie wurden erheblich verlängert; der Elblauf wurde auf das Doppelte gestreckt – um die gesamte Länge von Merschwitz bis zum Meer. All dieses ereignete sich nicht von heute auf morgen, sondern sukzessive. Jedes Vordringen des Eises veränderte die Oberfläche des Landes mit seinen lockeren Ablagerungen, die Küstenlinien und die Abflussbedingungen für die Flüsse. Trotz aller dieser enormen Veränderungen dauerte das Quartär «nur» etwa zwei Millionen Jahre – und das ist aus geologischer Sicht relativ wenig.

Das Eis bildete sich vor allem im skandinavischen Gebirge. Genauso wie im Riesengebirge wurde es an den Osthängen der Berge immer mächtiger, während es im Westen häufiger taute. Die Gletscher setzten sich östlich der Berge in Bewegung und wandten sich nach Süden, durch das heutige zentrale Becken der Ostsee. Etwa im Bereich der Oder stießen die Gletscher am weitesten vor, in der Verlängerung der Stoßrichtung, die sie aus der Ostsee nach Süden genommen hatten. Seitlich davon kamen sie weniger weit südwärts voran. Westlich vom wichtigsten Gletscherlobus, der Eismasse zwischen dem Bereich der oberen Oder und der Nordsee, verliefen alle Eisrandlagen in einer Richtung von Südost nach Nordwest, vom Quellgebiet der Oder zur Rheinmündung, vom Gebiet nördlich von Breslau zum Elb-Weser-Winkel bei Cuxhaven oder von Frankfurt an der Oder nach Nordjütland.

Mit dem Eis kamen enorme Mengen an Steinen, Sand und feinem Ton aus dem Norden in die Mitte Europas. Das Eis hatte sie von den Gebirgen Skandinaviens abgebrochen oder aus den trogförmigen Tälern zwischen den Bergen gehobelt. Im Eis wurden die Steine, die man Geschiebe nennt, zerkleinert, zermahlen, abgerundet. Taute das Eis, blieb das Geschiebe liegen. Wenn erneut ein Gletscher vorstieß, wirkte er wie ein Bulldozer: Er schob die Schuttmassen vor sich her und häufte sie zu Moränenwällen auf. Deren Höhenzüge, von Südost nach Nordwest verlaufend, lassen sich heute an vielen Stellen erkennen. Das Schmelzwasser der Gletscher bahnte sich seinen Weg durch die Moränenzüge. Wenn es mit starker Strömung abfloss, riss es nicht nur feinen Ton und Sand aus dem Bereich der Gletscher und der Moränen mit sich, sondern auch große Steine. Das kam im Norden Mitteleuropas aber nur selten vor. Die Kraft des Schmelzwassers reichte in der Regel nur zum Transport von Sand aus, und davon blieb eine große Menge gleich im Gletschervorfeld liegen. Man nennt diese Flächen Sander; sie sind unfruchtbar, weil ihnen die vielfältigen Mineralstoffe aus feinem Ton fehlen. Massen an feinerem Sand und vor allem der Ton wurden vom Wasser weiter transportiert, und zwar in den breiten Abflussbahnen für Schmelzwasser, die sich im Gletschervorfeld parallel zur Gletscherstirn ausbildeten. Diese Abflussbahnen nennt man Urstromtäler. Nur ein Teil von ihnen ist heute noch durchflossen. Heutige Flüsse hätten niemals ein so breites Tal beansprucht; daran wird deutlich, wie enorm groß die Schmelzwassermengen waren, die in den Eiszeiten gen Nordsee strömten. In weiten Bereichen der Urstromtäler bildeten sich große Moorlandschaften, die man in Brandenburg Luch nennt.

In den eiszeitlichen Urstromtälern herrschten nicht überall die gleichen Strömungsbedingungen. Ließ die Kraft des fließenden Wassers nach, blieb zuerst der grobe, dann der feine Sand und erst zuletzt der feine Ton liegen. Sand lagerte sich direkt neben dem Hauptstrom ab, feiner Ton wurde bei Hochwasser in die Randbereiche des Urstromtales getragen, wo die Strömung gering war. Dort blieb auch er liegen, wenn der Wasserstand am Ende des kurzen eiszeitlichen Sommers zurückging. Im Winter fielen weite Teile der Urstromtäler trocken, denn dann taute kein Eis. Der beständig aus dem Bereich der Gletscher in das Gletschervorfeld wehende kalte Wind ließ die Oberfläche der Urstromtäler abtrocknen und blies feinen Sand und Ton aus. Die Kraft des Windes reichte aber nicht aus, um den Sand über große Distanzen zu verfrachten. Er blieb am Rand des Urstromtales liegen und wurde dort zu Dünen aufgehäuft. Der Wind trug den feinen und mineralhaltigen Ton weiter; er wurde als Löss am Nordrand der Mittelgebirge und zwischen den Gebirgsketten abgelagert.

Der Schutt, den die Gletscher aufhäuften, versperrte dem Wasser aus dem Süden den Weg. Die Flüsse wurden mit dem Schmelzwasser weit nach Westen abgelenkt. Sie erreichten das Meer erst nach einem langen Weg durch die Urstromtäler, an den Endmoränenketten entlang. Von den großen Schmelzwassermengen wurden die breiten Täler freigehalten. Die geringen Wassermengen aus dem Süden stauten sich an den Rändern der Urstromtäler. Vor allem direkt nach Eisvorstößen mag es immer wieder zur Bildung von Seen in den Urstromtälern gekommen sein, bis sich ein neuer Weg für das Wasser gefunden hatte.

Der Abfluss musste aber nicht unbedingt im Urstromtal liegen. Die

ehemalige Bahn des Schmelzwassers aus dem Gletscher ins Urstromtal konnte nach einer geringen Umformung auch in anderer Richtung durchströmt werden; das Gefälle aller Abflussbahnen war ja außerordentlich gering. Wo ein Gletscherlobus den Untergrund tief ausgeschürft hatte, konnte sich später ebenfalls eine Abflussbahn bilden. So kam es, dass die Flüsse Norddeutschlands nicht nur in den Urstromtälern nach Westen oder Nordwesten abfließen, sondern auch in Durchbruchstälern die Endmoränen queren. Sie nehmen einen treppenförmigen Verlauf: nach Westen im Urstromtal, nach Norden durch die Moräne, wieder nach Westen im nächsten Urstromtal und so fort. Am Lauf der Oder lässt sich das besonders gut erkennen, aber auch an dem der Elbe wird es deutlich.

Zu Beginn der Eiszeit floss die Elbe aus dem Raum Dresden – Riesa zunächst viel weiter nach Norden als heute. Ablagerungen des Flusses, die aus dem Gestein des Sandsteingebirges bestanden, wurden in der westlichen Lausitz, bei Doberlug-Kirchhain, und im Fläming südlich von Berlin

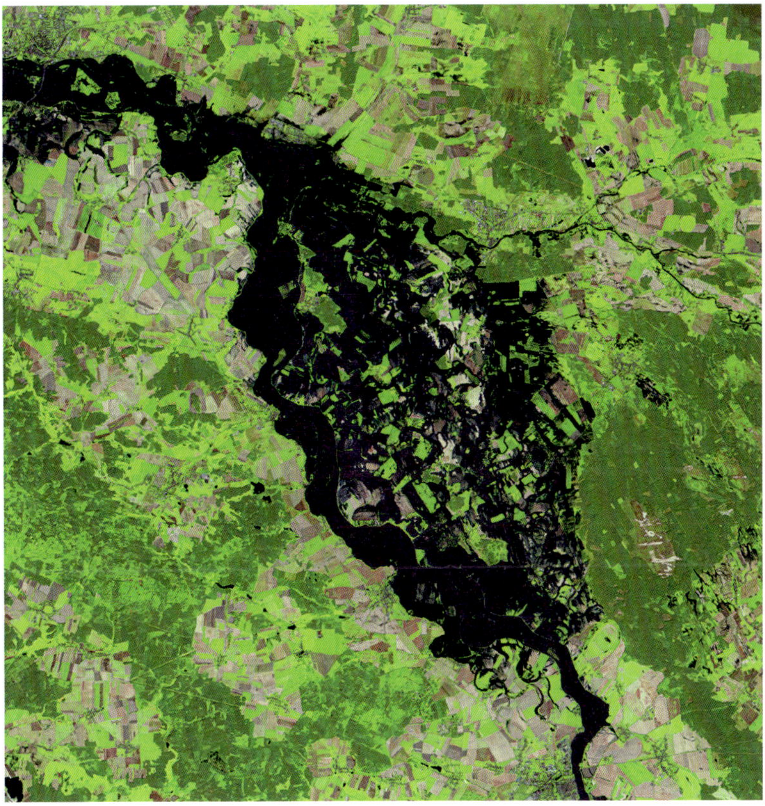

Satellitenbilder von der Elbe zwischen Wittenberg und Torgau am 14. August 2000 (links) und während des Hochwassers am 20. August 2002 (rechts)

gefunden. Vor den Gletscherfronten wurde die Elbe dann nach Westen abgelenkt; sie mündete in einer Gegend in das damalige Meer, die sich etwa zwischen dem heutigen Berlin und dem Wendland befand.

In der vorletzten Eiszeit, der Saale-Eiszeit, bildete sich das sehr lange und markante Breslau-Magdeburg-Bremer Urstromtal. Die Elbe mündete in dieses Tal im Gebiet zwischen Riesa und Wittenberg ein. Das meiste Wasser im Urstromtal stammte aus dem Osten, aus dem Oberlauf der Oder und aus dem Eis, das zwischen Breslau und Wittenberg geschmolzen war. Im Urstromtal bestand eine durchgehende Wasserverbindung zwischen Binnengewässern, die heute getrennt sind. Die Oder, die Elbe und die Weser mit ihren Nebenflüssen bildeten damals ein einheitliches Süßwassernetz. Fische und andere Wassertiere schwammen von einem Bereich des Urstromtals in den anderen; als die Flussnetze getrennt wurden, erhielten sie sich getrennt in allen Strömen Norddeutschlands.

Die Strömung der Elbe wurde an der Einmündung ins Urstromtal erheblich abgebremst. Von ihr mitgeführte Sand- und Tonmassen lagerten sich ab. Wurden einzelne Mündungsarme davon verstopft, suchte die Elbe sich neue. Mit der Zeit bildete sich ein großer Schwemmfächer oder ein Delta mit zahlreichen Mündungsarmen in den Urstrom.

Das Urstromtal wird heute oberhalb des Elbdeltas nur ein Stück weit von der Schwarzen Elster, einem Flüsschen aus der Lausitz, genutzt, sonst ist es eine breite Niederung mit Moorgebieten. Das alte Delta der Elbe ist aber bis heute zu erkennen. Zwischen Riesa und Wittenberg liegt eine weite Flussniederung, in der es ehemals viele Flussarme der Elbe gab. Sie ist heute eingedeicht, deswegen sind viele Gewässerarme nach oben hin abgeschnitten. Nur ein Stück weit hinter dem Deich drückt hoch stehendes Grundwasser an die Erdoberfläche. Das Wasser strömt den Schwemmfächer hinab und mündet dann in den Hauptstrom. Das geringe Gefälle im Deltagebiet führt aber dazu, dass bei hohen Wasserständen das Wasser nur langsam abfließt. Dann werden die Deiche durchweicht; sie können brechen. Dies trat auch tatsächlich beim verheerenden Elbhochwasser von 2002 ein: Das Gelände zwischen Riesa und Wittenberg wurde weiträumig überflutet. Die Lage und das Ausmaß des Deltas wurden durch die Überflutungen besonders gut sichtbar, sogar auf Satellitenbildern.

Man muss über die besonderen Standortbedingungen und die Risiken eines solchen Gebietes Bescheid wissen. Man kann zwar die Landschaft großflächig umgestalten; man kann Niederungen trockenlegen, lange Kanäle und Gräben im ebenen Terrain anlegen, ohne Schleusen bauen zu müssen. Aber es ist stets riskant, in einem solchen Gelände auf Dauer sicher leben zu wollen und Wohnsiedlungen anzulegen.

Oberhalb von Riesa, bei Nünchritz, mündet ein Kanal in die Elbe, der Floßkanal von Elsterwerda, der heute unter Denkmalschutz steht. Angelegt wurde er im völlig ebenen Terrain schon 1740, damit Holz aus der Oberlausitz und vom Oberlauf der Schwarzen Elster an die Elbe gebracht werden konnte. Man brauchte es dort in den Hammer- und Stahlwerken. Das bedeutendste von ihnen wurde 1843 das Werk in Riesa, das bis zum Ende des 20. Jahrhunderts bestand. Am Ende der ersten Hälfte des 19. Jahrhunderts nahm die Stadt einen erstaunlichen Aufschwung; sie entwickelte sich zu einem Zentrum von Gewerbe und Verkehr. Riesa war seit 1835 ein wichtiger Hafen. Hier konnten Güter in die Eisenbahn umgeladen werden, deren Strecken von Riesa aus in alle Richtungen gebaut wurden. Die erste, die in der Stadt Halt machte, war die älteste deutsche Fernbahn, die

Leipzig und Dresden seit 1839 verband. Sie querte die Elbe auf der ersten Strombrücke, die für die Eisenbahn in Deutschland geschlagen wurde. Eine ihrer Nachfolgerinnen brach unter der Wucht der Fluten von 2002 zusammen und konnte erst nach Monaten wieder hergestellt werden. Weitere Eisenbahnlinien folgten, 1842 die Bahn nach Chemnitz, 1847 die nach Berlin. 1851 errichtete man ein damals hochmodernes Sägewerk: Förderbänder transportierten auf der Elbe geflößte Stämme direkt in die Gattersägen. Die Bretter gelangten per Eisenbahn oder Schiff an zahlreiche Bestimmungsorte. Später stellte man Zündhölzer in Riesa her. Die Industrieanlagen in Riesa verschmutzten die Elbe erheblich. Nach 1990 sind viele von ihnen verschwunden, die Elbverschmutzung ging zurück, doch leider auch die Zahl der Arbeitsplätze.

Strehla unterhalb von Riesa ist eine der ältesten Siedlungen der Gegend. Im frühen Mittelalter lag hier eine slawische Wallburg, 929 eine deutsche Grenzfestung, die – das Datum verrät es – ähnliche Funktionen wie die Burg in Meißen zu erfüllen hatte. Mühlberg ist der Ort einer Schlacht, in der die Kaiserlichen 1547 die ernestinischen Wettiner besiegten, die sich der reformatorischen Bewegung angeschlossen hatten. Bei Mühlberg und andernorts wurde der Elblauf im 19. Jahrhundert korrigiert. Der Ort lag ehemals links der Elbe, seit 1853 aber rechts des Flusses. Im Zuge der Elbkorrekturen wurden zwar enge Flussschlingen beseitigt, aber der Strom reagierte auf die Korrekturen mit der Ausweitung anderer Biegungen; der Flusslauf verlängerte sich dadurch erneut.

Der Name der Stadt Belgern kommt aus dem Slawischen; er bedeutet «Weißer Berg». Das mag darauf verweisen, dass Belgern im Jahr 973 an einem Elbübergang auf einer Düne gegründet wurde. Später stellte man einen Roland, ein Standbild aus Elbsandstein, am Marktplatz auf; der gesamte Stadtkern steht unter Denkmalschutz. In Graditz nutzt man seit Jahrhunderten den Grasreichtum des feuchten Elbdeltas. Seit 1686 gibt es dort ein Staatsgestüt, in dem englische Vollblüter gezüchtet werden. Der Kurfürst ließ in Graditz einen Landsitz errichten; er wurde von dem sächsischen Hofbaumeister Daniel Pöppelmann in den Jahren 1722/23 gebaut.

Die nächste Stadt, die sich in der trägen Elbe spiegelt, ist Torgau mit Schloss Hartenfels, das auf einem der wenigen festen Gesteinssockel im norddeutschen Tiefland steht. Das Schloss war die Residenz der Ernestiner in der Zeit nach der Aufteilung der beiden Linien der Wettiner; errichtet wurde es in den Jahren 1482 bis 1485. Vorbild war das Schloss in Meißen;

Schloss Hartenfels in Torgau

auch in Torgau baute man einen sehenswerten «Wendelstein» als Treppenhaus. Die Ernestiner hingen den Lehren Martin Luthers an, 1544 wurde hier die erste protestantische Kirche von Luther geweiht. Weil sie in der ersten Hälfte des 16. Jahrhunderts durch den Silberbergbau im erzgebirgischen Sankt Joachimsthal zu unermesslichem Wohlstand gekommen waren, hatten die Ernestiner eine große Bedeutung für die Ausbreitung der Reformation Luthers. In den Jahren 1533 bis 1536 gelang es ihnen noch, kurz vor dem Ende des Bergbau-Booms, den prächtigen Johann-Friedrich-Bau an das Schloss von Torgau anzufügen. Dann versiegte die Silberquelle und damit auch der Wohlstand der Ernestiner. In der oben bereits erwähnten Schlacht von Mühlberg wurde ihr Schicksal besiegelt; denn fortan herrschten die Albertiner wieder über ganz Sachsen, und Torgau verlor seinen Status als Residenzstadt. Schloss Hartenfels blieb ein wichtiges kulturelles Zentrum. 1627 fand in Torgau die Uraufführung der ersten deutschen Oper statt, der «Daphne» von Heinrich Schütz.

Die Elbbrücke von Torgau wurde viel später berühmt. Am Ende des Zweiten Weltkriegs war sie von den Deutschen gesprengt worden. Auf ihren Ruinen und mit Hilfe von Schlauchbooten konnten am 25. April 1945 amerikanische und russische Soldaten zueinander kommen. Von dieser Begegnung zeugt ein berühmtes Foto, das allerdings erst am Tag darauf entstand. Da man in der Aufregung der Ereignisse vergessen hatte, ein Erinnerungsfoto zu schießen, stellte man die Szenerie für die Aufnahme noch einmal nach. Das Aufeinandertreffen der von Osten und Westen vorstoßenden Truppen hatte symbolische Bedeutung für das Ende des Zweiten Weltkriegs. Doch die Elbe blieb nur für wenige Monate Demarkationslinie zwischen den Besatzungsgebieten der Sowjets und der Amerikaner; im Sommer 1945 räumten die Amerikaner Thüringen, die linkselbischen Teile Sachsens und die Provinz Sachsen für die Sowjets.

Prettin und Pretzsch haben nicht nur ähnliche Namen, sondern auch eine ähnliche Geschichte. Beide Orte gingen aus slawischen Ringwällen hervor, in Pretzsch lag eine slawische «Sumpfburg». Im Mittelalter entstanden hier deutsche Burgen, in der Nähe von Prettin baute man später Schloss Lichtenberg. Das Gebiet um die beiden Orte war stets besonders stark von Hochwasser bedroht. Die Gefahr konnte durch die Elbkorrektur im 19. Jahrhundert zum Teil gebannt werden, aber 2002 zeigte sich, dass dies nicht vollständig möglich war.

Bei der Nutzung des flachen Landes musste man sich auf die besonderen Bedingungen einstellen. Auf den feuchten Wiesen hielt man Schafe, deren Wolle man ebenso verkaufen konnte wie den Flachs, der auf feuchten Äckern heranwuchs und auf dem nassen Grasland zur Tauröste ausgelegt werden konnte. Dabei lässt man die Flachsstängel im feuchten Milieu fermentieren, so dass sich die kurzen Zellen der Halme von den langen Faserzellen lösen. Bad Schmiedeberg, im Hinterland von Pretzsch einige Kilometer westlich vom heutigen Hauptstrom gelegen, wurde im 12. Jahrhundert von flämischen Siedlern gegründet. Auch dort befasste man sich mit der Verarbeitung von Produkten des Feuchtgebietes. Man stellte Tuche und Körbe her – in der Niederung gab es zahlreiche Weidenbüsche und -bäume, die sich immer wieder köpfen ließen. Die Weide ist das einzige Gehölz, das eine Beschädigung durch treibendes Eis auf überfluteten Flächen übersteht und danach wieder austreibt – genauso wie nach einer

Der Händedruck zwischen amerikanischen und sowjetischen Soldaten auf der Torgauer Elbbrücke im April 1945 ist ein Symbol für das Ende des Zweiten Weltkriegs.

Nutzung: Alle paar Jahre werden die rasch nachwachsenden biegsamen Zweige abgeschnitten, aus denen Körbe geflochten werden können.

Niederländische Kolonisten legten im Mittelalter auch die feuchte Senke im Osten der Elbe trocken, die Annaburger Heide. 1571 entstand ein 71 Kilometer langer Graben, der Neugraben, der den Lauf der Schwarzen Elster verkürzen und das Wasser besser ableiten sollte. Auch dieser kleine Fluss bildet dort, wo er in das Urstromtal mündet, ein Delta aus. Das breite Tal wird zuerst von der Schwarzen Elster und erst danach, etwas unterhalb, von der Elbe eingenommen. Auf dem Kartenbild kann man den Eindruck gewinnen, die Elbe münde in die Schwarze Elster, obwohl diese doch viel kleiner ist. Oberhalb, auf trockenem Terrain, liegt das Städtchen

Jessen, das seit dem Mittelalter für seinen Weinbau berühmt war. Doch davon ist nicht viel übrig geblieben; es dürfte kaum jemandem gelingen, einen Jessener Tropfen außerhalb des Orts kredenzt zu bekommen.

Die Elbe schwingt nun in die Laufrichtung des Urstromtales aus der Saale-Eiszeit und der Schwarzen Elster ein. Wenige Kilometer unterhalb des Zusammenflusses von Elbe und Schwarzer Elster liegt ein wichtiger Brückenübergang: Wittenberg. Der Name der Stadt verweist auf eine ähnliche Lage wie Belgern. Aber Wittenberg stammt aus späterer Zeit, in der das Land bereits deutsch besiedelt war; daher benannte man den weißen Berg der Düne mit einem deutschen Namen. Wittenberg wurde 1180 zum ersten Mal erwähnt, seine Kirche stammt aus dem 13. Jahrhundert. Die erste hölzerne Brücke mit einer Straße, die den Fläming im Norden mit Leipzig im Süden verband, wurde 1428 über die Elbe geschlagen. Schon bald wurde sie vom Eis zerstört, doch auch wieder ersetzt.

Die Gründung der Wittenberger Universität erfolgte im Jahr 1502, unter der Herrschaft der Ernestiner. Rasch wurde die Stadt zu einem überragenden geistigen Zentrum; denn einer der ersten Dozenten war Martin Luther, und hier schuf Lucas Cranach der Ältere berühmte Gemälde. Luther schlug 1517 seine Thesen zur Erneuerung der Kirche an der Schlosskirche an, auf einer Tür, an die man üblicherweise Bekanntmachungen heftete. Doch diese Thesen waren mehr als gewöhnliche Bekanntmachungen: Luthers Thesenanschlag an der Wittenberger Schlosskirche ging als der zentrale Auftakt der protestantischen Reformation in die Geschichtsbücher ein.

Ein wichtiger Impuls für die Stadtentwicklung war 1841 der Anschluss Wittenbergs an die Eisenbahn. Nach dem Aufbrechen ihres alten Festungsrings wurde die Stadt zum bedeutenden Industriestandort. Fabriken lagen vor allem gegenüber der Altstadt im Vorort Piesteritz, seit 1915 ein bedeutendes Stickstoffwerk, nach 1945 weitere chemische Werke. Die Luft wurde stark verunreinigt, unter anderem mit schwefelhaltigen Emissionen, und die Elbe bekam jahrzehntelang einen weiteren Schub verdreckten Abwassers. Die Umweltsituation verbessert sich seit 1990 allerdings erheblich.

Gleich hinter Wittenberg, das bis 1815 sächsisch war, dann zur preußischen Provinz Sachsen gehörte und heute im Bundesland Sachsen-Anhalt liegt, passiert die Elbe die historische Grenze zum früheren Fürstentum Anhalt. Der Fluss zieht seine träge Bahn im Urstromtal mit einem besonders geringen Gefälle. Weite Talbereiche werden immer wieder überflutet,

Der Marktplatz in Wittenberg, 1984

und an vielen Orten bildet sich wiederholt eine Eisdecke aus. Wenn sie in Bewegung kommt, säbeln die messerscharfen Kanten des Eises Baum und Busch ab. Nur buschförmige Weiden können sich in der Nähe des Flusses halten. Die Gehölze sind insgesamt sehr licht – zwischen den Gehölzpflanzen lagen stets auch waldoffene Bereiche, in denen sich seit der letzten Eiszeit die besondere Flora der Stromtalpflanzen erhalten konnte: Kantenlauch, Wiesenalant, Blauweiderich und viele andere. Lange Zeit meinte man, diese Pflanzen kämen deshalb im Tal vor, weil dort die klimatischen Bedingungen besonders günstig seien. Das lässt sich aber nicht bestätigen, denn es gibt sie vor allem in den Urstromtälern, in denen das Gefälle des Stroms gering ist und die Eisdecke immer wieder waldoffene Landstriche entstehen lässt. Dort, wo der Fluss das Urstromtal verlässt und rascher strömt, sind sie seltener. Vieles spricht dafür, sie als ein besonderes Kennzeichen der Urstromtäler anzusehen.

11 Die Elbe im Gartenreich

Der Schwemmfächer der Elbe drückte die Überreste des eiszeitlichen Urstroms ganz an den Nordrand der Niederung. Auch der Fluss musste in der Nacheiszeit diesen Lauf nehmen, als der Urstrom längst versiegt war. Nicht nur bei Wittenberg steigt das Gelände nördlich der Elbe deutlich an. Coswig und Roßlau liegen ebenfalls sicher vor Hochwasser weit über dem Niveau des Flusses. Nach Norden hin erhebt sich das Gelände zu den Höhen des Fläming. In seinem Untergrund befinden sich neben einigen Ablagerungen aus alten Elbläufen nur große Massen an Gletscherschutt. Der Höhenunterschied zwischen dem heutigen Elbtal und den Hügeln des Fläming beträgt weit über einhundert Meter. Daher wirkt das Hügelland zwischen Elbe und Berlin wie ein kleines Mittelgebirge. Diesen Eindruck hat man besonders, wenn das dünn besiedelte Gebiet dicht verschneit ist, aber auch im Anschluss an sommerliche Gewittergüsse: Dann wandeln sich die sonst trockenen Talklingen an der Südflanke des Fläming zu tosenden Gießbächen und leiten enorme Wassermengen zur Elbe hin ab. Man nennt diese Schluchten «Rummeln»; der Name mag für sich sprechen.

Die Stadt Coswig ist vielfältig mit ihrem Umland verbunden. Unterhalb des Rathauses kommt man, direkt an der Elbe, ins Fischerviertel. Für Fischer und Schiffer hatte Coswigs Kirche besondere Bedeutung, denn sie war wie viele Gotteshäuser in flussnahen Orten dem heiligen Nikolaus geweiht. Die Stadtkirche Sankt Nikolai ist im Kern romanisch, wurde frühgotisch erweitert und im Barock umgebaut. Töpfer verarbeiteten ebenso wie Weber Rohstoffe aus dem Umland. Seit dem Anfang des 20. Jahrhunderts werden Papier und Zündhölzer hergestellt; damals waren die im 19. Jahrhundert aufgeforsteten Nadelwälder des Fläming so weit gediehen, dass man sie zur Gewinnung von Rohstoff nutzen konnte.

Roßlau liegt am wichtigen Elbübergang gegenüber von Dessau. Nördlich der Brücke bündeln sich die Eisenbahnlinien. Auch die Autobahn von Berlin nach München quert hier das breite Elbtal. Ein aus der Erbauungszeit der Autobahn, den dreißiger Jahren des 20. Jahrhunderts, stammender Turm trug jahrzehntelang die Neonreklame «Plaste und Elaste aus Schkopau», eine Art Wahrzeichen der DDR. Wer aus dem «Westen», der Bundesrepublik, kommend diese Autobahn als Transitstrecke nach Berlin nutzte, kannte diesen Spruch. In Roßlau bestand seit 1866 die bedeutende Werft der Brüder Sachsenberg. Sie war die größte Binnenwerft der DDR und wurde inzwischen reprivatisiert. Hier wurden etliche Kettendampfer gebaut, die entlang der 1866 bis 1885 gelegten Kette in der Elbe schwere Lastschuten zogen.

Ganz anders ist der Landschaftscharakter im Südteil des Breslau-Magdeburg-Bremer Urstromtals. Dort dehnte sich ursprünglich weites Sumpfland aus, und die meisten Siedlungen wurden erst in großer Entfernung von der Elbe an der südlichen Talkante des Urstromtals gegründet, weil das niedrig gelegene Land immer wieder überflutet wurde. Man konnte es bis zum 18. Jahrhundert weithin nur als Weideland nutzen. Dabei wurde der ursprüngliche Auenwald immer weiter ausgelichtet. In Flussnähe standen Weidenbüsche, weiter entfernt einzelne Eichen, die man schützte: Unter solche so genannte Hudeeichen stellten sich Rinder und Schafe an heißen Sommertagen, um im Schatten wiederzukäuen. Im Herbst trieben Hirten die Schweine unter die Eichen zur Mast und schlugen an die Äste, damit die Eicheln herunterfielen. Jeder Bauer konnte das Land als Allmende nutzen, das Vieh musste aber von Hirten begleitet werden. Deren Arbeitskraft war damit nicht sehr effizient eingesetzt, und überhaupt warf diese Form der Hut- und Triftweide nur wenig Profit ab. Die Fürsten von Anhalt-Dessau beschlossen, der Wirtschaft aufzuhelfen, und so machten sie nicht nur damals, sondern bis heute weltweit von sich reden.

Die Innovationen im Lande Anhalt-Dessau begannen, als Fürst Johann Georg II. im Jahr 1659 Henriette Katharina von Nassau-Oranien heiratete. Mit ihr kamen nicht nur zahlreiche niederländische Kunstwerke ins Land, die man heute in Dessaus Gemäldegalerie bestaunen kann, sondern auch Einflüsse auf die Landeskultur. In der Zeit, in der Mitteleuropa nach dem Dreißigjährigen Krieg Not litt, dauerte in den Niederlanden das «Goldene Zeitalter» an. Fürstin Henriette Katharina nahm ihren Sommersitz im kleinen Ort Nischwitz, den man ihr zu Ehren seit 1673 Oranienbaum nannte. Dort wurden bald auch Orangenbäume gezogen. Das war im kühlen mitteleuropäischen Klima nur möglich, wenn man die frostempfindlichen Pflanzen im Winter in einer Orangerie schützte. Die schmiedeeiserne Skulptur eines Orangenbäumchens auf dem Marktplatz vor dem Schloss ist seit 1690 das Wahrzeichen des Ortes. 1683 wurde der Baumeister Cornelis Ryckwaert aus den Niederlanden geholt, um ein Schloss in

Der Wörlitzer Park, 1986

Oranienbaum zu errichten. Wie in den Niederlanden damals üblich baute er das Gebäude sowohl in der Art eines Herrscher- als auch eines reichen Bürgerhauses. Selbst noch im Unterschied zur Meißener Albrechtsburg wäre es nicht im Entferntesten möglich gewesen, diese Anlage zu verteidigen. Am Ende des 17. Jahrhunderts war die Errichtung eines solchen ausschließlich repräsentativen Schlosses etwas ganz Ungewöhnliches in Deutschland. Doch bald folgte man auch andernorts diesem Vorbild. In Oranienbaum entstanden in späterer Zeit außerdem chinesische Gebäude, darunter ein Glockenturm, und fernöstlich inspirierte Gärten – das passte zu den Apfelsinen, den «chinesischen Äpfeln».

Der Sohn von Johann Georg II. und Henriette Katharina, Fürst Leopold von Anhalt-Dessau, der als preußischer General «Alter Dessauer» genannt wurde, enteignete den Landadel und bewirtschaftete anschließend sein Land wie ein einziges großes Staatsgut. 1706 ließ er im Süden des Urstromtals einen Hochwasserkanal zur Entwässerung des Sumpflandes anlegen. Elbdeiche wurden gebaut, und in Dessau schuf er die repräsentative Kavalierstraße als Hauptverkehrsader. Auch die Verwaltung seines Landes verbesserte er.

Noch berühmter wurde sein Enkel Leopold Friedrich Franz, der «Gute Fürst Franz von Anhalt-Dessau», der zeitlebens Gedanken der Aufklärung in die Realität umsetzte. Zu Anfang seiner Regierungszeit tat er etwas Unerhörtes: Er veräußerte sein silbernes Tafelgeschirr, um Kriegsschulden zu bezahlen. Fürst Franz reiste ausgiebig durch europäische Länder, vor allem durch Frankreich, Italien und England. Auf seinen Reisen begleitete ihn der Architekt Friedrich Wilhelm Freiherr von Erdmannsdorff. Beide sammelten sie Ideen für die Umgestaltung des Landes Anhalt-Dessau. Wer heute nach Dessau fährt und das Land in dessen Umgebung besucht, vor allem den weltberühmten Park von Wörlitz, ist beeindruckt von den Bauten und der Anlage des Englischen Gartens. Doch wer sich im Lande Anhalt-Dessau allein als kunstsinniger Besucher umsieht, hat nur einen Teil davon erfasst, was er erkennen könnte. Keineswegs wollte Fürst Franz Gebäude errichten und Gärten anlegen, um damit ausschließlich «ästhetische Interessen» zu verfolgen. Vielmehr sollte das «Schöne mit dem Nützlichen» verbunden werden. Das heißt: Was schön ist, ist auch nützlich für das Volk und für die Entwicklung des Landes. Der berühmte Leitspruch der Verbindung von Schönem und Nützlichem ist keine hohle Phrase, wenn man bedenkt, dass die Gärten in der Umgebung von Dessau und Wörlitz nicht nur Werke der Bildenden Kunst im Allgemeinen oder der Gartenkunst im Speziellen sind.

Denn Leopold Friedrich Franz wollte vor allem seinem Not leidenden kleinen Land dienen. Er machte es zu einer Musterregion. Das Reformwerk begann nicht mit der Gartenanlage, sondern mit der so genannten Gemeinheitsteilung. Alle Landflächen, die bisher als Allmenden von den Bauern gemeinsam genutzt worden waren, wurden seit 1759 unter sie als Privatbesitz aufgeteilt. Ein solches Vorhaben erforderte eine völlige Umstellung der Viehhaltung. Rinder, Schafe, Pferde und Schweine brauchten, wenn sie nicht mehr in die ausgedehnten «Gemeinheiten» im Urstromtal getrieben werden konnten, neue Futterquellen, neue Weideflächen. Die gewann man im bisher beackerten Gebiet. Wie das? Dazu muss etwas weiter ausgeholt werden, und dabei wird deutlich, wie umfassend das Reformwerk des Fürsten Franz insgesamt war.

Man verzichtete auf die seit dem Mittelalter übliche Dreifelderwirt-

In den Wörlitzer Park sind Ackerflächen integriert.

schaft mit ihrer Brachephase; stattdessen führte man eine höher entwickelte Fruchtwechselwirtschaft ein, in welcher der Kleeanbau eine große Rolle spielte. Um den Kleeanbau im Lande Anhalt-Dessau machte sich Johann Christian Schubart verdient; er wurde vom Kaiser als «Edler von Kleefeld» geadelt. In der Tat waren seine Entdeckungen genial: An den Wurzeln von Klee sitzen Bakterien, die Stickstoff aus der Luft binden und ihn als Nitrat dem Boden zur Düngung zuführen. Der Kleeanbau diente daher einerseits der Gründüngung. Andererseits konnte man Klee und Wiesengras ernten und zu Heu trocknen, einige Monate in eigens gebauten großen Schobern aufbewahren und winters dem Vieh im Stall zur Fütterung vorwerfen. Daher war eine mehrmonatige Stallhaltung möglich. Wenn man auf die Brachephase allgemein verzichtete, gewann man im Handstreich ein Drittel an Landfläche hinzu. Dank der Einschaltung der Gründüngung stiegen die Erträge. Man konnte auf einen Teil der Flächen für den Anbau von Feldfrüchten verzichten. Dort legte man Vieh-

Das Wörlitzer Schloss, 1986

koppeln an. Auf der Koppel und im Stall gedieh das Vieh weit besser als auf der Allmende in den Jahrhunderten zuvor. Schon bald hatte man hervorragende Erfolge bei der Viehzucht zu verzeichnen. Merinoschafe und neue Rassen von Rindern und Pferden kamen ins Land. Die Landesherrschaft hielt für ihre Untertanen Zuchtböcke, Zuchtstiere und Zuchthengste bereit, damit auch sie von der modernen Viehhaltung profitierten. Man brauchte keine Hirten mehr, die das Vieh hüteten; die Koppel war ja von einem Zaun oder einer Hecke umgeben. Im Stall gewann man Dünger, den man auf den Feldern ausbreiten konnte. Für noch zu bestellende Feldflächen propagierte Leopold Friedrich Franz den Anbau von Spezialkulturen, unter anderem von Hopfen und Krapp, einer exportfähigen Färbepflanze. Seidenraupen wurden an eigens gepflanzten Maulbeerbäumen gehalten.

Auch die Anlage von Alleen hatte große Vorteile. Dabei wurde der Verlauf von Straßen auf einen schmalen Streifen Landes fixiert. Die Fuhrleute konnten nicht mehr seitwärts ins Land ausweichen, wenn ein Straßenstück von tiefen Fahrspuren durchfurcht und daher unpassierbar geworden war. Um das zu verhindern, wurde der Straßenkörper befestigt, vielerorts auf einem Damm geführt und von tiefen Gräben eingefasst. Außerdem pflanzte man links und rechts des Straßenkörpers Bäume. Obstbäume brachten den größten Nutzen. In Feuchtgebieten ließ Leopold Friedrich Franz Pyramidenpappeln pflanzen, die er in Italien kennengelernt hatte. Sie waren nicht nur dekorativ, sondern wuchsen auch rasch, und dabei zogen sie sehr viel Feuchtigkeit aus dem Untergrund ab. Mit ihnen ließen sich Straßenkörper dränieren. Die landwirtschaftlichen Produkte kamen schneller vom Land in die Stadt. Noch Jahrzehnte später wurden die Alleen Anhalts als vorbildlich gelobt. Wer durch dieses Land mit Pferd und Wagen reiste, kam rascher und bequemer voran als in anderen Gegenden.

Bei dem Städtchen Wörlitz, wo schon seit 965 eine Burg lag und seit 1698 ein Jagdschloss, war ein großes Stück ehemaliger Allmende an den Landesherren gefallen. Der Fürst beauftragte 1765, also mehrere Jahre nach dem Beginn der Landreformen, den Gartenarchitekten Johann Friedrich Eyserbeck mit der Anlage eines großen Landschaftsparks im englischen Stil, wie er ihn auf seinen Reisen kennengelernt hatte. Ein solcher Englischer Garten war eine Innovation: Der Wörlitzer Park ist der erste Garten auf dem europäischen Kontinent, der nach Vorbildern der englischen Gartenkunst gestaltet wurde. Bereits vorhandene landschaftliche Strukturen bezog Eyserbeck in den Park ein, vor allem alte Elbarme, die er zu Teichen umgestaltete, und allein stehende, weit ausladende Eichen: Die Weidetiere hatten ihnen die unteren Äste kahl gefressen. Unter solchen Bäumen konnten sich, als keine Tiere mehr darunter wiederkäuten, höfische Lustgesellschaften zum Picknick treffen.

Friedrich Wilhelm von Erdmannsdorff entwarf die Architekturen für den Park. Er ließ sich dabei von den Eindrücken seiner gemeinsamen Reisen mit dem Fürsten inspirieren. Zwei Architekturstile waren es namentlich, die er aufgriff: die spätrömische Klassik, die der Fürst und der Architekt in der Provence kennengelernt hatten, und die englische Tudorgotik. Erdmannsdorffs Bauten wurden damit stilprägend sowohl für den deutschen Klassizismus als auch die Neogotik. Mit diesen beiden Stilrichtungen des Zeitalters der Aufklärung protestierten der Fürst und sein Baumeister gegen die alten Zöpfe von Barock und Rokoko. Etliche Gebäude wurden konkreten Bauten nachempfunden. Das Vorbild des in den Jahren

1769 bis 1773 errichteten Wörlitzer Schlosses war das englische Claremont. Danach, ab 1773, wurde – ebenfalls nach englischem Muster – das Gotische Haus errichtet. 1781 bis 1784 entstand nach Plänen von Erdmannsdorff der so genannte Eisenhart, ein künstlicher Felsblock aus Raseneisenerz, einer steinharten Ablagerung aus den Niedermooren der Umgebung. Der Eisenhart sicherte vor Hochwasser und wurde zum Sockel für den Bibliotheks- und den Südseepavillon, der eine wertvolle ethnographische Sammlung des Weltreisenden Johann Georg Adam Forster aufnahm. Erst nach dem Tod von Erdmannsdorff – er starb 1800 – entstand in den Jahren 1805 bis 1809 die den Park überragende neugotische Kirche, vermutlich noch nach den Vorstellungen des Architekten. In der Umgebung von Wörlitz und Dessau, im Gartenreich insgesamt, waren damals bereits einige Gotteshäuser nach Erdmannsdorffs Plänen errichtet worden.

Für die Schöpfer des Gartens gab es 1770/71 einen herben Rückschlag. Am 8. April 1770 rissen Eisschollen der Hochwasser führenden Elbe den Damm des Wörlitzer Parks auf. Große Teile des bereits angelegten Gartens wurden ebenso überflutet wie zahlreiche Äcker in seiner Umgebung. Das Wasser blieb bis Weihnachten auf gleicher Höhe stehen. 1771 gab es ein Sommerhochwasser; die Fluten drangen durch die noch nicht geschlossenen Deichbruchstellen nochmals in den Park ein. Da das gewaltsam in den Park strömende Wasser zwei bis zu zehn Meter tiefe Kerben in den Sand des Urstromtales gerissen hatte, konnte der Damm nicht dort wieder aufgeschüttet werden, wo er ehedem verlaufen war. Eyserbeck musste die Pläne des Gartens verändern, er machte zwei weitere Seen aus den Deichbruchstellen: das Große und das Kleine Wallloch. Der Damm wurde außen um die beiden Seen herumgeführt. Auf diese Weise war das Kulturland des Parks auf Kosten der Wildnis der Elbe noch um ein Stück ausgedehnt worden. Der Damm im Norden des Parks verläuft seitdem nicht in gerader Richtung, sondern weist etliche Biegungen auf. Das musste aber für die Parkgestalter kein Schönheitsfehler sein; ihnen war es nur recht, wenn alles wie von Natur gewachsen, organisch landschaftlich und so aussah, als wäre es scheinbar zufällig entstanden.

Bis 1805 wurde an dem Hochwasserdamm im Norden gearbeitet. Dabei wurde wie bisher das Schöne mit dem Nützlichen verbunden. Denn der Damm, ohne den der schöne Garten nicht auf Dauer vor dem Hochwasser bewahrt werden konnte, wurde von der armen Landbevölkerung aufgeschüttet. Aus heutiger Sicht könnte man dies eine Arbeitsbeschaffungsmaßnahme nennen; die Arbeiter wurden für ihre Arbeit so entlohnt, dass sie ein gutes Auskommen hatten. Vor dem Deich legte man Hügel an, und man pflanzte Eichen in seine äußere Flanke, um das Eis künftig bei Hochwasser aufhalten zu können: Keineswegs sollte es wieder eine Kerbe in den Damm reißen können. Entlang des Damms wurden außerdem Wachhäuser gebaut. Jedes war ein bisschen anders gestaltet, eines davon war einem Wachtturm des römischen Limes nachempfunden. Wie beim Limes ging es in Wörlitz darum, «Wildes» abzuwehren. In den Wachhäusern wurden, wenn Eisgang drohte, Posten aufgestellt, die sofort, wenn sich Eis dem Damm näherte, Hilfe anfordern konnten.

Im Wörlitzer Garten bildete sich allmählich die allgemein bewunderte Einheit von Nutzflächen und Gebäuden, einheimischen und exotischen Gehölzen heraus. Man bezeichnete dies als das «Wunder von Wörlitz». Es war den Schöpfern des Gartens wichtig, dass man von bestimmten Punkten aus durch Blickachsen zugleich das Gotische Haus und den Kuhstall sehen konnte. Der «Toleranzblick» fiel und fällt sowohl auf die Kirche als auch auf die Synagoge. Einerseits gab es Spielereien mit Reminiszenzen an Italien, so den «Vulkan», den man künstlich zum nächtlichen Ausbruch bringen konnte – zum Erstaunen der von weither angereisten Gäste. Er wurde in den letzten Jahren restauriert und ist seit 2005 wieder funktionstüchtig. Andererseits lagen Äcker, Obstgärten und Wiesen innerhalb des Parkgeländes. Warum das so war, leuchtete vielen Nachfahren des Fürsten Franz nicht ein; sie verbannten Pflug und Rinder aus dem Park. Inzwischen denkt man zum Glück anders darüber; das «Wunder von Wörlitz» wird wieder besser dargestellt. Es gibt dort wieder Äcker. Die Demonstration landwirtschaftlicher Praktiken im Park war im 18. Jahrhundert wichtig. Im Gotischen Haus wurde eine Art von landwirtschaftlicher Musterausstellung präsentiert. Der Park wurde reichhaltig bepflanzt. Längst nicht alle der 507 Arten und Sorten von Gehölzen, die es heute dort gibt, sind bereits seit der Zeit der Schaffung des Parks in Wörlitz vertreten. Viele exotische Gewächse wurden erst nach und nach in den Garten integriert.

Nicht nur der Wörlitzer Park, sondern das gesamte Dessau-Wörlitzer Gartenreich, ein großer Teil des ehemaligen Fürstentums Anhalt-Dessau, ist seit 2001 Weltkulturerbe der UNESCO. Zentrale Bestandteile des Schutzgebiets sind Wörlitz und Dessau mit ihren Gärten. Aber auch viele andere Anlagen, Parks, Alleen, landwirtschaftliche Flächen, Gebäude gehören dazu, unter anderem die zweitürmige Kirche von Vockerode, an der

Der «Toleranzblick» im Wörlitzer Park: Man erkennt auf einen Blick die Kirche und die Synagoge.

die Elbe unterhalb von Wörlitz vorbeifließt. Seit 1937 bildeten sich in Vockerode seltsame Kontraste, denn seitdem überragt ein monumentales Kraftwerk den Ort. Seine vier Schlote wurden gesprengt, aber der Bau steht noch; Denkmalpfleger streiten darüber, ob er in die Kulisse einer UNESCO-Welterbestätte gehört oder nicht.

Bei Dessau mündet die Mulde in die Elbe. Dieser Fluss hatte im Lauf der Jahrtausende genauso wie die Elbe einen Schwemmfächer in das Urstromtal ausgebreitet, auf dem die Mündungsarme des Flusses nach Art eines Deltas ehemals zum Urstrom und später zur Elbe rannen. Im Schwemmfächer hatte sich – neben dem Hauptarm der Mulde – eine Sandzunge ausgebildet, die man bereits im Mittelalter für die Hohe Straße von Halle nach Brandenburg und Berlin als sicheren Verkehrsweg nutzen konnte. Vom nördlichen Ende der Talsandzunge aus war es nicht weit bis ans Nordufer des Urstromtals. Hier konnte man leicht eine Furt durch die Elbe anlegen und später zwischen Dessau und Roßlau Brücken bauen.

Dessau entstand wohl aus älteren slawischen Vorgängersiedlungen um das Jahr 1180; erstmals urkundlich erwähnt wurde es 1213. Die Mulde ließ sich gut stauen, und man leitete ihr Wasser auf die Räder mehrerer Mühlen. 1665 gab es eine Kornmühle und eine Schneidemühle für Holz. Direkt oberhalb der Mühle entstand im Lauf der Jahrhunderte ein herrschaftliches Gebäude. Zunächst mag es das Haus des Mühlenbesitzers gewesen sein, der durch sein Gewerbe zu Geld kam und sich nach einiger Zeit ein immer repräsentativeres Gebäude leisten konnte, das später zum Schloss wurde. Seit dem 14. Jahrhundert hielten sich dort gelegentlich die Herren von Anhalt auf. Erst 1603 machten sie Dessau zu ihrer wichtigsten Residenzstadt. Das Schloss wurde im 16. und 18. Jahrhundert neu errichtet und erweitert. Viele Bauten der Stadt entstanden in ihrer Glanzzeit im 18. Jahrhundert: Kirchen, Verwaltungs- und Bildungseinrichtungen; zu ihnen gehörte das viel gerühmte Philanthropin oder auch Philanthropinum. Die Volksbildung, die hier vermittelt wurde, war ebenso wie die Reform des Landes ein wichtiges Ziel der Aufklärung. Wenn ein Land reformiert wurde, veränderte sich das Leben seiner Bevölkerung; die Menschen brauchten Bildung. Man benötigte keine Hirten mehr; Jugendliche, die früher das Vieh gehütet hatten, konnten nun die Schule besuchen. Am Philanthropin in Dessau wurden zahlreiche neue Methoden der Pädagogik eingeführt. Zu seinem Leiter wurde 1771 der Hamburger Pädagoge Johann Bernhard Basedow bestellt. Auch der junge Johann Heinrich Campe lehrte eine Zeitlang am Philanthropin.

Nahe dem Stadtkern von Dessau entstanden weitere Schlösser mit Parkanlagen, in Mosigkau das Luisium (heute Museum der Goethezeit) und das Georgium (heute Gemäldegalerie). Der seit 1780 von Johann Friedrich Eyserbeck gestaltete Park am Georgium erlitt wenige Jahre später ein ähnliches Schicksal wie der Wörlitzer Park: 1786 brach bei einem Elbhochwasser der Deich, und der Garten wurde unter Wasser gesetzt. Auch hier musste zuerst ein neuer Hochwasserschutzwall gebaut werden, bevor man mit der Gestaltung des Gartens nahe der Elbe fortfahren konnte.

Dessau wuchs im 19. Jahrhundert erheblich. Seit 1841 führte hier die Eisenbahn über die Elbe, vom Anhalter Bahnhof in Berlin kommend. Später wurden Bahnstrecken nach Halle, Bitterfeld und Leipzig gebaut. Alle diese damals aufstrebenden Industriestädte bekamen einen Anschluss an den großen Binnenhafen von Dessau, den Wallwitzhafen, der 1859 eröffnet wurde. Auch in Dessau selbst entstanden große Industriebetriebe, von de-

Das Bauhaus in Dessau, 1986

nen sicher das Junkerswerk am engsten mit der künftigen Stadtgeschichte verbunden ist. In Dessau gelangen bahnbrechende Erfolge beim Flugzeugbau. Das erste Ganzmetallflugzeug der Welt wurde hier gebaut, später die legendäre «Ju 52». Während des Zweiten Weltkrieges wurden Düsentriebwerke konstruiert. Zahlreiche Menschen fanden Arbeit in Dessau, die Einwohnerzahl wuchs stark.

Für die Junkersarbeiter wurden spezielle Siedlungen errichtet, nach Konzepten des «Bauhauses» und aus seinem Umkreis. Das «Bauhaus» war zwar 1919 von Walter Gropius in Weimar gegründet worden, zog aber 1925 nach Dessau um; dort entstand sein weltberühmtes Lehrgebäude, an dem unter anderem Lyonel Feininger, Wassily Kandinsky, Paul Klee, Gerhard Marcks, Ludwig Mies van der Rohe und Oskar Schlemmer Kunst und Architektur unterrichteten. Nur wenige Jahre konnten sich die neuen Gedanken des Bauhauses frei entfalten; unter den Nationalsozialisten wurde es geschlossen.

Die Produktion von Flugzeugen war kriegswichtig, und daher war Dessau im Zweiten Weltkrieg das Ziel von verheerenden Bombenangriffen. Dessau gilt als eine der am stärksten vom Bombenkrieg in Mitleidenschaft gezogenen deutschen Städte: 84 Prozent der Innenstadt wurden zerstört, vor allem bei einem Angriff am 7. März 1945. Viele historische Gebäude konnten nicht oder nur in Teilen wieder aufgebaut werden.

Das Bauhaus-Lehrgebäude, etwas abseits des Stadtzentrums gelegen, blieb erhalten. Einige seiner Lehrer waren in die USA emigriert und nahmen dort erheblichen Einfluss auf den Baustil der Moderne. In der DDR sah man Entwicklungslinien von der Bauhausarchitektur zu den industriell vorgefertigten Plattenbauten, die nicht nur in Dessau, sondern auch «republikweit» in immer gleicher Bauweise errichtet wurden, Städte und Landschaften in einer monotonen Art und Weise prägten. Wäre dies im Sinne der Bauhauskünstler gewesen? Seit 1994 besteht die von der Bundesrepublik Deutschland finanzierte «Stiftung Bauhaus». Sie befasst sich unter anderem mit neuartigen Konzepten zur Gestaltung von ehemaligen Tagebaugruben und verlassenen Industrielandschaften, die in der Umgebung von Dessau weit verbreitet sind. So könnte dort bald schon ein «Industrielles Gartenreich» entstehen.

Bei Großkühnau fließt die Elbe noch an einem weiteren Park aus dem 18. Jahrhundert vorbei. In diesem Ort steht der älteste neoromanische Backsteinbau Deutschlands, die in den Jahren 1828 bis 1830 errichtete Dorfkirche. Hinter Großkühnau endet das Gartenreich, und das ist deutlich zu merken: Die Elbe tritt in einen Abschnitt ein, der erheblich wilder anmutet. Bevor darauf eingegangen wird, soll aber zunächst die Mulde vorgestellt werden, der wichtige Fluss, der in Dessau die Elbe verbreitert.

12 Die Mulde: Sachsens Mühlenfluss

Die Mulde, die früher auch «Molde» oder «Milde» genannt wurde, hat viele Quellen. Die wichtigsten davon liegen im Erzgebirge oder an dessen Nordwestflanke. Friedrich Ratzel, einer der Begründer der wissenschaftlichen Geographie in Deutschland, sah in der Mulde mit ihren Oberläufen das «schöne Beispiel einer strahlenförmigen Entwässerung des Erzgebirgs». Diesen Eindruck kann die Landkarte tatsächlich vermitteln: Der westliche Flussarm, die Zwickauer Mulde, hat zwei Quellbäche im äußersten Westen des Erzgebirges: die Rote und die Weiße Mulde. Ihre Quellen liegen oberhalb von Muldenberg, wo sich die beiden Quellbäche treffen. Die Ursprünge der östlichen Mulde, der Freiberger Mulde, befinden sich auf dem Kamm des östlichen Erzgebirges, gerade jenseits der Grenze zur Tschechischen Republik; sie treffen sich auf der deutschen Seite oberhalb des Erzgebirgsortes Holzhau. Die Namen der beiden Flüsse unterscheiden sich über die Namen der Städte, die sie durchfließen: Zwickau und Freiberg. Weitere Flüsse, die von der Mulde aufgenommen werden, sind einfach nach den Städten oder Städtchen, die sie passieren, benannt: Chemnitz, Lössnitz, Würschnitz, Zwönitz, Zschopau, Pockau, Flöha, Bobritzsch und Colmnitz, um nur einige zu nennen. Aus der Namensgleichheit von Fluss und Stadt erweist sich deren enge Verbindung. Nirgends sonst dürfte es eine derartige Häufung identischer Fluss- und Stadtnamen geben wie im Westen Sachsens.

Noch etwas anderes ist merkwürdig an der Mulde und ihren Nebenflüssen: Man hat diese Gewässer seit dem Mittelalter zwar zur Trift von Holz und zur Flößerei genutzt, aber nicht schiffbar gemacht. Selbst der Unterlauf des Flusses wurde niemals wie andere vergleichbare Flüsse von Schiffen befahren. Der Zusammenfluss der Zwickauer und der Freiberger Mulde liegt übrigens bei Klein-Sermuth, zwischen den Städtchen Leisnig, Colditz und Grimma. Die Mulde ist im Unterlauf ein recht breiter Fluss und weit über einhundert Kilometer lang, bis sie bei Dessau in die Elbe mündet.

Das gesamte Flusssystem der Mulde dient einer besonderen Funktion: Die großen Wassermengen, die aus dem regenreichen Erzgebirge mit erheblichem Gefälle der Niederung zufließen, sind exzellente Mühlengewässer. Die Mulde und ihre Nebenflüsse wurden seit dem Mittelalter an zahlreichen Stellen gestaut. An den Wehren leitete man das Wasser ab, hin zu den überaus vielen Mühlen. In den zahlreichen Städten des sächsischen Erzgebirgsvorlandes wurde nicht nur Korn gemahlen, sondern auch Erz aus dem Bergland verarbeitet. Angetrieben vom Wasser hoben sich die Schwanzhämmer der Poch- und Hammerwerke, Wasserkraft trieb die Blasebälge an, mit deren Hilfe zusätzlicher Sauerstoff bereitgestellt wurde, um ausreichend hohe Temperaturen zum Schmelzen von Erz und Metall zu erzielen. Zur Erzschmelze brauchte man selbstverständlich auch Holz; es kam genauso wie das Erz führende Gestein aus dem Bergland in die Städte. An den Wehren der Mühlenstaue zog man entweder die einzelnen getrifteten Stämme oder die aus mehreren Stämmen zusammengebundenen Flöße aus dem Wasser.

Bereits an den Städten im Oberlauf wurde die Holztrift durch Wehre unterbrochen und alles Holz aus dem Wasser gefischt. Blieb da noch Holz für die Städte am Unterlauf übrig? Doch dieses Problem bestand unabhängig davon, ob die Flüsse durch Wehre unterbrochen waren oder nicht. Denn viele Städte, durch die ein Fluss verlief, hatten Stapelrecht für Holz. Das aber hieß: Alles Holz musste auf jeden Fall aus dem Fluss gezogen und zum Verkauf angeboten werden. Flöße wurden dazu am Stapelplatz auseinandergebunden. Und dies galt auch dort, wo es keine Wehre gab. Nur das Holz, das nach einigen Tagen nicht verkauft war, wurde erneut in den Fluss geworfen oder zu neuen Flößen gebunden. Dieses Holz trieb weiter auf dem Fluss, zusätzliche Stämme kamen aus den Seitenbächen und -flüssen. Die Stämme wurden dann in der nächsten, unterhalb liegenden Stadt am Holzrechen des Wehres angelandet und zum Verkauf angeboten.

Offenbar reichte das Holz zur Versorgung mehrerer Städte mit Wehren, Mühlen und Mühlwerken aus, die, aufgereiht wie an Ketten, an den «Mulden» lagen: an der Zwickauer Mulde Aue, die Doppelstadt Wilkau-Haßlau, Zwickau, Glauchau, Penig, Rochlitz und Colditz. Freiberg liegt etwas oberhalb des Tals der Freiberger Mulde, aber die städtischen Siedlungen Nossen, Rosswein, Döbeln und Leisnig befinden sich direkt am Fluss. Nach dem Zusammenfluss der beiden wichtigsten Quellflüsse profitieren noch Grimma, Trebsen, Wurzen, Eilenburg, Bad Düben und Bitterfeld von dem Fließgewässer.

Die sächsischen Städte waren so mit allem bestens versorgt: mit Erz, mit Holz, mit Wasser und seiner Energie. Sie entwickelten sich hervorragend.

Raureifbedeckte Auenlandschaft an der Zwickauer Mulde

Im 19. Jahrhundert wurde das Erzgebirgsvorland zu einem Zentrum der Industrialisierung in Mitteleuropa. Die alten Mühlwerke wurden durch Turbinen ersetzt, die zunächst ebenfalls von der örtlich vorhandenen Wasserkraft angetrieben wurden. Später staute man das Wasser der Mulde in zahlreichen Talsperren auf, um elektrischen Strom zu gewinnen: Ihn konnte man per Überlandnetz auch in flussferne Regionen bringen, so dass die enge örtliche Verbindung von Fluss und Gewerbebetrieb oder Industrie aufgelöst wurde. Seit 1925 bereits besteht die Muldenberg-Talsperre nahe den Quellen der Zwickauer Mulde. 1976 wurde die untere Mulde bei Bitterfeld verlagert und in einen ausgebeuteten Braunkohlen-Tagebau geleitet. Er wurde zum Stausee. Im Kraftwerk Muldenstein wird seitdem elektrischer Strom für das Industriegebiet um Bitterfeld und Wolfen produziert.

Betrachtet man die Bedeutung der Mulde und ihrer Zuflüsse für den sächsischen Raum, erkennt man, warum man hier keine Gewässer schiffbar machte: Man nutzte zu jeder Zeit die Wasserkraft. Man musste sich entscheiden, ob man einen Fluss zur Energiegewinnung oder für die Schifffahrt nutzen wollte. Wenn man einem Fluss beide Aufgaben zuweist, braucht man aufwändige Schleusen an den Wehren. Wegen der langen Dauer von Schleusungen machen sie aber die Schifffahrt unattraktiv. In Sachsen entschied man sich, die Elbe als Strom der Schifffahrt zu nutzen (in ihrem Lauf in Sachsen gibt es keine Wehre und Schleusen), die Mulde aber als Strom der Energiegewinnung. Könnte der Name der Mulde schon auf seine Bedeutung als Mühlenfluss verweisen? So etwas ist schwer zu beweisen, und meistens gibt es mehrere Möglichkeiten, die Herkunft eines Stadt- oder Flussnamens zu erklären. Doch wenn man sich den Charakter der Mulde vor Augen hält, könnte diese Deutung denkbar sein.

Der Unterlauf der Mulde führt an zahlreichen ausgebeuteten Braunkohlegruben vorbei. Das Gebiet um Bitterfeld hat durch den Tagebau der letzten Jahrzehnte ein völlig verändertes Aussehen erhalten. Nachdem die Mulde in Richtung Muldenstein verlagert worden war, konnte man die Braunkohle aus dem Tagebau Goitzsche fördern. Ein Teil der Braunkohle wurde in Kraftwerken verstromt, ein anderer Teil in Chemiefabriken verarbeitet. Im Gebiet um Bitterfeld entstanden bereits vor dem Zweiten Weltkrieg wichtige chemische Fabriken, die später ausgebaut wurden. Zahlreiche Abwässer wurden ungeklärt oder nur wenig gereinigt in die Mulde eingeleitet, und über die Mulde gelangten sie in die Elbe. Die Jahrzehnte andauernde lebensfeindliche Verschmutzung der Elbe ging zu einem guten Teil auf Abwässer zurück, die im Raum Bitterfeld in die Mulde eingeleitet wurden.

Nach 1990 wurden viele Tagebauanlagen und Chemiewerke stillgelegt, andere wurden zu hochmodernen Industriebetrieben umgebaut, von denen keine nennenswerte Gewässerverunreinigung mehr ausgehen soll. Der Zustand des Wassers von Mulde und Elbe hat davon ganz erheblich profitiert. Eine Mammutaufgabe ist es aber, ein neues Konzept der Landschaftsnutzung für die ausgebeuteten Braunkohlegruben zu entwickeln. Man macht sich darüber seit Jahren am Dessauer Bauhaus Gedanken: Wie könnte ein «Industrielles Gartenreich» in dieser Gegend aussehen, in der Nachbarschaft zum Gartenreich des Fürsten Franz?

Intensiv wurde unter anderem über die Frage diskutiert, ob man Tagebaurestlöcher stets zu Seen umgestalten sollte. In jedem einzelnen Fall müsste man sich fragen, wie das Wasser in sie hineinzuleiten sei. Das

Große Teile von Grimma wurden im August 2002 überschwemmt. In der Bildmitte das Rathaus.

Gebiet um Bitterfeld ist niederschlagsarm, im Sommer kommt es zu ausgeprägten Trockenphasen, in denen landwirtschaftliche Flächen beregnet werden müssen. Das Wasser von Elbe und Mulde könnte kaum ausreichen, um die riesigen künstlichen Krater zu füllen, so dachte man.

Doch dann kam das Hochwasser vom August 2002. Tagelang goss es über dem Erzgebirge wie aus Kübeln, und nicht nur in der Elbe, sondern auch in der Mulde wälzte sich eine Hochwasserwelle nach Norden. Grimma an der Freiberger Mulde war eine der am stärksten vom Hochwasser betroffenen Städte. Mit Bangen sah man dem Zusammentreffen der Hochwasserwellen bei Dessau entgegen und hatte größte Befürchtungen, was in der Elbe unterhalb der Muldemündung geschehen würde. Die Fluten der Mulde überschwemmten Bitterfeld und einen Teil der gerade fertiggestellten modernen Chemiefabriken, auch in Dessau kam es zu erheblichen Überflutungen. Bei Bitterfeld jedoch lief binnen Stunden ein großer Tagebau voll Wasser: Vor dem Hochwasser hatte man gedacht, es werde

Jahrzehnte dauern, um die inzwischen ausgekohlte Goitzsche mit Wasser zu füllen, nun geschah das gewissermaßen im Handstreich. 94 Millionen Kubikmeter Wasser strömten in das Tagebauloch. Das ist eine gewaltige Wassermenge, die eine Wasserfläche von einhundert Quadratkilometern beinahe einen Meter hoch bedeckt. Der Zufall wollte es, dass diese große Wassermenge 2002 nicht in die Elbe gelangte. Ihr maximaler Wasserstand stieg deswegen vielleicht um entscheidende Dezimeter weniger an. Wie viele Deiche am Unterlauf der Elbe wohl deswegen nicht gebrochen sind? Vielleicht wurde verhindert, dass die Elbe noch größere Teile des niedrig gelegenen Havellandes unter Wasser setzte.

Prag wurde 1954 durch einen gerade eben fertiggestellten Staudamm der Moldau vor einer Überflutung bewahrt. 2002 ist wohl etwas Ähnliches in Bitterfeld geschehen. Ein zweites Mal bestand in Prag die Schutzwirkung des nur Jahrzehnte alten Staudammes nicht, so dass die Stadt 2002 überflutet wurde. Und ein zweites Mal lässt sich die Goitzsche nicht fluten. Der nächste sintflutartige Regen über dem Erzgebirge wird sich daher an dem Ort, an dem Elbe und Mulde zusammenfließen, schlimmer auswirken. Und die Überflutungen im Unterlauf der Elbe dürften erheblicher sein, wenn es keinen Notspeicher für das abfließende Wasser mehr gibt oder anderweitig Vorsorge getroffen wird.

13 Der Auwald

Unterhalb von Dessau fließt die Elbe mit immer noch geringem Gefälle von unter 20 cm pro Kilometer zunächst in westlicher Richtung weiter. Bei Aken wendet sich das Urstromtal allmählich stärker nach Nordwesten. Dort nimmt das Gefälle der Elbe wieder zu. Der Fluss fließt rascher. Ein Hochwasser bleibt dort nicht so lange stehen wie bei der Einmündung der Elbe ins Urstromtal und im Verlauf des schwach geneigten Tales in der Umgebung von Wittenberg und Dessau. Aus zwei Gründen bildet sich hier seltener Eis: Zum einen gibt es weniger flach überstaute Wasserflächen, deren Oberfläche gefrieren kann. Zum anderen ist das Klima wintermilder als weiter im Osten. Nur hin und wieder setzt sich räumlich begrenzt Treibeis in Bewegung und beschädigt oder köpft Bäume. Lediglich an wenigen Stellen – und seltener als weiter östlich – schlägt das Eis Lücken in den dichten Wald. Daher kam hier ein dichter Hartholzauenwald in die Höhe. Die Weiden stehen wie eine Galerie seitlich der Elbe, dahinter dehnen sich die von Eichen dominierten Hartholzauen aus. Insgesamt ist der Auwald zwischen Dessau und Magdeburg der größte Europas: Er umfasst insgesamt etwa 8000 Hektar Fläche. Sein Kernbereich ist der Steckby-Lödderitzer Forst. Vergleichbare, aber kleinere Flächen gibt es nur noch an der Save, an der March und am Oberrhein. Viele andere Auenwälder wurden in den letzten Jahrhunderten beseitigt, weil man die fruchtbaren Böden landwirtschaftlich nutzen kann.

An den Eichen im Auwald an der Mittelelbe sind frühere Hochwasserstände als Marken deutlich zu erkennen.

Für die von Eichen, Eschen und Ulmen bestandene Hartholzaue ist die jährliche Überflutung wichtig. Man sieht die Hochwassermarken an den Stämmen, wenn man durch den Auwald wandert. Allzu lang darf das Hochwasser aber nicht anhalten. Ganz abgesehen vom Problem der Eisbildung leiden die Wurzeln sonst unter Sauerstoffmangel, mit der Folge, dass sie ihrer Funktion der Wasser- und Mineralstoffaufnahme für die Pflanze nicht mehr in vollem Umfang nachkommen können. Der Wasserstand sollte aber auch nicht zu rasch zurückgehen, damit sich der Spülsaum am Rand der Wasserfläche langsam verlagert. Am Spülsaum werden die meisten Mineralstoffe abgesetzt, die von den Pflanzen für ihr Gedeihen benötigt werden. Im Einzugsbereich der Elbe wurden die Mineralstoffe von den Bergen, Hügeln und Ebenen abgeschwemmt. Vor allem im

Der Auwald bei Breitenhagen

Löss der Börden, die von Elbe, Mulde und Saale sowie ihren Zuflüssen durchströmt werden, ist eine große Vielfalt an Stoffen enthalten, die Pflanzen unbedingt zum Wachstum benötigen, beispielsweise Magnesium, Kalium und Calzium.

Der langsame Rückgang des Wasserstandes ist auch deswegen für den Auwald wichtig, weil es im Sommer an der Mittelelbe ausgedehnte Trockenphasen geben kann. Das Gebiet im Regenschatten des Harzes gehört zu den niederschlagsärmsten in Mitteleuropa. Vielerorts liegen die jährlichen Niederschlagsmengen unterhalb von 500 Millimetern. Dennoch sollte die Wasserversorgung der Bäume ausreichend sein. Für den langsamen Rückgang des Wassers sorgen an der Mittelelbe auch die Biber. Sie nagen mit ihren kräftigen Zähnen Bäume an und fällen sie; mit dem Holz werden Fließgewässer gestaut. Aus Gehölzen bauen sie auch ihre Biberburgen, deren Zugänge unter Wasser liegen.

Der Biber war ursprünglich an zahlreichen Flüssen auf der gesamten

Nordhalbkugel der Erde verbreitet. An vielen Gewässern, vor allem im dicht bevölkerten Mitteleuropa, hat der Mensch den Biber ausgerottet. An der Mittelelbe hielt sich weit und breit die einzige Population. Zu Anfang des 20. Jahrhunderts lebten allerdings nur noch etwa 200 Tiere im Gebiet zwischen Dessau und Magdeburg. Inzwischen greifen strenge Schutzmaßnahmen: Am Anfang des 21. Jahrhunderts gab es 6000 Elbebiber. Das Verbreitungsgebiet der Biber ist größer geworden; sie leben nun auch in der unteren Havel, und man hat sie bereits in der Nähe von Hamburg gesichtet. An der Mittelelbe gefangene Biber wurden in anderen Gebieten ausgesetzt: So sind mit Hilfe des Menschen in den letzten Jahren einige Flussauen wieder von Bibern besiedelt worden.

In unmittelbarer Nachbarschaft zum größten europäischen Auwald befindet sich noch eine andere Region, von der man sagen kann, dass sie ein Superlativ ist: Mitteleuropas größtes Schwarzerdegebiet. Auf dem bis zu zwei Meter mächtigen Löss der Magdeburger Börde entwickelten sich außerordentlich fruchtbare Böden. Dort wird seit Jahrtausenden intensiver Ackerbau betrieben; in den letzten Jahrhunderten wurden vor allem Weizen und Zuckerrüben angebaut – mit sehr reichen Erträgen. Solche Böden gibt es vor allem in waldoffenen Steppengebieten. Angesichts der schon erwähnten sehr geringen Niederschlagsmengen in dieser Gegend hat man lange Zeit angenommen, dass das Schwarzerdegebiet der Magdeburger Börde natürlicherweise nicht oder nur locker bewaldet gewesen ist, bevor die ersten Ackerbauern das Land rodeten. Denn, so nahm man immer wieder an, die tief schwarze Farbe sei von Steppentieren verursacht worden, die den Boden intensiv durchwühlten, ihn dabei lockerten und mit viel Humus versahen. Doch der fruchtbare Boden ist auch in dem trockenen Klima im Regenschatten des Harzes vor dem Einsetzen des Ackerbaus bewaldet gewesen. Es fragt sich allerdings, wie dicht diese Wälder waren und wie lange sie bestanden haben. Vielleicht entstand die Schwarzfärbung des Bodens erst nach dem Beginn von Rodungen vor mehr als 7000 Jahren, und vielleicht geht sie gar nicht ausschließlich auf die Wirksamkeit von Steppentieren zurück, sondern ist, wie ebenfalls gemutmaßt wurde, durch mikroskopisch kleine Holzkohlestückchen hervorgerufen worden, die in der Nähe von Siedlungen bei der Nutzung offener Feuer durch die Luft flogen.

Wie die Schwarzerde auch entstanden sein mag – sie ist auf jeden Fall äußerst fruchtbar. Die Bauern in dieser Gegend befassten sich wohl stets

Bei Breitenhagen quert man die Elbe auf einer Gierseilfähre, die allein von der Strömung über den Fluss geleitet wird.

mit dem Anbau von Feldfrüchten. Im Schwarzerdegebiet wurde der Auwald nicht so stark durch weidendes Vieh aufgelichtet wie im Gebiet östlich von Dessau. Nur an einigen Stellen kam es in den feuchten Niederungen an der Elbe zur Rodung von Waldparzellen, um Grünlandflächen zu gewinnen. Auch heute sieht man in dieser Gegend nicht so viel Vieh in den Niederungen grasen wie andernorts an der Elbe. Die geringe Bedeutung der Viehhaltung in einem exzellenten Ackerbaugebiet mag dazu beigetragen haben, dass der dichte Auwald an der Mittelelbe in den letzten Jahrhunderten ziemlich unverändert erhalten geblieben ist.

Die Landschaft am nordöstlichen Rand des Urstromtals sieht völlig anders aus. Dort gibt es weder Löss noch Schwarzerde. Ein sandiger Ausläufer des Fläming mit überwiegend armen Böden reicht bis an die Elbniederung heran. Der Auwald an der Elbe ist also eine deutliche Landschaftsgrenze zwischen fruchtbarstem Land im Südwesten und armem Land im Nordosten. Die Siedlungsgeschichte an den beiden Rändern der

Elbniederung lief völlig verschieden ab. Dadurch wurde der Eindruck der Grenze in diesem Gebiet verstärkt. Die ersten Siedlungen von Ackerbauern am rechten Elbufer entstanden nicht schon vor mehr als 7000 Jahren, sondern erst etwa 2000 Jahre später. Eine davon, eine Siedlung der so genannten «Rössener Kultur», lag am Rand einer Düne bei Wahlitz. Eine etwas später im Gebiet nachweisbare Kultur wurde nach einem Fundort bei Walternienburg «Walternienburger Kultur» genannt.

Im frühen Mittelalter erhielten die Siedlungen links der Elbe deutsche Ortsnamen mit den Endungen auf «-stedt», «-leben» und «-ingen»; nordöstlich der Elbe überwiegen dagegen slawische Ortsnamen. Tatsächlich bildete die Elbe für einige Zeit im 10. Jahrhundert die Ostgrenze des Reiches. Die Ortsnamen zeigen aber nicht unbedingt, dass links der Elbe Deutsche und rechts Slawen saßen. Vielmehr wurden die Siedlungen im Westen der Elbe erstmals von Deutschen, diejenigen im Osten von einer slawischen Bevölkerung benannt. Vielleicht benutzte man die Siedlungsnamen auch erstmals in der Zeit der kriegerischen Auseinandersetzungen an der Ostgrenze des Reiches. Ebenso ist es möglich, dass die Deutschen in den fruchtbaren Bördelandschaften die Siedlungsstrukturen frühzeitig neu ordneten: Sie gründeten neue Dörfer und siedelten dort Bauern an, die ältere und kleinere Siedlungen in der gleichen Gegend verließen. Aus den größeren Dörfern ließen sich leichter Abgaben eintreiben. Vielleicht unterblieb eine derartige Neuordnung am Rand des Fläming zunächst, und später, als man auch dort größere Dörfer an Stelle von kleineren Siedlungen gründete, verwendete man die alten slawischen Namen weiter.

Die Gierseilfähre ist mit einem Fixpunkt einige hundert Meter flussaufwärts verbunden. Je nach Stellung ihres Ruders wird sie ans rechte oder linke Ufer getrieben (Fähre von Aken).

Der Grenzcharakter des Auwaldgebietes wird dadurch verstärkt, dass es

Schubschiffverband bei Aken

zwischen Roßlau und Schönebeck auf über fünfzig Stromkilometern der Elbe keine Straßenbrücke gibt. Den Transport über den Fluss übernehmen Gierseilfähren; eine solche Fähre muss selbst derjenige benutzen, der auf der Bundesstraße bei Aken die Elbe queren will. Das Prinzip der Gierseil- oder Gierfähre wurde 1657 in den Niederlanden erfunden: Man verankert eine Fähre in der Mitte des Stromes und stellt ihr Ruder so ein, dass sie ohne jeglichen Einsatz von weiterer Energie allein durch die Kraft des Flusses von einem Ufer zum anderen getrieben wird. Eine erneute Umstellung des Ruders lässt sie zurück gleiten. Man «giert» also die Fähre, stellt sie schräg; das meinen die Schiffsleute mit diesem Ausdruck. Bald schon übernahm man diesen Typ der Fähre an der Mittelelbe. Das mag eine Folge davon gewesen sein, dass das Dessauer Fürstenhaus sich mit dem Haus Oranien verbunden hatte. Die erste Gierfähre nach niederländischem Vorbild wurde 1682 in Roßlau gebaut. Sie war erheblich schneller als die geruderten Boote: Eine Flusspassage dauerte nicht mehr eine halbe

Stunde, sondern nur noch ein paar Minuten. Im Gebiet des Auwaldes und auch an anderen Orten an der Elbe sind die Gierseilfähren bis heute unterwegs. Allerdings wollte man sie kürzlich abschaffen: Wäre es nicht besser, Fähren mit Dieselmotoren einzusetzen? Doch sie sind nicht schneller als die Gierseilfähren, die man mit Recht «Fliegende Brücken» nennt, und sie brauchen auf jeden Fall mehr Energie. Glücklicherweise hat man sich entschlossen, die nach dem alten Prinzip funktionierenden alten Fähren zu erhalten. Sie nutzen eine unerschöpfliche Energiereserve: die ewig weiter bestehende Wasserkraft.

Inmitten des Auwaldes liegt die Stadt Aken. Genauso wie in Roßlau und in Breitenhagen ein Stück weit flussabwärts hatte hier der Schiffbau Tradition. In Aken wurden schon im ausgehenden Mittelalter Flussschiffe gebaut. Der Standort dafür war günstig, denn nirgends sonst außer im Auwald gab es so viele Eichen direkt am Fluss. Sie lieferten das beste Bauholz für den Schiffbau. Eichenholz enthält Gerbstoffe und ist daher natürlicherweise gegen zahlreiche Holzschädlinge imprägniert. Die Werften des Auwaldes versorgten über Jahrhunderte die Schiffsleute an der Elbe und ihren Nebenflüssen mit Booten, Kähnen, Schiffen. In Breitenhagen ist der letzte dort gebaute Kahn als Museumsschiff zu bewundern. Das Schiff lief 1915 vom Stapel, ist 68 Meter lang, 8 Meter breit und wiegt 700 Tonnen. Ein solches Schiff passte gerade noch in den Plauer Kanal bei Brandenburg an der Schifffahrtsstraße von Magdeburg nach Berlin, und man kam mit ihm auf der Saale bis Halle voran; für die Elbschifffahrt taugte es allemal. Daran lässt sich erkennen, welchen «Aktionsradius» die Schiffseigner mit ihren Kähnen nutzen wollten.

Die Stadt Aken ist von der Flussschifffahrt besonders stark geprägt worden. Schon vor langer Zeit gab es hier einen bedeutenden Elbhafen, in dem unter anderem landwirtschaftliche Erzeugnisse und Holz umgeschlagen wurden. Die kleinen Häuschen der Flussschiffer prägen das Stadtbild. Es gibt zwei mittelalterliche Pfarrkirchen, eine Marienkirche und, wie es sein muss in einer Schifferstadt, eine Nikolaikirche. Wegen der günstigen Lage am Hafen siedelten sich im 19. Jahrhundert Industriebetriebe an; ein Großteil davon ist stillgelegt und in einem eigentümlich anmutenden Ruinenzustand.

Barby, ein Stück flussabwärts, war schon im Mittelalter ein weiterer wichtiger Handelsplatz an der Elbe. Oberhalb des Ortes mündet von links die Saale ein. Bei Barby gibt es eine Brücke über die Elbe, die für eine besondere Eisenbahnlinie errichtet wurde: für die «Kanonenbahn» von Berlin an die deutsche Westgrenze. Sie wird rechts und links der Elbe auf langen Dämmen an die Brücke heran geführt. Die «Kanonenbahn» entstand bald nach der Gründung des Zweiten Deutschen Kaiserreichs 1871; sie führt geradenwegs und ohne auf viele Ortschaften Rücksicht zu nehmen durch das Land. Damit schwere Militärtransporte auf ihr möglich waren, wurde sie besonders sorgfältig trassiert. Heute hat man keine Verwendung mehr für eine solche Bahnstrecke; nur noch wenige Teile sind in Betrieb.

Von Barby aus kommt man auf dem linken Elbufer nach Schönebeck. Dort mündet die Sülze in die Elbe, ein tatsächlich «sülziger» Bach. Die Sülze hat salzhaltige Quellen, die in mehreren Orten seit dem Mittelalter zur Salzgewinnung genutzt wurden. Zwei dieser Orte, Sohlen und Sülldorf, haben davon ihren Namen erhalten. An der Sülze wachsen zahlreiche Salz ertragende Pflanzen, die man sonst nur von den Meeresküsten kennt, beispielsweise Queller und Strandaster. Schönebecks Geschichte, besonders die des Teilortes Salzelmen, ist seit Jahrhunderten von der Ausbeutung örtlicher Salzlagerstätten geprägt. Als Teil der königlich preußischen Saline wurde in den Jahren 1763 bis 1765 ein Gradierwerk errichtet. Die Sole wurde auf eine Höhe von siebzehn Meter über dem Erdboden gepumpt; sie rieselte anschließend über dicht gepackte Lagen von Schwarzdornzweigen. An den vielfach gebogenen Zweigen verdunstete dabei ein Teil des Wassers der Sole. Diese wurde eingedickt, und beim anschließenden Siedevorgang benötigte man nur noch wenig Holz, um das Salz völlig einzudampfen. Genügend Wasserkraft, um die Sole in die Höhe zu bringen, stand in Schönebeck allerdings nicht zur Verfügung. Daher setzte man Windkraft ein, errichtete den steinernen Solturm und bekrönte ihn mit Flügeln, die sich im Wind drehten und die Pumpen antrieben. Das Gradierwerk wurde 1776 auf eine Länge von 1837 Metern vergrößert. Es war damals die größte Saline Deutschlands. Heute ist nur noch ein 300 Meter langer Teil des Gradierwerkes vorhanden. Das letzte Salz wurde 1967 gesotten; heute ist es rentabler, das Salz aus tiefen Stollen der Salzbergwerke ans Tageslicht zu fördern. Das Solbad von Bad Salzelmen blieb aber erhalten: Es besteht nun seit über zwei Jahrhunderten.

Damit man das Salz von Schönebeck aus verfrachten konnte, verlegte man frühzeitig die Elbe hin zur Stadt; der alte Elblauf, auf Karten noch zu erkennen, verläuft einige Kilometer nordöstlich der Stadt.

Die Orte an der rechten Seite der ziemlich unfruchtbaren Elbniederung liegen einige Kilometer vom Fluss entfernt. Zerbst hatte mehrere Stadtkerne, die allmählich zusammenwuchsen, darunter den Ankuhn genannten Ortsteil, in dem Kolonisten lebten, welche die östlich der Stadt liegenden Nuthewiesen trockenlegen sollten. Dort betrieb man später intensiven Gartenbau. Das Zerbster Bier war im Mittelalter weithin bekannt. Das kleine Städtchen war von 1586 bis ins 18. Jahrhundert Residenz einer anhaltischen Fürstenlinie, der Herren von Anhalt-Zerbst. Man errichtete ein Schloss, die Trinitatiskirche und zahlreiche Wohnhäuser für die fürstlichen Bediensteten. Ein Spross des Zerbster Fürstenhauses bekam weltgeschichtliche Bedeutung: Sophie Friederike Auguste von Anhalt-Zerbst heiratete nach Russland und bestieg später als Katharina II. den Zarenthron. In ihrer Heimatstadt begann damals aber bereits der Niedergang, denn die Residenz wurde aufgelöst. Das Schicksal von Zerbst wurde am 16. April 1945 so gut wie besiegelt. Fast der gesamte Stadtkern sank bei einem verheerenden Bombenangriff in Schutt und Asche. Nur wenig wurde wieder aufgebaut; die Stadt hat fast ihr gesamtes Gesicht verloren. Beeindruckend ist aber nach wie vor die über vier Kilometer lange Stadtmauer, die unten aus Feldstein, oben aus Backstein besteht und bis zu sieben Meter hoch ist. Sechzig Meter über der Elbniederung ragt auf einem Ausläufer des Fläming Leitzkau auf, ehemals ein Kloster, später ein Schloss. Auch dieses Bauwerk wurde am Ende des Zweiten Weltkrieges schwer in Mitleidenschaft gezogen.

Bei Gommern tritt das Flüsschen Ehle in die Elbniederung ein. Im Lauf der Zeit hat die Elbe Wälle von Sand und Ton an ihren Ufern abgelagert, so dass der Nebenfluss aus dem Fläming gehindert wurde, bis zur Talmitte durchzustoßen. Viele Kilometer läuft er am tiefer gelegenen Talrand entlang, erst unterhalb von Magdeburg fließt das Wasser der Ehle der Elbe zu. In Gommern und seiner Umgebung gibt es einen Rohstoff, der entlang der Elbe nicht überall zur Verfügung steht: den so genannten Gommern-Quarzit, einen harten Sandstein. Seit etwa 1140 verwendete man ihn beim Bau zahlreicher romanischer und gotischer Kirchen an der Elbe. Im 19. Jahrhundert trug man den Sandstein immer noch ab, verwendete ihn aber damals vor allem als Straßenschotter. 1963 wurden die letzten Brüche aufgelassen. Man legte in ihnen ein Erholungsgebiet an.

Rascher fließend als bei Dessau erreicht die Elbe das Weichbild von Magdeburg mit seinem weithin sichtbaren Dom.

14 Die Saale

Wenn eine Regenwolke über dem Fichtelgebirge liegt und ihr Niederschlag auf den Ochsenkopf und seine Umgebung fällt, fließt das Wasser in verschiedene Richtungen ab, zum Rhein, zur Donau und zur Elbe. Die Elbe wird sozusagen vom Fichtelgebirge doppelt beschenkt: Der im Norden und Osten des Berglandes fallende Niederschlag trifft sich an der Saalemündung in die Elbe bei Barby wieder – und dann erreicht das über die Eger im Osten und die Saale im Norden abgeflossene Wasser gemeinsam die Nordsee.

Leider ist dieses «Wiedertreffen» der Wassertropfen nicht immer nur eine hübsche Imagination. Wenn sehr viele Wassertropfen über dem Fichtelgebirge niedergehen, es dort also einen gewaltigen Starkregen wie 2002 über dem Erzgebirge gibt, kann daraus eine Katastrophe werden. Dann läuft eine Hochwasserwelle die Saale herunter, und es kommt an der Elbe unterhalb von Barby zu Überschwemmungen. Wegen des geringen Gefälles des Flusses dauert es lange, bis das Hochwasser zurückgeht; die Deiche werden aufgeweicht. Kaum haben die Wasserstände zu sinken begonnen, erreicht eine weitere Hochwasserwelle die gleiche Flussstrecke. Sie hat vom Fichtelgebirge aus einen längeren Weg zurückgelegt: durch die Eger, das Elbsandsteingebirge und die Elbe hinunter. Nun besteht die ganz große Gefahr, dass beide Hochwasserwellen gemeinsam die Deiche brechen lassen oder dass die zweite Flutwelle dem schon weichen Hochwasserdamm den Garaus bereitet.

Ein solches Szenario ist realistisch. Der Elblauf zwischen Barby und Geesthacht ist im Jahr 2002 nur deshalb nicht so stark angeschwollen, weil erstens Wasser der Mulde in den Tagebau Goitzsche bei Bitterfeld lief und weil zweitens der Wasserstand der Saale nicht wesentlich erhöht war. Die Katastrophe von 2002 hätte noch schlimmer ausfallen können, wenn die Regenfälle damals nicht nur über Teilen Österreichs und Südbayerns, über Böhmen und dem Erzgebirge niedergegangen wären, sondern auch noch einige zig oder gar hundert Kilometer weiter westlich. Dann hätte es nämlich nicht nur an der Elbe und im Einzugsgebiet der Mulde sowie an einigen anderen Flüssen des Saale-Einzugsgebietes (Weiße Elster, Pleiße) Überflutungen gegeben, sondern zusätzlich wäre auch eine Sintflut die

Die Saale bei Bad Kösen

Saale heruntergekommen. Die Schäden unterhalb von Barby wären damit noch gewaltiger gewesen, als sie ohnehin schon waren. Zu ähnlichen Katastrophen wie im August 2002 kann es aber jederzeit wieder kommen. Hochwasser, bei denen nicht nur Elbe und Mulde, sondern auch die Saale über die Ufer traten, hat es auch in der Vergangenheit schon gegeben. Jederzeit kann eine Wolke auf das gesamte Gebiet zwischen Fichtelgebirge und Erzgebirge Kurs nehmen und es dort tagelang regnen lassen. Dann sind am Unterlauf der Elbe noch erheblichere Zerstörungen zu erwarten als 2002.

Die Saale hat nicht den Ruf eines wilden Gewässers, obwohl sie genauso wie ihre Zuflüsse stark schwankende Wasserstände aufweist und Hochwasser durchaus alle paar Jahre eintritt – eine letzte Katastrophe gab es im April 1994. Von ihrer Quelle im Fichtelgebirge bis zu ihrer Mündung bei Barby legt sie etwas über 400 Kilometer zurück. Die Saale könnte ihren Namen erhalten haben, weil sie der Salzfluss ist. Sie kommt an zahlreichen

Salzquellen und Salinen vorbei. Das Wasser der unteren Saale und auch der Elbe ist etwas salzhaltiger als das anderer Flüsse. Aber heute meint man, eine andere Erklärung für den Flussnamen Saale gefunden zu haben. Die Silbe «sal» soll Bach oder Fluss bedeuten. Dann würde «Saale» nur «Fluss» bedeuten und damit das Gleiche wie «Elbe» und «Rhein».

Der junge Fluss durchfließt die Stadt Hof, die nach einem Slogan «in Bayern ganz oben» liegt, und erreicht bei Hirschberg Thüringen. Dort bildete sie zur Zeit der deutschen Teilung die Grenze zwischen Ost und West; nördlich und südlich des Autobahnviadukts über den Fluss lagen die Grenzkontrollstellen Rudolfstein und Hirschberg. Die Saale nimmt dann einen sehr windungsreichen Lauf durch das Thüringer Schiefergebirge, nördlich vom Frankenwald und östlich vom Thüringer Wald gelegen. Diese Gegend ist reich an Laub- und Nadelbäumen. Die Fichten, Tannen und Kiefern aus dem Thüringer Bergland ließen sich gut saaleabwärts flößen. Nadelholz hat ein geringes spezifisches Gewicht und schwimmt auf dem Wasser. Das schwerere Laubholz kann dagegen untergehen. Bindet man allerdings Stämme von Nadel- und Laubhölzern abwechselnd in ein Floß oder transportiert das Laubholz auf einem Nadelholzfloß, lassen sich auch die Stämme von Laubbäumen verfrachten. Die am weitesten saaleaufwärts gelegene Stelle, an der man Flöße binden konnte, lag unterhalb von Lobenstein. Die Flößerei auf der Saale hat lange Tradition. Sie ist urkundlich seit 1258 belegt und wurde vor allem von Männern aus Uhlstädt betrieben, einem kleinen Ort zwischen Rudolstadt und Jena. Die meisten Flöße trieben in den Jahren 1863 bis 1873, unmittelbar vor dem Bau der Eisenbahnlinie, die Saale hinunter – beinahe 4000 waren es pro Jahr, das heißt jeden Tag mehr als zehn! Das Ziel der Flöße waren die Holzmessen in Camburg und Kösen, oberhalb von Naumburg. Dort wurde das Holz verkauft.

An der oberen Saale wurden im 20. Jahrhundert Talsperren gebaut, die zu den größten Europas zählen. Sie haben mehrere Aufgaben: An ihnen wird elektrischer Strom gewonnen, sie können Überflutungen mildern, wenn auch nicht verhindern, wie sich beispielsweise 1994 zeigte. Außerdem sind Talsperren mit ihren Stauseen beliebte Erholungsgebiete. Der erste Stausee bildete sich hinter der Bleilochtalsperre, die von 1926 bis 1932 errichtet wurde. Anschließend, von 1936 bis 1942, entstanden die Hohenwartetalsperre und, von 1942 bis 1945, die Talsperre Eichicht. In den Jahren 1956 bis 1963 wurde außerdem ein Pumpspeicherkraftwerk neben dem

Staudamm von Hohenwarte errichtet: In Zeiten geringen Stromverbrauchs werden Wassermassen in das Oberbecken Löhma gepumpt, mit denen bei Spitzenbelastung zusätzlicher Strom erzeugt werden kann.

Die Talsperren haben das Ökosystem der Saale tiefgreifend verändert. Sie sorgen nicht nur dafür, dass einige Hochwasserspitzen weniger deutlich ausfallen. Sie verändern auch die Wassertemperatur an der gesamten Fließstrecke bis Jena. In den tiefen Stauseen kommt es zu einer Wasserschichtung im Sommer und im Winter, ein Phänomen, das sich auch in jedem natürlichen See beobachten lässt. Im Sommer werden die oberen Wasserschichten von der Sonne erwärmt, nicht aber das Wasser am Grund des Sees. Dort hält sich eine Temperatur von etwa vier Grad Celsius; bei dieser Temperatur hat Wasser seine größte Dichte. Die unterschiedlich warmen Wassermassen mischen sich nicht. Anders im Winter. Dann bildet sich eine Eisdecke. Unter ihr kann sich das Wasser nicht unter vier Grad Celsius abkühlen, denn dabei würde es sich ausdehnen müssen.

Aus den Talsperren Thüringens fließt das ganze Jahr über Wasser aus tiefen Schichten ab; es hat also das ganze Jahr eine Temperatur von etwa 4°C. Gegenüber früher ist das Wasser der Saale im Winter dadurch wärmer geworden. Es bildet sich seltener eine Eisdecke aus, und es kommt daher auch seltener durch Eisstau zu einer winterlichen Überflutung. Im Sommer ist das Wasser der Saale hingegen kühler geworden. Fische, die sauerstoffreiches kühles Wasser brauchen, breiteten sich aus, darunter die Bachforelle. Aber zum Baden ist der Fluss nun für viele Badelustige zu kühl.

Vom Schiefergebirge aus kommt die Saale in ein Gebiet, das die Geologen Thüringer Triasmulde nennen. In der erdgeschichtlichen Epoche der Trias bildeten sich Buntsandstein und Muschelkalk. Beide Gesteine finden sich an den Talhängen der Saale, und es lässt sich gut erkennen, wo das eine und wo das andere Gestein vorherrscht. Auf den armen Böden, die sich im Buntsandsteingebiet bildeten, stocken Wälder, meistens von Nadelgehölz dominiert. Die Muschelkalkhänge sind dagegen nur selten von Gehölz bestanden. Vielerorts erkennt man Bänke von Kalkstein oder Felsen, und zwischen ihnen ist der Boden sehr flachgründig. Das helle Gestein erwärmt sich in der Sonne; dort gedeihen Wärme liebende Gewächse, unter anderem Enzian, Felsenbirne und Blaugras, auch mehrere Arten von Orchideen.

Die Dörfer an der Saale liegen in der Regel etwas abgesetzt vom Fluss;

Saalewehr in Bad Kösen

unter ihnen breitet sich Grünland aus, oberhalb sind die Äcker. Die Gehöfte befinden sich an der Grenze zwischen feuchtem und trockenem Wirtschaftsgebiet in einer so genannten Ökotopengrenzlage. Die Städte, darunter Saalfeld, Rudolstadt und Jena, reichen dichter ans Wasser heran. Bei ihnen wird das Wasser gestaut, um Mühlen zu betreiben. Einige Fließstrecken der Saale sind so flach geneigt, dass sich dort keine Mühlen betreiben lassen, beispielsweise zwischen Remschütz bei Saalfeld und Schwarza, heute einem Stadtteil von Rudolstadt. Deshalb konnten in solchen Talabschnitten keine Städte entstehen. Von den Berghöhen grüßen zahlreiche Burgen, von denen aus im Mittelalter die Verkehrswege an der Saale überwacht wurden. Einige davon hat man zu Schlössern umgestaltet, unter anderem die Dornburger Schlösser unterhalb von Jena.

Die Saaleburgen machten den Fluss berühmt. Studenten der traditionsreichen Universität von Jena zogen im frühen 19. Jahrhundert zu den Burgen und forderten die Gründung eines neuen deutschen Staates. Dass

Napoleons Heer die preußischen Truppen im Jahr 1805 bei Jena und Auerstedt vernichtend geschlagen hatte, war frisch im Bewusstsein der Burschenschaften, die sich unter anderem auf den berühmtesten beiden Burgen an der Saale trafen, auf der Saaleck und der Rudelsburg. Dort dichtete Franz Kugler 1826 das Lied von «der Saale hellem Strande» und ihren «Burgen stolz und kühn». Die Verklärung von Natur und Mittelalter wird darin deutlich: Wer die Saale nüchtern betrachtet, merkt sofort, dass sie keinen Strand hat. Und ob die Burgen immer stolz und kühn waren? Die Saaleck ist ein seltsamer Ort; er ist mit dem Geschehen um die Ermordung von Walter Rathenau verbunden. Seine Mörder zogen sich auf die Burg zurück, der eine wurde bei der versuchten Festnahme erschossen, der andere beging Selbstmord. Später hat dort der Gartenarchitekt Paul Schultze-Naumburg gelebt, der mit seinen Plänen zur Bewahrung der Heimat dem Gedankengut der Nationalsozialisten zeitweise sehr nahe kam.

Bad Kösen ist Kurort, dort tritt Salz zu Tage. Die großen Gradierwerke weit oberhalb der Saale werden nicht mit Windkraft betrieben wie in Schönebeck; hier nutzt man dazu die Kraft des Flusses, der an einem breiten Wehr gestaut und dessen Wasser auf ein Mühlrad gelenkt wird. Von dort aus werden mit einem Gestänge Pumpen angetrieben, welche die Sole auf die Gradierwerke befördern. Heute wird die Sole nicht mehr eingedickt, um Holz zu sparen. Die Kurgäste gehen an den Gradierwerken entlang; die salzhaltige Luft dort ist besonders gesund, fast so wie an der Nordseeküste.

Bei Naumburg, der Bischofsstadt, die für ihren Dom hochberühmt ist, mündet die Unstrut in die Saale. Dieser Fluss kommt weit aus dem Westen, aus dem Eichsfeld. Er ist länger als die Saale oberhalb von Naumburg, führt aber weniger Wasser; denn das Quellgebiet der Saale ist regenreicher als das der Unstrut. Außerdem verdunstet im Thüringer Becken, das von der Unstrut gequert wird, viel Wasser im heißen und trockenen Sommer. Im Unterschied zum Oberlauf der Saale wurde die Unstrut mit Schiffen befahren, und das schon vor Jahrhunderten. Bereits 1612 ist Schifffahrt auf der Unstrut bezeugt. In den Jahren 1791 bis 1795 baute man das Gewässer aus. An mehreren Wehren wurde der Fluss gestaut; dort baute man Schleusen. So reichte die Wassertiefe überall aus, damit kleine Boote das Salz aus der Saline von Artern und zahlreiche landwirtschaftliche Erzeugnisse transportieren konnten. Zwischen den Staustellen wies das Wasser der Unstrut praktisch kein Gefälle auf. Daher konnte man Boote in beide

Richtungen treideln. Bis ins 20. Jahrhundert zogen Pferde die Schiffe flussauf und flussab, nach 1888 kam ein kleiner Dampfschlepper zum Einsatz. Wenn Wind wehte, konnte man auf den Booten Segel setzen. Allerdings brauchte man das Wasser der Unstrut auch zu anderen Zwecken: Weiträumig wurden Wiesen bewässert, und mit dem Wasser wurden düngende Mineralstoffe auf das Grünland gebracht.

Allmählich fiel die Unstrut in einen Dornröschenschlaf. Etwa 1955 kam die Schifffahrt mit den kleinen Kähnen zum Erliegen. Die Schleusen werden nur noch genutzt, wenn ein Freizeitkapitän auf dem Gewässer unterwegs ist. Aber auch das geschieht nur selten – im Unterschied zu den Binnengewässern Frankreichs, Englands oder Schwedens, die in ähnlicher Zeit wie die Unstrut zu Schifffahrtsstraßen wurden und heute Touristenattraktionen sind. Die idyllische Unstrut ist als Gewässer für Urlaubsschiffer erst noch zu entdecken.

Das Gebiet um Freyburg und Naumburg, wo die Unstrut in die Saale mündet, ist eine exklusive Weinbauregion. Der Anbau von Reben wurde im Mittelalter wohl über das Kloster Pforte eingeführt; dort lebten zuerst Benediktiner, dann Zisterzienser, und später wurde die berühmte Internatsschule Schulpforta daraus. Die Weinberge ähneln denen an der Elbe bei Dresden. Auch an Saale und Unstrut gibt es Trockenmauern (man nennt sie hier Steinbänke) und Weinbergshäuschen. Und ebenso wie an der Elbe bekamen die Winzer erhebliche Probleme mit billiger Konkurrenz und der Reblausplage im 19. Jahrhundert. Die meisten Weinberge wurden danach aufgegeben oder mit Obstbäumen bepflanzt. Besonders eng mit der Weinerzeugung verbunden ist Freyburg: Zwischen der Unstrut und der Burg mit dem markanten romanischen Bergfried «Dicker Wilhelm» dehnen sich noch immer die Rebhänge aus – und in dem Städtchen wird seit 1856 Sekt gekeltert, dessen Marke «Rotkäppchen» weit bekannt ist.

Unterhalb von Naumburg weitet sich das Saaletal allmählich, und das Gelände rechts und links läuft zur Ebene hin aus. Der Fluss kommt an alten Städten mit Schlössern und Domen vorbei, an Weißenfels, Bad Dürrenberg und Merseburg, doch auch an Chemiefabriken, die seit Jahrzehnten zu den größten der Welt zählen, in Leuna und Schkopau. Die Saale nimmt dort immer noch ungefähr den gleichen Verlauf wie im frühen Eiszeitalter, und man konnte ihre Geschichte hier besonders gut untersuchen. In den Eiszeiten floss nur wenig Wasser in der Saale ab, denn die Niederschlagsmengen waren geringer: Sehr viel mehr Wasser als heute war als Eis in den Gletschern gebunden. Steine, die der Fluss in seinem Oberlauf wegen seines stärkeren Gefälles noch mit sich gerissen und auf seinem Lauf abgerundet hatte, lagerte er hier als Schotter ab; seine Kraft reichte nicht mehr aus, um die schweren Kiesel weiter zu tragen. Sie blieben in einer flachen Ebene liegen, in deren Mitte der Fluss sich als Rinnsal immer wieder einen neuen Weg bahnte. Wenn eine Eiszeit zu Ende ging und eine Warmzeit begann, flossen größere Wassermengen ab, und die Wasserführung wurde unregelmäßiger. Zuzeiten war wenig Wasser im Fluss, dann wieder, zur Zeit der Schneeschmelze und nach einem Gewitterguss, hatte der Strom erheblich mehr Kraft. Er schnitt sich in die Schotterebene ein, formte ein neues, engeres Tal. Auf diese Weise entstand ein Gebilde, das die Geologen Flussterrasse nennen: eine Geländestufe seitlich des Flusses. Allerdings werden solche Terrassen nicht immer korrekt benannt, denn man ordnet sie allein den Eiszeiten zu. Man muss sich ihre Entstehung aber in aufeinander folgenden kälteren und wärmeren Phasen vor Augen führen. Weite Teile des Tales wurden in den letzten Jahrtausenden von Auenlehm überdeckt. Er stammt vor allem von Flächen, die in den letzten Jahrtausenden gerodet wurden, um Ackerbau zu ermöglichen. Wasser und Wind nahmen die feinen Bodenpartikel mit, die auf den Feldern nicht mehr ständig durch Wurzeln zusammengehalten und von Pflanzen bedeckt wurden. Letztlich trug sie der Fluss bis zu einer Stelle, an der seine Kraft erlahmte. Weil dort der Auenlehm abgelagert wurde, sind die Böden der Niederungen an solchen Stellen sehr fruchtbar.

Die größte Stadt, die von der Saale durchströmt wird, ist Halle. Der Fluss spaltete sich in mehrere Arme auf, von denen einige inzwischen trockengelegt sind. Doch die Mehrarmigkeit des Flusses war eine günstige Voraussetzung für die Entstehung eines Saaleübergangs, zuerst einer Furt, dann einer Brücke. In Halle werden seit Jahrtausenden Salzquellen genutzt, und es ist völlig eindeutig, dass der Name der Stadt auf das Salz zurückgeht. Seit 806 wird das Weiße Gold, ein unermesslich wichtiger und wertvoller Rohstoff des Mittelalters, in Halle permanent ausgebeutet. Salz aus Halle war weit bekannt: Man brauchte es zum Konservieren leicht verderblicher Lebensmittel. Halle, die berühmte Universitätsstadt, ist die Heimat des Komponisten Georg Friedrich Händel.

Die Saale kann von Naumburg aus mit Schiffen befahren werden, die

Gierseilfähre an der unteren Saale

maximal 750 Tonnen wiegen. Ab Halle können auch größere Schiffe auf dem Fluss unterwegs sein, die 1000 Tonnen schwer sind. Möglich macht dies der Zufluss eines weiteren wasserreichen Stromes, der Weißen Elster. Sie ist ebenso wie die Mulde nicht schiffbar gemacht worden. Die Weiße Elster ist ein sehr gutes Mühlengewässer, ebenso wie ihr Nebenfluss Pleiße, deren Mündung nur wenig oberhalb von Halle liegt. Die Pleiße fließt durch Leipzig; in der bedeutenden Messe- und Handelsstadt hatte man lange Zeit das erstaunlich weit verzweigte Netz von Fließgewässern nicht wahrgenommen. Es war aber ein Grund für die hervorragende Entwicklung der Stadt, deren vielfältiges Gewerbe auf die Nutzung der Wasserkraft in Mühlen angewiesen war.

Um die Schifffahrt zu erleichtern, wurde auf der Saale unterhalb von Halle, genauso wie auf der Elbe, im 19. Jahrhundert eine Kette gelegt, an der entlang Kettenschlepper die Kähne flussaufwärts zogen. Die Saale durchfließt in ihrem letzten Abschnitt die fast ebene oder leicht hügelige Börde mit ihren fruchtbaren Böden. Sie kommt durch das Städtchen Wettin mit der gleichnamigen Burg, die der Stammsitz der Wettiner ist, aus deren Geschlecht das Herrscherhaus Sachsens hervorging. Bei Bernburg erreichen weitere salzführende Gewässer den Fluss. Wieder durch Bördenlandschaft erreicht die Saale den Auwald. Bei Barby mündet sie in spitzem Winkel in die Elbe. Zwischen den beiden Flüssen lagerte sich eine große Portion Auenlehm ab. Die Strömungen der beiden Flüsse bremsen sich hier gegenseitig ab, so dass selbst leichte Bodenbestandteile vom Wasser nicht mehr befördert werden können.

Man kann im Zweifel sein, ob die Saale wirklich in die Elbe mündet, oder ob nicht das Umgekehrte der Fall ist. Die Elbe ist in Barby zwar der wasserreichere und längere Strom. Aber beide Flüsse nehmen eher die Laufrichtung der Saale als die der Elbe auf. Der folgende Elbabschnitt verläuft in einem früheren Tal der Saale, in dem auch das Wasser der Mulde weiter gen Meer strömte und strömt. Dieser alte Flusslauf brach allein, ohne Mitwirkung der Elbe, in einem früheren Zeitabschnitt der Eiszeit nach Norden durch; die Elbe verlief damals noch viel weiter östlich, über den heutigen Fläming südlich von Berlin. Man nimmt an, dass in der so genannten Holstein-Warmzeit die Elbe und die Saale mit der Mulde getrennt voneinander zwischen Berlin und Hamburg ins damalige Meer mündeten. Vielleicht lagen ihre Mündungen nahe beieinander in der Gegend des heutigen Dannenberg. Nach der dann folgenden Saale-Eiszeit schloss sich das Eem als nächste Warmzeit an: Damals mögen Elbe und Saale zueinander gefunden haben, denn der bisherige Elblauf war von den Gletschern der Saale-Eiszeit nach Süden abgedrängt worden. Mit dem saale-eiszeitlichen Schmelzwasser wurde die Elbe in das Urstromtal gerissen, in das auch Mulde und Saale einmündeten. Gemeinsam nahmen die Flüsse nun den Weg nach Norden.

15 Magdeburg

Bis Magdeburg fließt die Elbe im Breslau-Magdeburg-Bremer Urstromtal. Sie erreicht dort einen ihren Lauf bestimmenden Punkt: den Magdeburger Domfelsen. Er gehört zum so genannten Flechtinger Höhenzug, der zwar nur einige Meter, aber dennoch sehr markant aus der eiszeitlich geprägten, flach welligen Landschaft aufragt. Er ist ein weit nördlich liegender Ausläufer des Grundgebirges. Seine Gesteinsschichten stammen aus erdgeschichtlich alter Zeit und wurden etwa gleichzeitig wie der Harz in die Höhe gehoben. Hätten die eiszeitlichen Gletscher nicht immer wieder Geschiebe aus Skandinavien gebracht, mit dem seine gesamte Umgebung aufgefüllt wurde, wäre der Flechtinger Höhenzug heute eine Insel im Meer.

Das harte Gestein des Magdeburger Domfelsens war schon dem eiszeitlichen Urstrom im Wege; um so mehr hemmt es den Lauf der viel wasserärmeren Elbe der Gegenwart. Der Felsen ragt nicht vollständig über den Fluss empor. Teile von ihm befinden sich bei normalem Wasserstand dicht unter der Wasseroberfläche. Sie sind tückische Riffe, die man vor allem, wenn sich bei stärkerer Strömung die Oberfläche kräuselt, kaum entdecken kann. An ihnen schlugen zahlreiche Schiffe leck oder liefen auf Grund. Bei Niedrigwasser stehen die Felsspitzen wie Klippen im Strom. Dann sind sie zwar zu sehen, aber sie engen den Flusslauf ein und behindern dadurch die Schifffahrt.

Die Felsen stauen den Fluss. Daher spaltet sich die Elbe bei Magdeburg in mehrere Arme auf: die Stromelbe direkt unterhalb der Stadt, die Taube oder Mittelelbe und die Alte Elbe. Im Osten liegen weitere Flussläufe, die zuletzt im Mittelalter regelmäßig durchströmt wurden. Das Tal mit seinen zahlreichen Flussarmen bei Magdeburg kann seit Urzeiten gut gequert werden, zuerst durch Furten, später über Brücken. Zwischen den Elbläufen entstanden Flussinseln, die lang gestreckten Werder. Direkt an der Schwelle der Felsen befindet sich eine Stromschnelle, die für flussaufwärts fahrende Schiffe ein bedeutendes Hindernis darstellte, vor allem vor Beginn des Zeitalters von Dampf- oder Motorschiffen.

Nach Westen hin steigt das Gelände steil an, und in diesem vor Hochwasser stets sicheren Terrain entstand die Stadt Magdeburg. Ihre Lage hat man immer wieder mit der von Köln verglichen. Köln liegt links des von Süd nach Nord verlaufenden Rheins, Magdeburg links der in gleicher Richtung fließenden Elbe. Beide Städte wurden zu bedeutenden Stützpunkten des Christentums in Mitteleuropa. Der Grund dafür ergab sich vermutlich aus der topographischen Situation: Christliche Kirchen des Mittelalters sind so gut wie immer von West nach Ost ausgerichtet. Sie haben ein Westwerk, in dem sich oft der Haupteingang befindet, und durch die Chorfenster im Osten dringt Licht ins Kircheninnere: Ex oriente lux. Von West nach Ost ausgerichtete Kirchen passen genau in ein Straßenraster, wenn sich dies ebenfalls an den Himmelsrichtungen orientiert. Magdeburgs Hauptstraße, der Breite Weg, und seine Parallelstraßen verlaufen etwa von Süd nach Nord, parallel zum Fluss. Von dort führen Querstraßen zu den Kirchen, also von West nach Ost. Keineswegs alle Städte haben ein solches Straßenraster; oft erfordert die Topographie eine andere Stadtanlage. In Köln ließen sich die mittelalterlichen Kirchen besonders gut in ein römisch vorgeprägtes Straßenraster einpassen. In Magdeburg dagegen dürfte die Initiale der Stadtanlage die Kirche gewesen sein. Dies wird trotz aller Zerstörungen der letzten Jahrhunderte noch immer deutlich, wenn man die eindrucksvolle Silhouette der Stadt von der Elbe aus betrachtet: Parallel zueinander ragen dicht am Steilhang der Dom, das ehemalige Prämonstratenserkloster Unser lieben Frauen und Sankt Johannis auf. Eine ähnliche Ansicht besteht vom rechten Rheinufer auf Köln. Eine vergleichbare Geländesituation bildete sich in Städten weiter im Osten aus, die später als Magdeburg entstanden: in Frankfurt an der Oder und Warschau oberhalb der Weichsel.

An dem alten Elbübergang gab es spätestens seit karolingischer Zeit eine Siedlung, 805 wurde sie erstmals urkundlich erwähnt. Die Stadt wuchs aus zwei Stadtkernen heran, einem geistlich geprägten südlichen und einem Wirtschaftszentrum an der Johanniskirche im Norden.

Magdeburg gilt als die Stadt Ottos des Großen. Er residierte dort aber nicht permanent, denn im Mittelalter gab es ein Wanderkönigtum: Die Herrscher lebten innerhalb des Reiches einmal hier, einmal dort. So konnten sie zahlreiche Gegenden ihres Landes fördern. Kaiser Otto tat eine Menge für Magdeburg; vielleicht liebte er die Stadt besonders, oder er sah vor allem ihre große Bedeutung für die Kolonisierung des Ostens, die Schaffung stabiler Siedlungsstrukturen im Gebiet jenseits der Elbe. Otto stiftete im Jahr 937 das Moritzkloster. Neben den Gebeinen anderer Heiliger kamen wohl auch Knochen des heiligen Mauritius nach Magdeburg. Dieser war römischer Feldherr gewesen und hatte sich zum Christentum bekannt. Er war am Ende des 3. Jahrhunderts im Wallis als Märtyrer gestorben. Wegen seines Namens, vielleicht aber auch, weil er aus Afrika stammte, wurde er als Mohr dargestellt. Sein beeindruckendes Standbild aus der Zeit um 1240 ist im Magdeburger Dom zu sehen, der dem heiligen Mauritius und der heiligen Katharina geweiht ist. Der Bau der Kathedrale wurde unter Otto dem Großen im Jahr 955 begonnen, als der Kaiser auf dem Lechfeld in Süddeutschland die Ungarn besiegte. Das heutige Erscheinungsbild des Doms stammt aus dem späten Mittelalter; nach einem Brand musste die Kirche neu gebaut werden.

Seit 968 ist Magdeburg Erzbistum; in dieser Zeit entstand eine Hymne, die Magdeburg als das «Dritte Rom» pries. Darin wurde die Stadt an der Elbe mit Rom und Konstantinopel verglichen. Otto war bemüht, der Stadt eine lange Tradition zu verschaffen. Er holte nicht nur Gebeine von Heiligen an die Elbe, sondern auch antike Säulen (wohl aus Ravenna) und einen Taufstein aus Ägypten, der nach neueren Forschungen mehr als 1700 Jahre alt ist.

In den folgenden Jahrhunderten bildete sich in der Stadt eine vorbildliche Rechtsordnung heraus, die 1188 als Magdeburger Stadtrecht niedergelegt wurde. Es bildete die Rechtsgrundlage bei zahlreichen Stadtgründungen im Osten – bis nach Russland und in die Ukraine hinein. Weiter im Norden war das Lübecker oder Lübische Stadtrecht prägend, aber auch dort griff man gerne die Traditionslinien zu Magdeburg auf. Das schwarze Haupt des Magdeburger Mauritius gab sich im späteren Mittelalter die bedeutende Fernhändlervereinigung der «Schwarzhäupter» als Symbol. Man kann es über den Portalen der Schwarzhäupterhäuser von Riga in Lettland und Tallinn in Estland erkennen.

Die Magdeburger Kaufleute trieben mit den Städten im Nord- und Ostseeraum intensiven Handel. Seit dem Ende des 13. Jahrhunderts gehörte Magdeburg der Hanse an. Hauptsächlich wurden Getreide und andere landwirtschaftliche Güter aus der Börde ausgeführt. Das Korn kam aus einem weiten Umfeld, sogar aus der Umgebung von Braunschweig, auf dem Landweg nach Magdeburg und wurde dann auf Elbschiffe umgeladen, die nach Hamburg auf die Reise gingen. Durch den Handel wurden die Magdeburger reich. Schon aus dem Jahr 1422 ist urkundlich bezeugt, dass Buhnen in den Elblauf eingezogen wurden. Sie verengten den Strom

und verstärkten die Strömung. Das rascher fließende Wasser vertiefte die Fahrrinne, so dass größere Schiffe auf dem von Natur aus flachen Strom unterwegs sein konnten. Ebenfalls im 15. Jahrhundert wurde aus Bruchsteinen der Klusdamm durch das breite Urstromtal aufgeschüttet, damit ein Großteil der weiten Niederungsbereiche leichter zu queren war als zuvor.

Magdeburgs Kirchen am Hochufer der Elbe

Sieht man von den Kirchen ab, so blieb von der reichen mittelalterlichen Stadt so gut wie nichts bis heute erhalten. 1631, im Dreißigjährigen Krieg, wurde Magdeburg fast vollständig niedergebrannt; Tausende von Menschen kamen in den Flammen um. Unklar ist, ob die kaiserlichen Belagerer die Stadt anzündeten oder die Belagerten ihre Stadt nicht unzerstört übergeben wollten.

Magdeburg erwachte nach dem Dreißigjährigen Krieg unter einem genialen Bürgermeister zu neuem Leben. Otto von Guericke ist heute vor allem für seine physikalischen Experimente bekannt, unter anderem für den Versuch mit den «Magdeburger Halbkugeln». Weil in den Kugeln ein Vakuum bestand, waren sechzehn starke Pferde nicht imstande, sie auseinanderzuziehen. Ebenso bedeutend war seine Leistung für den Wiederaufstieg der zerstörten Stadt, die in barockem Stil wieder aufgebaut wurde. Seit dem Ende des 17. Jahrhunderts entstanden Manufakturen, in denen viel Geld verdient wurde: 1688 eine für die Verarbeitung von Tabak, 1690 eine zur Herstellung von Strümpfen. Zahlreiche Glaubensflüchtlinge aus der Pfalz und Frankreich kamen nach Magdeburg; daher wuchs die Einwohnerzahl erneut. Wegen der reichen Kornkammer der Börde, die über den Magdeburger Hafen erschlossen werden konnte, wurde die Stadt für Brandenburg und später für Preußen wichtig, was ihren Aufschwung begünstigte. Auch Salz aus Schönebeck brauchte man in Berlin. Korn und Salz wurden per Schiff befördert. Die Elbe wurde regelmäßig von Baumstämmen und -stubben gereinigt, damit Schiffe ungehindert passieren konnten. Unter Friedrich dem Großen wurden Kanäle gegraben, um den Transport der Güter aus Magdeburg und der Börde nach Berlin zu beschleunigen: 1743 bis 1745 entstand der alte Plauer Kanal, ein Vorläufer des Elbe-Havel-Kanals. Als neben zahlreichen anderen Manufakturen in Magdeburg 1801 die erste Zuckerfabrik für die Verarbeitung von Rüben entstand, wurde der Plauer Kanal wichtiger. Damals begann auch der Anbau von Zuckerrüben in der Börde. Zucker gelangte ebenfalls per Schiff nach Berlin.

Aus Manufakturen wurden Fabriken: Magdeburg entwickelte sich zu einer bedeutenden Industriemetropole. Seit dem 19. Jahrhundert gewannen die Schwerindustrie und der Maschinenbau, aber auch die Rüstungsindustrie an Bedeutung.

1839 wurde in Magdeburg der erste Raddampfer gebaut. An der besonders schwer zu passierenden Stromschnelle am Magdeburger Domfelsen begann man 1866, eine Kette in den Strom zu legen. Sie war das erste Stück der Kette, an dem sich später jahrzehntelang Kettendampfer den Strom entlang zogen. Vor allem für die Fahrt stromaufwärts war sie unverzichtbar. 1874 lag sie im gesamten Strom von Magdeburg bis Hamburg und wurde auch bis nach Böhmen verlegt. Betrieben wurde diese Anlage von der seit 1866 in Magdeburg bestehenden Elbstrombauverwaltung. Die Schifffahrt auf dem Strom nahm dadurch erheblich zu. 1890 sprengte man eine Fahrrinne in den Domfelsen. Danach wurde die Kette im Strom immer seltener und nur noch auf Teilstrecken verwendet. Die immer stärker werdenden Dampfer wurden mit der Elbströmung auch ohne Kette fertig. 1893 wurde in Magdeburg ein neuer Elbhafen in Betrieb genommen.

Der Strombau diente nicht allein der Erleichterung für die Schifffahrt, sondern auch einem wirkungsvolleren Schutz vor Überflutungen. Im 19. Jahrhundert wurde am rechten Rand des Urstromtals die 189 Meter lange Klusbrücke gebaut, ein Wehr zur Ableitung von Hochwasser; es wurde 1889 auf der Pariser Weltausstellung mit einer Goldmedaille ausgezeichnet. Die Anlage, auch Pretziener Wehr genannt, wird bei Überschreitung eines bestimmten Wasserstandes geöffnet. Ein Teil des Elbwassers fließt dann durch einen Umflutkanal im Osten des Tals ab. In der Elbe vor Magdeburg sinkt dadurch der Wasserspiegel. Zuletzt bewährte sich dieses Hochwasserschutzkonzept 2002, als die Flut in Magdeburg nicht so stark anstieg, wie man befürchtet hatte.

In Magdeburg gab es kriegswichtige Industrie. Daher wurde die Stadt im Zweiten Weltkrieg immer wieder aus der Luft angegriffen. Besonders heftig war der vernichtende Angriff kurz vor Kriegsende. Am 16. Januar 1945 sank Magdeburg zum zweiten Mal nach dem Dreißigjährigen Krieg fast vollständig in Schutt und Asche. Nur einige der Kirchen und barocken Palais wurden wieder errichtet. Die Baulücken wurden mit Wohnungs-, Geschäfts- und Verwaltungs-Plattenbauten gefüllt; nach dem Ende der DDR kamen moderne Einkaufszentren hinzu. Die Stadtbewohner schätzen die bedeutenden Gartenanlagen in der Elbniederung. Sie wurde niemals dicht bebaut, weil man Angst vor Hochwasser hatte. In der Elbaue fand 1999 die viel beachtete Bundesgartenschau statt. Dort wurde als ein neues Wahrzeichen von Magdeburg der eigenwillige Jahrtausendturm errichtet.

Nördlich von Magdeburg entstand im Lauf von Jahrzehnten – man könnte sogar sagen, im Lauf von Jahrhunderten – ein bedeutendes Wasserstraßenkreuz. Von der Elbe aus nach Osten führten seit der Mitte des 18. Jahrhunderts verschiedene Durchstiche und Kanäle, unter anderem der alte Plauer Kanal. Im 20. Jahrhundert erweiterte man diese künstlichen Wasserstraßen und fasste sie zum Elbe-Havel-Kanal zusammen. Von Westen her wurde der Mittellandkanal an die Elbe heran geführt; 1938, noch gerade vor dem Beginn des Zweiten Weltkriegs, war er fertiggestellt. Bei Magdeburg-Rothensee wurde ein Schiffshebewerk mit einem 85 Meter langen und zwölf Meter breiten Wassertrog gebaut. In ihm können

Altarm der Elbe bei Magdeburg

Kanal- und Flussschiffe sechzehn Meter hoch aus dem Bett der Elbe in den Kanal gehoben werden. Er wird auf einem breiten Damm weit in die Niederung der Elbe hineingeführt. Zwei seitliche Wälle halten das Wasser dort auf dem gleichen Niveau wie im Westen. Der Kanal überquert die Bundesstraße und die Eisenbahnlinie, die auf dem Niveau der Elbniederung verlaufen. Zum Bau des Damms brauchte man rund eine Million Kubikmeter Erde und Sand, die man zwei Gruben entnahm. Sie wurden zu zwei künstlichen Seen umgestaltet, Barleber und Jersleber See; vor allem ersterer ist heute ein beliebtes Ausflugsziel.

1938 war die durchgehende Wasserstraße von der deutschen Hauptstadt zum wichtigsten deutschen Industriegebiet, dem Ruhrgebiet, befahrbar. Berlin konnte leichter mit Massengütern, vor allem mit Kohle, versorgt werden. Dies war nach dem Ersten Weltkrieg ein besonderes Desiderat geworden, weil zahlreiche oberschlesische Kohlenbergwerke an Polen gefallen waren und für die Versorgung von Berlin nicht mehr zur Verfügung standen. Am Mittellandkanal entwickelten sich bedeutende Industrie-

reviere, vor allem im Osten Niedersachsens, im späteren Wolfsburg, in Salzgitter, im Großraum Hannover. Viele Betriebe der Großindustrie hatten Anschluss an den Kanal, der rasch zum wichtigsten künstlichen Wasserweg Mitteleuropas wurde. Rhein, Weser, Ems und Elbe waren miteinander verbunden, die östlichen Fortsetzungen des Kanals führten zur Oder.

Das Volkswagenwerk in Wolfsburg am Mittellandkanal

Jahrzehntelang kam es nicht zu einem normalen Betriebsablauf auf dem Mittellandkanal sowie am Magdeburger Wasserstraßenkreuz. Denn zunächst war Krieg, und dann teilte der Eiserne Vorhang den Mittellandkanal. In den Jahrzehnten nach dem Zweiten Weltkrieg diente die künstliche Wasserstraße als Transitweg durch die DDR, auf dem Berlin mit Massengütern aus der Bundesrepublik versorgt werden konnte. Weil der Mittellandkanal aber fast ausschließlich vom Transitverkehr genutzt wurde, bestand für die DDR keine Veranlassung, das Wasserstraßenkreuz fertig auszubauen: Es fehlte noch die Kanalüberleitung über die Elbe als direkte Verbindung zwischen dem Mittellandkanal und dem Elbe-Havel-Kanal.

Dennoch wurde immer mehr Schiffsverkehr auf den Mittellandkanal verlagert, und zwar aus zwei Gründen. Zum einen hat die Elbe unterhalb von Magdeburg einige sehr flache Abschnitte, die bei sommerlichem Niedrigwasser nicht zu befahren sind. Zum anderen gab es in der Zeit des Kalten Krieges immer wieder Auseinandersetzungen zwischen den beiden deutschen Staaten, ob die Grenze zwischen Schnackenburg und Lauenburg in der Mitte der Elbe verlief, wie dies zwischen zwei souveränen Staaten üblich ist, oder am rechten Ufer, wie dies nach dem Zweiten Weltkrieg vertraglich festgelegt worden war. Wegen dieser Probleme baute die Bundesrepublik in den 1970er Jahren den Elbe-Seitenkanal zwischen der Mündung der Ilmenau in die Elbe und dem Mittellandkanal bei Wolfsburg. Der Schiffsverkehr wurde von der Elbe zum Kanal abgeleitet, dessen Wassertiefe konstant gehalten werden konnte. Der Transitverkehr auf dem Mittellandkanal nahm damit erheblich zu. Weil die Elbe von Magdeburg bis Hamburg nicht den direkten Weg nimmt, der Elbe-Seitenkanal aber dichter an der Luftlinie zwischen beiden Städten liegt, wurde die Schiffsroute von Magdeburg nach Hamburg durch den Kanalbau um 33 Kilometer verkürzt. Die Strecke von Berlin nach Hamburg ist zwar 40 Kilometer länger, wenn man den Kanal nutzt, aber diese Route ist im Unterschied zu derjenigen durch Havel und Elbe das ganze Jahr über nutzbar, auch bei sommerlichem Niedrigwasser.

Erst nach der deutschen Wiedervereinigung 1990 wurde das Wasserstraßenkreuz fertiggestellt; 2003 wurde es eröffnet. Die neue Kanalbrücke über die Elbe ist 918 Meter lang und damit die längste in Europa. Der Elbe-Seitenkanal behält seine große Bedeutung, weil man auch heute nicht die Absicht hat, den Elblauf zwischen Magdeburg und Lauenburg für große Flussschiffe auszubauen. Damit wären große Eingriffe in die Flusslandschaft verbunden, und es käme möglicherweise häufiger zu Überflutungen bei hohen Wasserständen. Der Schiffsverkehr von Hamburg nach Berlin soll auch in Zukunft vor allem über den Elbe-Seitenkanal, den Mittellandkanal, das Wasserstraßenkreuz und den Elbe-Havel-Kanal geleitet werden. Die Kanalstrecke zwischen Wolfsburg und Berlin wird nun von besonders zahlreichen Schiffen befahren, so dass sie vor allem zwischen Magdeburg und Berlin weiter ausgebaut werden muss.

Unterhalb von Magdeburg verlässt die Elbe das Breslau-Magdeburg-Bremer Urstromtal, in dessen Verlauf der Mittellandkanal gebaut wurde – nahezu eben, ohne Schleusen, wie es für einen Kanal besonders günstig ist. Die Elbe bricht durch die Endmoräne des Warthe-Stadiums der Saale-

Eiszeit hindurch, vielleicht durch einen ehemaligen Abflussweg für Schmelzwasser aus dem warthe-zeitlichen Gletscher. Nach dem Abschmelzen kehrte sich die Fließrichtung um. Unterhalb von Burg veränderte die Elbe in den letzten Jahrtausenden, ja selbst in den letzten Jahrhunderten mehrfach ihr Bett. Man erkennt dort zahlreiche Flusstäler, und die Elbe nahm mal den einen, mal den anderen Verlauf. In ein festeres Bett legte sie sich erst wieder in weiteren eiszeitlich geprägten Abflusswegen, im Glogau-Baruther und vor allem im Warschau-Berliner Urstromtal.

16 Berlin und sein weites Umland: Städte und Parks an Havel und Spree

Berlin liegt in der Mitte des Landes Brandenburg. Die Stadt profitierte im Lauf ihrer Geschichte immer stärker von der Verbindung zur Elbe: Ein kleines Fischernest an einem Flüsschen, der Spree, konnte zu einer Metropole aufsteigen.

In dieser Gegend sind vor allem Moränen der Eiszeit und trockene Sanderflächen verbreitet, die von den Schmelzwasserbahnen des Eises zu so genannten Ländern und Ländchen zerteilt wurden. Von Südosten oder Osten nach Westen verläuft im Süden das Glogau-Baruther, in der Mitte das Warschau-Berliner und im Norden das Thorn-Eberswalder Urstromtal. Die Verbindungen zwischen den breiten Abflussbahnen der Urstromtäler wurden von schmaleren Schmelzwasserdurchbrüchen geschaffen. Die Böden der Moränen sind zum Teil fruchtbar. Die Sanderflächen dagegen sind sämtlich unfruchtbar. Dort liegt der legendäre märkische Sand; man spricht von der «märkischen Streusandbüchse». Fruchtbare Böden gibt es in den Niederungen, aber viele von ihnen sind so feucht, dass sie sich bis heute nicht für den Ackerbau nutzen lassen. Einige sind von Flüssen und Bächen durchflossen, in anderen gibt es keine Abflüsse, so dass das Wasser stehen bleibt: Dort bildeten sich weiträumige Moore mit Erlenbruchwäldern. Solche Landschaften nennt man in Brandenburg «Luch». Es regnet im gesamten Berliner Umland zwar nicht viel, aber dennoch ist die Gegend wasserreich. In dem flachen Terrain fließt das Wasser entweder überhaupt nicht oder nur ganz langsam ab. In Brandenburg gibt es nicht nur weite Moore, sondern es ist auch das Land der tausend Seen. Die Flüsse, von denen Havel und Spree die wichtigsten sind, haben ein sehr geringes Gefälle. Sie hatten nie die Kraft, Moränen oder Dünen beiseite zu räumen. Daher wählten sie für ihren gemächlichen Lauf diejenigen Senken, die ihnen den geringsten Widerstand boten. So bekamen die Täler keineswegs immer den Verlauf, der dem direkten Weg von der Quelle zur Mündung entspricht. Das Wasser in Brandenburg geht oft seltsam gewundene Wege.

Im Spreewald bei Lübbenau, 1990

Die Havel (ihr Name soll von «habula», der «Seenreichen», herrühren) kommt aus dem Grenzgebiet zwischen Mecklenburg und Brandenburg,

Die zugefrorene Spree in Berlin, 1996

fließt zuerst nach Süden, durch Spandau und andere Stadtteile von Berlin nach Potsdam, wendet sich nach Westen, der Elbe zu, erreicht sie aber von der Stadt Brandenburg aus erst nach einer längeren Fließstrecke, die zuerst nach Norden, dann erneut nach Westen oder Nordwesten verläuft. Ihr wichtigster Nebenfluss, die Spree, kommt aus der Oberlausitz, vom Rand des Mittelgebirges. Der Name Spree soll «die sich Ausbreitende» bedeuten. Das leuchtet ein, denn unter anderem im Spreewald teilt sich der Fluss in zahlreiche Arme auf. Die Spree nimmt von Cottbus an einen eigenartig bogenreichen Verlauf, zunächst ein Stück weit nach Westen, dann nach Osten, schließlich quer durch Berlin. Auch dort teilt sich der Fluss in mehrere Arme. Bei Spandau mündet die Spree in die Havel.

Die beiden Flüsse weiten sich an mehreren Stellen zu großen Seen. Diese erwärmen sich im Sommer recht stark, und im Winter frieren sie zu. Einige sind so tief, dass es in ihnen sommers und winters zu einer stabilen Schichtung des Wassers kommt. Das bedeutet: Im Sommer wird nur die obere Hälfte des Wasserkörpers warm, die unteren Wasserschichten hingegen, die unter einer so genannten Sprungschicht der Temperatur liegen, behalten ihre niedrige Temperatur von vier Grad Celsius. Die warmen Wassermoleküle in der oberen Hälfte des Wasserkörpers mischen sich mit denen in der Tiefe nicht. Im Winter, wenn der See oberflächlich zufriert, bleibt ebenfalls eine Temperatur von vier Grad am Grund des Sees erhalten. Nur im Frühjahr und im Herbst, wenn die oberen Wasserschichten ebenso wie das Wasser am Grund der Seen eine Temperatur von etwa vier Grad haben, wird der gesamte Wasserkörper durchmischt.

Im Winter können zahlreiche Organismen im nicht gefrorenen Wasser unter der Eisdecke überleben, und im Sommer vermehren sie sich im warmen Wasser besonders gut. Algen breiten sich aus. Unter ihnen sind etliche, die Stickstoff aus der Luft binden können und ihn in Nitrat einbauen. Nitrat ist ein wichtiger Mineralstoff, den andere Lebewesen unbedingt benötigen. Sie alle können sich in den nitratreichen Seen Brandenburgs stark vermehren. Problematisch kann dies allerdings dann werden, wenn viele Tiere und Pflanzen absterben und ihre Überreste auf den Grund von geschichteten Gewässern sinken. Bei ihrer Zersetzung wird eine große Menge an Sauerstoff verbraucht. Weil der Wasserkörper nicht durchmischt wird, mangelt es den unteren Wasserschichten dann an Sauerstoff. Es kann zur Bildung von Schwefelwasserstoff kommen, einer giftigen Substanz, die auch das Leben in den oberen Wasserschichten schädigt oder abtötet.

In den flachen Gewässern vermehren sich auch Algen. Dadurch wird die sommerliche Trübung des Wassers hervorgerufen, die für viele Seen in Brandenburg typisch ist. Nur wenig Licht dringt in die tieferen Wasserschichten ein, so dass dort keine Pflanzen leben können, die auf Licht zur Photosynthese angewiesen sind. Auch in flacheren Gewässern kann es daher zur Ausbildung eines lebensfeindlichen Milieus kommen.

Aus Luftstickstoff stellen auch Bakterien, die an den Wurzeln von Erlen sitzen, Nitrat her. Die deswegen nitratreichen Luchlandschaften sind die natürlichen Wuchsorte von Brennnessel, Disteln, Wildem Hopfen und Klettenlabkraut: In vielen Erlenbrüchern sieht es ähnlich aus wie an Unkrautstandorten. Aus dem Luch kann Nitrat in die Seen gespült werden. Oder der düngende Mineralstoff wird freigesetzt, wenn Erlen ihre Blätter verlieren und diese von Mikroorganismen abgebaut werden. Dadurch gelangt weiteres Nitrat in die Seen. Der Nitratreichtum hat nicht nur etwas mit der Einleitung von Abwasser oder Abfällen zu tun, sondern ist ein natürliches Charakteristikum vieler Gewässer im Land. Allerdings wird die Belastung der Gewässer mit Mineralstoffen, die so genannte Eutrophierung, durch die Einleitung von ungeklärten Abwässern sowie von Nitrat und Phosphat aus landwirtschaftlichem Dünger verstärkt.

Seit Jahrtausenden leben Menschen an den fischreichen Gewässern. Sie machten Jagd auf Geflügel, das sich an den Seen niederließ; Gänse und Enten fanden dort reichlich Nahrung. Fisch und Geflügel lieferten jahrtausendelang eine sichere Nahrungsgrundlage für die Menschen. Die Fischer wussten natürlich, dass in den nährstoffreichen Gewässern im Sommer Sauerstoffmangel drohte, in extremen Fällen sogar Fischsterben. Ihnen war aber auch bekannt, wie man Sauerstoff in langsam fließendes Wasser einleitete: Man staute das Wasser auf und ließ es über ein Fischwehr laufen. Hinter dem Wehr bildete sich ein Strudel, in dem Sauerstoff in tiefere Wasserschichten gezogen wurde. Dort sammelten sich die Fische – und dort konnte man sie besonders gut fangen. Die Fischer bekamen an diesen Orten häufig Konkurrenz, von Fischreiher, Kormoran, Fischadler und anderen Vögeln. Fischwehre ermöglichten eine krisenfreie Ernährung für eine Anzahl von Menschen; Siedlungsplätze an Fischwehren waren daher sehr begehrt.

In dem Land im Osten, das von Magdeburg und anderen Orten aus im Mittelalter in das Reich inkorporiert wurde, gab es zahlreiche Fischersiedlungen. Eine nahe am Wasser und oberhalb von Fischwehren liegende Siedlung wird in dieser Gegend Kietz genannt. Neben vielen Kietzen oder gegenüber von ihnen wurden im Mittelalter städtische Siedlungen gegründet. Für die Ernährung der Stadtbewohner spielte Fisch eine bedeutende Rolle. Außerdem konnte man an den schon bestehenden Wehren Wasser für Mühlen ableiten, in denen das Getreide für das tägliche Brot gemahlen wurde.

Die Entstehung von Berlin könnte etwas mit der Fischerei zu tun gehabt haben. Aus dem Dunkel der Vorzeit tauchte im 12. Jahrhundert allmählich eine Doppelstadt auf; urkundlich wird sie erstmals 1237 erwähnt. Berlin lag auf der rechten Seite der Spree, Cölln auf einer Spreeinsel südwestlich davon. Über die Namen der beiden Siedlungen ist viel gerätselt worden; immer wieder mutmaßte man, der Name Köln sei vom Rhein an die Spree übertragen worden. Doch etwas anderes klingt plausibler: Cölln könnte sich auf eine «kella» beziehen, eine tiefe Wasserstelle zum Fischefangen – wie sie sich hinter einem Fischwehr ausbildet. Cölln ist jedenfalls eine alte

Fischersiedlung: Davon künden nicht nur Straßennamen, sondern auch die Kirche Sankt Petri, die dem Patron der Fischer geweiht wurde. Ursprünglich lag das Fischwehr an einem Knüppeldamm über die Spree; aus ihm entwickelte sich der Mühlendamm. Die Stadt wuchs schneller als die Nachbarstädte Köpenick und Spandau, deren Entwicklung ursprünglich ganz ähnlich verlaufen sein mag: Aus Fischwehren an Kietzen machte man Mühlwehre, die zu gewerblichen Zentren der Städte wurden. Seit 1486 war Berlin, übrigens mit Magdeburger Stadtrecht, Residenz der Brandenburger. Bis zum 18. Jahrhundert entstand dort ein Mühlenimperium: 14 Mühlenbetriebe besaßen 29 Wasserräder und 53 Gänge, mit denen nicht nur Korn gemahlen wurde; es gab auch eine Säge-, eine Walk- und eine Lohmühle. Weitere Mühlen lagen am südwestlichen Spreearm, der die Insel umschloss: die Werderschen Mühlen am Ort des heutigen Werderschen Marktes.

Viel mehr als ein Straßenschild erinnert nicht mehr an die vielen Mühlen und den Mühlendamm im Zentrum von Berlin.

In etlichen Havel- und Spreestädten wurde das Wasser gestaut, so in Spremberg, Cottbus, Lübben, Beeskow, Fürstenwalde, in Brandenburg, Rathenow und Havelberg. Oberhalb der Wehre wurden die Seen und Moore größer; neue Feuchtgebiete entstanden. Besonders stark wirkte sich der Mühlenstau der Stadt Brandenburg aus: Der Schwielowsee südlich von Werder wurde dadurch erheblich vergrößert. Bei hohen Wasserständen stauen die Wehre der Stadt Brandenburg das Wasser bis Spandau zurück. Möglicherweise erst dann, nachdem in Lübben der Mühlenstau eingerichtet worden war, vernässten einige Teile des Spreewaldes.

Berlins Bevölkerung ging im Dreißigjährigen Krieg zurück. Danach wurden, vor allem unter dem Großen Kurfürsten Friedrich Wilhelm, Glaubensflüchtlinge angesiedelt. Besonders viele von ihnen waren Hugenotten, die aus Frankreich kamen. Sie brachten ein Knowhow mit, das die

Gewerbestruktur in Berlin tiefgreifend umformte. An Stelle der alten Mühlenbetriebe wurden Manufakturen zu Wirtschaftszentren, in denen viele Menschen arbeiteten und Güter für den Export herstellten: zunächst vor allem Textilien, daneben Porzellan, Gold- und Silberwaren. Durch den Export sollte Kapital ins Land kommen. Damit der Handel richtig florieren konnte, mussten in Berlin größere Anstrengungen als in anderen Städten unternommen werden. Es gab dort keine Rohstoffe, nicht einmal genug Nahrung für alle Menschen. Ferner waren die Verkehrswege für die Versorgung mit Rohstoffen und den Abtransport produzierter Güter unzureichend. Aber es ließ sich Abhilfe schaffen: In den Senken Brandenburgs konnten Kanäle gegraben werden. Von den Wasserwegen, die Berlin im 18. Jahrhundert mit der Elbe verbanden, war schon die Rede. Kanäle zur Oder kamen hinzu. Schon zwischen 1662 und 1669 war ein künstlicher Wasserweg zwischen Spree und Oder bei Frankfurt entstanden. Mit dem Bau des Finowkanals war noch früher, bereits vor dem Dreißigjährigen Krieg, begonnen worden, aber er konnte erst in der Mitte des 18. Jahrhunderts fertiggestellt werden. 1791 war der Ruppiner Kanal, 1796 der Rhinkanal fertig. So entstand ein ganzes Netz künstlicher Wasserstraßen, in dessen Mitte die aufstrebende Stadt der Manufakturen, Berlin, lag. Weitere Kanäle im Flussgebiet von Havel und Spree waren kürzere Stichstrecken für den Holztransport aus den Waldgebieten.

Als die Stadt immer reicher wurde, sollte sie ein repräsentativeres Aussehen erhalten. Die Mühlen an der innerstädtischen Insel verschwanden. Neben dem weitläufigen Berliner Schloss sollten keine klappernden Wassermühlen oder gar Sägewerke mit kreischenden Sägen stehen. Man gewann Platz, um die repräsentativen Anlagen rings um Schloss und Hofgarten zu erweitern. Der nordwestliche Teil der Stadtinsel, auf dem ehemals Cölln gegründet worden war, wurde zur heute weltberühmten Museumsinsel.

Im 19. Jahrhundert verschwanden auch die Manufakturen, an ihrer Stelle entwickelten sich Fabriken. Berlin, das nun mit Rohstoffen von allen Seiten versorgt werden konnte und das seine Absatzmärkte auch über die Oder, vor allem aber die Elbe gut erreichte, wurde in der ersten Hälfte des 19. Jahrhunderts zu einem Zentrum der Industrialisierung. Kohle kam per Schiff aus Oberschlesien oder später aus England über Hamburg. Die Exporte von Berlin aus liefen vor allem über Hamburg – zwischen beiden aufstrebenden Städten entwickelte sich ein lebhafter Verkehr mit Dampf-

schiffen und Schleppschiffverbänden. Die erste preußische Werft für Dampfschiffe wurde 1816 in Pichelsdorf bei Spandau, westlich von Berlin, gegründet. Hindernisse für die Schifffahrt waren allerdings die Wehre. An vielen alten Stauanlagen befanden sich in den letzten Jahrhunderten keine Mühlen mehr. Aber der Stau musste beibehalten werden: Die hölzernen Fundamente in den flussaufwärts liegenden Städten wären zusammengebrochen, hätte man dort den Wasserstand abgesenkt. Neben den Mühlenstauen musste man Schleusen bauen, in denen die Schiffe die Höhenunterschiede überwinden: am Berliner Mühlendamm genauso wie in Brandenburg und Rathenow.

Der Schwielowsee bei Werder, eine seenartige Verbreitung der Havel

Berlin in der Mitte eines ganzen Netzes von gut befahrbaren Flüssen und Kanälen, bald auch eines Netzes von Eisenbahnlinien, wurde zu einem Zentrum der Eisen-, Metall- und Elektroindustrie sowie des Maschinenbaus. Auch die chemische Industrie wurde bedeutend. Seit 1867 gab es eine Anilinfabrik; Anilin war ein wichtiger Rohstoff für die Farbenherstellung.

Unter anderem produzierte man einen tiefblauen Farbstoff, der als «Berliner Blau» weltbekannt wurde.

Die erheblich wachsende Bevölkerung musste von allen Seiten mit Lebensmitteln versorgt werden. Getreide und Zuckerrüben konnten aus der Börde über Magdeburg geliefert werden; Salz kam aus Schönebeck. Gemüse gelangte seit langer Zeit aus dem Spreewald nach Berlin. Es wird dort seit dem 15. Jahrhundert angebaut, und seit 1714 ist der Absatz von Gemüse nach Berlin belegt. Die Spreewälder Bauern konnten stets nur kleine Ackerstücke bewirtschaften, die auf Anhöhen inmitten des Feuchtgebietes lagen. Es gibt dort ein mineralreiches und humoses Sediment, das Klock genannt wird. Auf ihm wachsen Zwiebeln, Kohl und Kohlrüben, Meerrettich und Gurken so gut wie auf einem Komposthaufen. Diese Arten von Gemüse konnte man gut haltbar machen, so dass es sie das ganze Jahr über gab. Zwiebeln, Kohlrüben und Meerrettich ließen sich trocken aufbewahren, Kohl und Gurken wurden sauer oder salzig eingelegt. Dies war auch mit Zwiebeln möglich.

Für den Anbau des Gemüses auf den kleinen Äckern im Spreewald stand reichlich Viehdung zur Verfügung. Wegen der feuchten und grundlosen Böden konnte man das Vieh im Allgemeinen nicht weiden lassen. Rodete man aber die Erlenwälder, ließen sich Wiesen anlegen, die Heu hergaben. Das gerade gewachsene Erlenholz verwendete man zum Bau der charakteristischen Blockhäuser: Wässerte man es nur lange genug, wurde es so hart wie Eichenholz. Man konnte es mit einem dunkelblauen Farbstoff anstreichen, den man aus Vivianit gewann, einem Mineral, das sich gemeinsam mit Raseneisenerz am Rand der Niedermoore absetzte. Man nannte die Blockhäuser «wendische Häuser»; denn im Spreewald hielt sich die slawische Bevölkerungsgruppe der Sorben.

Für die Wiesenbewirtschaftung war es günstig, dass die Flächen im Winter vom Hochwasser überströmt wurden. Wenn das Wasser wieder zurückging, gelangte Sauerstoff in den Wurzelraum der Gräser. Es konnten sich dann so genannte Schlagwiesen oder Wasserschlagwiesen ausbilden, in denen vor allem das ertragreiche Rohrglanzgras wuchs. Die Schlagwiesen waren so fruchtbar, dass man sie ohne Düngung zwei Mal, vielleicht sogar noch ein drittes Mal im Jahr mähen konnte. In anderen Gebieten, wo sich das Hochwasser länger hielt und es im Wurzelraum zu Sauerstoffmangel kam, dominierten die weniger wertvollen Seggen. Die Heuproduktion verlief nicht immer ohne Zwischenfälle: Oft schwemmte sommerliches

Der zugefrorene Schwielowsee bei Ferch, 1996

Hochwasser das Gras davon, oder das Gras wurde unbrauchbar, weil es unter der lange anhaltenden Wasserbedeckung verfaulte. Nach der Ernte verblieb das Heu am Rand der Wiesen. Dicht an den zahlreichen Gräben, die den Spreewald durchziehen, baute man charakteristische Heuschober auf einer Unterlage aus einem Holzrost. Dieses Podest hielt das Heu aus dem Bereich heraus, der vom winterlichen Hochwasser erreicht wurde. Der Rost wurde mehrere Meter hoch mit Heu beladen. Wenn man es brauchte, transportierte man das Heu zu den Ställen: im Sommer mit Booten, im Winter mit Schlitten, die man auf den zugefrorenen Kanälen zog.

Auf den kleinen Ackerstücken war nie eine Dreifelderwirtschaft mit einem allgemeinen Flurzwang eingeführt worden. Jeder Bauer konnte selbst bestimmen, was er auf seinem Land anbauen wollte. Für die Entwicklung des Gemüsebaus war das besonders wichtig. Eine andere Feldfrucht, die man in Berlin zur Ernährung der Menschen brauchte, ließ sich im Spreewald schnell einführen: die Kartoffel. Sie konnte an anderen

Orten erst angebaut werden, als die Brache innerhalb der Dreifelderwirtschaft aufgegeben wurde, und das war erst im 19. Jahrhundert der Fall. So war in den Jahrzehnten davor der Spreewald für Berlin das wichtigste Herkunftsgebiet von Kartoffeln. Die Produkte der Spreewaldbauern, zu denen auch Korbwaren und Heu gehörten, kamen mit flachen Booten aus Eichen- oder Pappelholz, später Kiefernholz, nach Berlin. Heu zur Versorgung der zahlreichen Pferde wurde auch aus anderen Landesteilen nach Berlin gebracht.

Auf vielen anderen Grünländern im Gebiet der Havel konnte ebenfalls kein Vieh auf Weiden gehalten werden, weil der Untergrund zu feucht war. Man nutzte wie im Spreewald fruchtbare Wiesen, um das Vieh im Stall zu versorgen. Das Havelland nannte man auch «Schmeerland», eine Bezeichnung, die von dem altnordischen Begriff «smior» für Butter herrührt.

An den Havelseen unterhalb von Potsdam entwickelte sich eine Reihe von landwirtschaftlichen Spezialkulturen. Die Wasserflächen der durch den mittelalterlichen Mühlenstau größer gewordenen Havelseen hielten die Temperatur im Herbst lange auf einem recht hohen Niveau. Dadurch wurde die Zeit verlängert, in der Obst reifen konnte. Im Gebiet um Potsdam und Werder hatte man sogar Wein und Maulbeerbäume für die Seidenraupenzucht angebaut, aber diese Kulturen wurden im 18. und 19. Jahrhundert durch umfangreiche Obstgärten ersetzt. Als es eine Eisenbahnverbindung von Werder nach Berlin gab, wurde das Gebiet um die Havelseen zu einem der wichtigsten Obstbaugebiete Mitteleuropas.

Die Strömung der Havel reichte nicht aus, um groben Sand oder gar Steine zu transportieren. Nur feines Material setzte sich ab. Es bekam wirtschaftliche Bedeutung: Das feine Material war der Ton, den man als Rohmaterial für die Ziegelproduktion benötigte. Die vielen Ziegeleien des Havellandes brauchten außerdem entweder viel Holz oder viel Kohle zum «Backen» der Steine. An beidem mangelte es; daher kam es darauf an, Energie zu sparen. Dies gelang am besten, wenn man Ringöfen benutzte. Am Ende des 19. Jahrhunderts gab es etwa fünfzig dieser Anlagen; eine von ihnen blieb in Glindow, westlich von Potsdam, als technisches Denkmal bis heute erhalten. Glindow hat einen slawischen Ortsnamen, der wohl auf «glina» zurückgeht, ein slawisches Wort für «Lehm». Die Backsteine wurden auf dem Wasser nach Berlin transportiert. In Glindow werden heute noch vor allem Formsteine produziert, die man bei der Rekonstruktion von Ziegelbauten benötigt.

Der Park von Schloss Petzow bei Werder

Die durch den mittelalterlichen Mühlenstau ausgedehnte Havel wirkt wie ein breiter Strom. Dies ist auch deswegen ein Trugbild, weil sich das Wasser fast nicht bewegt. Man könnte die Wasserfläche zwischen dem Wannsee am Stadtrand von Berlin und der Stadt Brandenburg auch einen lang gestreckten Stausee nennen. Doch im 18. und 19. Jahrhundert regte die Stromgestalt des Flusses die Phantasie der Regenten Preußens an, zahlreiche Parkanlagen an der Havel zu schaffen. Dort entstand Preußens Arkadien: eine Traumlandschaft mit breitem Strom zwischen sanften Hügeln, mit Obstgärten und grasigen Hängen. Das milde Klima am Wasser erlaubte die Pflanzung zahlreicher exotischer Gewächse.

Ein dekorativer Baum war nicht nur in den Parkanlagen zu finden, er gedieh auch auf den armen Sandböden Brandenburgs: die Robinie aus Nordamerika. Die ersten Robinien kamen im 17. Jahrhundert ins Land. Massenweise angepflanzt wurden sie seit dem 18. Jahrhundert. Heute findet man sie in Brandenburg überall. Im 19. Jahrhundert bekamen Robinien eine besondere Bedeutung: Theodor Fontane schreibt in seinen «Wanderungen durch die Mark Brandenburg», dass in der zweiten Hälfte des 19. Jahrhunderts Robinienholz von Petzow bei Werder zu den Werften an der Nordsee gebracht wurde. Man stellte daraus Schiffsnägel für hölzerne Rümpfe her.

1787 wurde in Potsdam die älteste deutsche Gartendirektion gegründet. Die Gartenlandschaft um die zahlreichen Schlösser von Berlin und Potsdam ist weltberühmt und zählt zum Weltkulturerbe der UNESCO – genauso wie die ältere Dessau-Wörlitzer Kulturlandschaft. Die Anlagen an der Havel haben in jüngerer Zeit gelitten, als quer durch sie hindurch die Grenze zwischen Westberlin und der DDR verlief, ein besonders strikt gesicherter Teil des Eisernen Vorhangs zwischen Ost und West. Viele Kriegsschäden konnten erst in den letzten Jahren repariert werden.

17 Das Elb-Havelland: Die Ländchen in der Wassersuppe

Nördlich von Magdeburg dringt die Elbe zum Rand des Gebietes vor, das nicht nur in den älteren Eiszeiten, im Elster- und Saale-Glazial, sondern auch in der Weichsel-Eiszeit von Gletschern bedeckt war. Diese letzte Eiszeit ging vor etwa 18 000 Jahren zu Ende. Wo heute die Städte Berlin, Potsdam, Brandenburg und Rathenow liegen, befanden sich einst die äußersten Zungen weichsel-eiszeitlicher Gletscher. Die von ihnen aufgeworfenen äußersten Endmoränen verlaufen südwestlich von Brandenburg und westlich von Rathenow.

In diesem Gebiet treffen mehrere Urstromtäler aus der letzten Eiszeit aufeinander: das Glogau-Baruther, das Warschau-Berliner und das Thorn-Eberswalder Urstromtal. Das Schmelzwasser aus den drei Tälern nahm den gleichen Lauf weiter nach Nordwesten; in diesem Urstromtal fließt auch die heutige Elbe zur Nordsee.

Als die Elbe durch ein ehemaliges Gletschertor der warthe-zeitlichen Moräne nördlich von Magdeburg brach, kam ihr vielleicht eine andere erodierende Kraft zu Hilfe: Das viele Wasser im niedrig gelegenen Gebiet am heutigen Zusammenfluss von Elbe und Havel nagte von Norden her am Sand der warthe-zeitlichen Moräne aus der Saale-Eiszeit. Der ursprüngliche Elblauf wurde schließlich aus dem Breslau-Magdeburg-Bremer Urstromtal nach Norden umgelenkt. In einem Teil dieses Urstromtals dreht sich die Strömung um. Das Flüsschen Ohre rinnt heute entgegen der Fließrichtung des alten eiszeitlichen Stromes aus dem Westen der Elbe zu. Weiter im Westen nimmt die Aller die alte Fließrichtung im Urstromtal auf. Zwischen Aller und Ohre entstand eine Wasserscheide im Drömling, einem weitläufigen Moorgebiet bei Wolfsburg und Oebisfelde. Das Gefälle der Ohre ist sehr gering, und ihr Tal, das ehemalige Urstromtal, wurde zur idealen, von Natur aus ebenen Trasse für den Mittellandkanal.

Im Elb-Havelland gibt es viele Möglichkeiten für fließende Gewässer, nach Norden zu kommen: durch ehemalige Gletschertore zuerst nach Osten und dann nach Norden oder direkt an den Jungmoränen der weichselzeitlichen Gletscher entlang. Die Elbe hat im Lauf der Zeit zahlreiche Möglichkeiten genutzt. Ursprünglich mündete sie in unterschiedlich alte Urstromtäler ein, die zu Zeiten, in denen das Gletschereis schmolz, viel

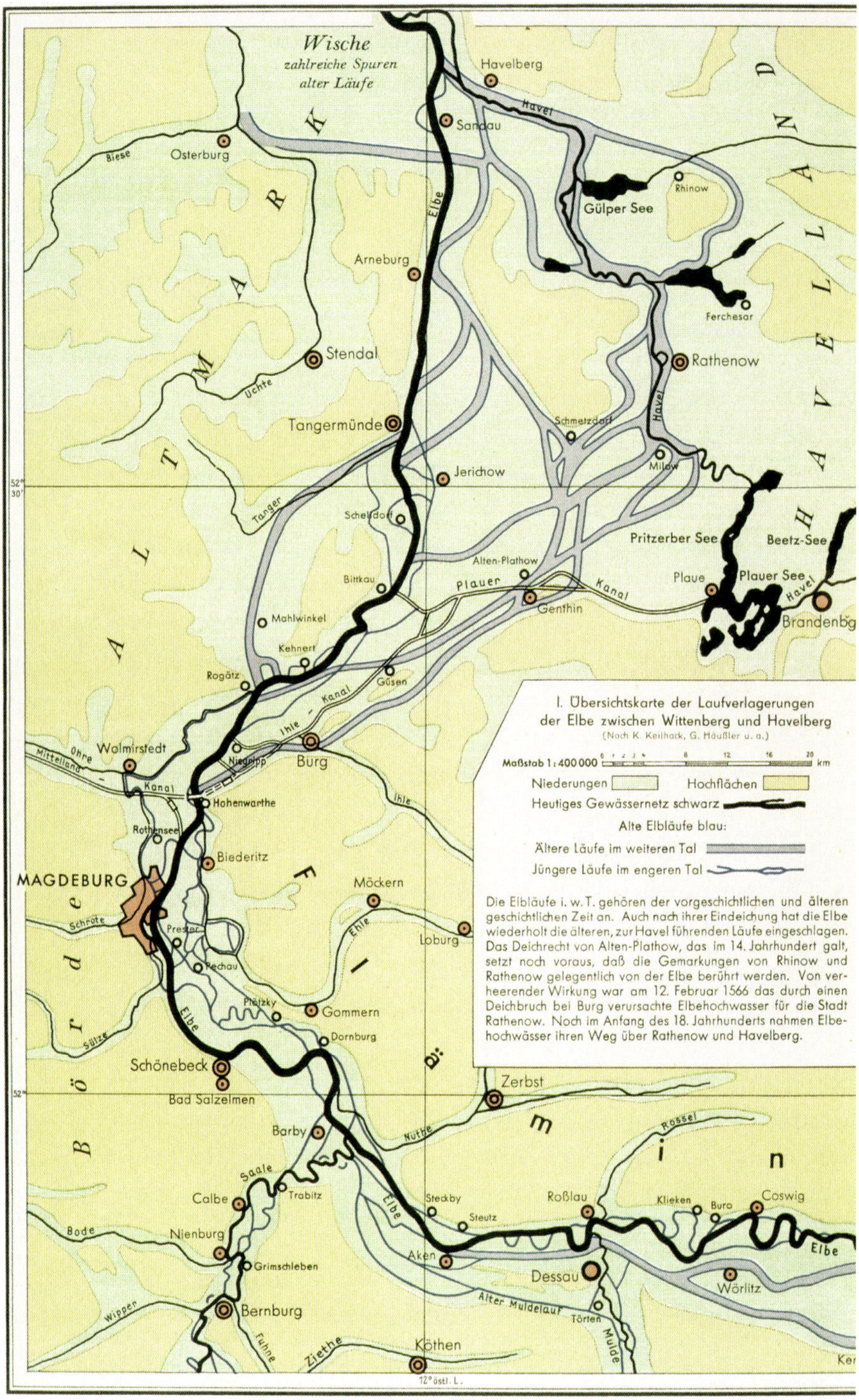
I. Übersichtskarte der Laufverlagerungen
der Elbe zwischen Wittenberg und Havelberg
Maßstab 1 : 400 000
km
Niederungen
Hochflächen
Heutiges Gewässernetz schwarz
Alte Elbläufe blau:
Ältere Läufe im weiteren Tal
Jüngere Läufe im engeren Tal
Die Elbläufe i. w. T. gehören der vorgeschichtlichen und älteren geschichtlichen Zeit an. Auch nach ihrer Eindeichung hat die Elbe wiederholt die älteren, zur Havel führenden Läufe eingeschlagen. Das Deichrecht von Alten-Plathow, das im 14. Jahrhundert galt, setzt noch voraus, daß die Gemarkungen von Rhinow und Rathenow gelegentlich von der Elbe berührt werden. Von verheerender Wirkung war am 12. Februar 1566 das durch einen Deichbruch bei Burg verursachte Elbehochwasser für die Stadt Rathenow. Noch im Anfang des 18. Jahrhunderts nahmen Elbehochwässer ihren Weg über Rathenow und Havelberg.
Wische
zahlreiche Spuren alter Läufe
Havelberg
Sandau
Havel
Osterburg
Biese
Rhinow
Gülper See
Arneburg
Ferchesar
Stendal
Rathenow
Uchte
Tangermünde
Schmetzdorf
Milow
Jerichow
Tanger
Schelldorf
Pritzerber See
Beetz-See
Alten-Plathow
Bittkau
Plaue
Plauer See
Plauer Kanal
Genthin
Brandenburg
Mahlwinkel
Kehnert
Rogätz
Güsen
Ihle-Kanal
Wolmirstedt
Burg
Ohre
Mittelland-Kanal
Niegripp
Hohenwarthe
Ihle
Rothensee
Biederitz
MAGDEBURG
Möckern
Schrote
Ehle
Loburg
Prester
Pechau
Plötzky
Gommern
Elbe
Dornburg
Sülze
Schönebeck
Bad Salzelmen
Zerbst
Barby
Nuthe
Rossel
Saale
Trabitz
Calbe
Steckby
Steutz
Roßlau
Klieken
Buro
Coswig
Bode
Nienburg
Aken
Dessau
Wörlitz
Grimschleben
Alter Muldelauf
Törten
Mulde
Wipper
Bernburg
Fuhne
Ziethe
Köthen
A L T M A R K
H A V E L L A N D
B ö r d e
F l ä m i n g

mehr Wasser führten als sie. Es ergab sich für den Strom eine ähnliche Situation wie bei der Einmündung in das Breslau-Magdeburg-Bremer Urstromtal bei Wittenberg: Es bildete sich ein riesiges Binnendelta. Allerdings liegen in diesem zweiten Delta der Elbe auch trockene Gebiete, die nie überflutet werden: die Hügelzüge junger Moränen, von denen das Land Schollene zwischen den heutigen Läufen von Elbe und Havel am markantesten ist; hinzu kommen die kleineren Rhinower, Nennhausener und Friesacker «Ländchen». Die feuchte Umgebung der trockenen Inseln kann man «Wassersuppe» nennen: So lautet tatsächlich der Name eines Ortes nördlich von Rathenow. Allerdings hatte der Ortsname wohl ursprünglich einen anderen slawischen Wortlaut und sicher eine andere Bedeutung; er wurde später verballhornt.

Auch in den Jahrtausenden nach der Eiszeit breitete sich die Elbe weit ins Elb-Havelland aus. Sie schuf Elbarme links ihres heutigen Verlaufes, unter anderem den Wasserlauf, der heute Tanger genannt wird. Dieser «Fluss» entspringt am Westrand des Elbdeltas und fließt unterhalb der Stadt Tangermünde in die Elbe. Besonders viele Flussarme der Elbe entstanden im Osten des Elb-Havellandes. Elbarme drangen über Rathenow hinaus bis zum Havelländischen Luch vor, bis in die Gegend von Friesack. Die alten Flussbahnen verlaufen dort etwa dreißig Kilometer östlich der heutigen Elbe. Die Havel nutzt für ihren Unterlauf einen anderen Weg, der einst von der Elbe geschaffen wurde. Unter natürlichen Bedingungen könnte die Elbe bei hohen Wasserständen auch heute aus ihrem aktuellen Bett ausufern und einen Flussarm hinüber zur Havel senden, zehn oder zwanzig Kilometer nach Osten. Dies wird inzwischen durch Deiche verhindert. Doch ist der Elb-Havel-Winkel genauso wie das Deltagebiet zwischen Torgau und Wittenberg besonders stark von Hochwasser bedroht. Sein Südteil wurde bei der Elbflut von 2002 allerdings nicht von Wasser bedeckt, weil sich die Schutzanlagen im Raum Magdeburg bewährten, die Saale kein Hochwasser führte und die Flutwelle der Mulde dadurch abgemildert wurde, dass sie sich teilweise in die Goitzsche bei Bitterfeld ergoss.

Alte Elbläufe bei Magdeburg und Havelberg

Auf den niemals überfluteten trockenen Flächen des Elb-Havellandes breitete sich in der Nacheiszeit Laubwald aus, in dem die Eiche vorherrschte; auf den armen Böden der Sander und Dünen behaupteten sich Kiefernwälder. Eine ganz andere Vegetation findet sich in den Feuchtgebieten zwischen den trockenen Ländern und Ländchen. In etliche Senken dringt immer wieder langsam fließendes Wasser ein. Im nur wenig geneigten Gebiet bleibt Wasser lange stehen; bei winterlichem Hochwasser kann sich eine Eisdecke bilden. Das Eis beschädigt die Gehölze, vor allem dann, wenn es aufbricht und sich in Bewegung zu setzen beginnt. Ungünstige Lebensbedingungen für Gehölze bestehen in den Senken auch, weil es in ihrem Wurzelraum an Sauerstoff mangelt, wenn das Land unter Wasser steht. Nur einige Weidenarten und Pappeln können diese Standortsbedingungen ertragen. Sie schlagen nach einer Beschädigung rasch wieder aus. Danach können sie schnell in die Höhe wachsen, denn im Prinzip sind ihre Standorte fruchtbar. Nitrate, Phosphate, Kalium, Magnesium und andere Mineralstoffe werden immer wieder vom Wasser herangetragen. Weil es sehr langsam fließt, bringt es nur feine tonige Bestandteile mit sich, die in den überfluteten Gebieten abgesetzt werden, wenn die Wasserkraft noch weiter erlahmt. Auf diese Weise wurden im Lauf der Jahrtausende ehemalige Elbarme des Elb-Havellandes zu wichtigen Rohstofflagerstätten: Der Ton, der sich dort angesammelt hatte, wurde abgebaut und zu Ziegeln verarbeitet. Ziegeleien waren in der Gegend einst weit verbreitet. 1883 zählte man im Jerichower Land zwischen Elbe und Havel 132 Betriebe; von ihnen wurde auch Berlin versorgt.

Immer wieder reißt das Eis Lücken in die Gehölze aus Weiden und Pappeln. Oder der Biber fällt Bäume und hinterlässt gehölzfreie Inseln. Auf diesen Lichtungen gedeihen Stromtalpflanzen, ebenso wie an der Elbe zwischen Wittenberg und Dessau: Kantenlauch und Färberscharte, Blauweiderich und Wiesenalant. Viele dieser bunten Gewächse blühen erst spät im Jahr, im Hochsommer oder Frühherbst, wenn an ihren normalen Wuchsorten die trockenste Jahreszeit ist.

Es gibt auch Senken, in denen andere ökologische Bedingungen herrschen. Das Grundwasser steht dort dicht an der Oberfläche und kann nicht abfließen, weil es von Flussarmen oder sanften Wällen an deren Rand gestaut wird. Dort, abseits des fließenden Wassers, gelangt die Erle zur Vorherrschaft. An ihren Wurzeln kann Sauerstoff in den Boden eindringen. Erlen wachsen üppig – genauso wie zahlreiche andere Gewächse am Boden unter ihnen. Der Boden im Erlenbruch enthält reichlich Nitrat, das Mikroorganismen an den Erlenwurzeln durch den Einbau von Stickstoff aus der Luft entstehen lässt. Am feuchten Boden unter dem Erlenbruch wird wegen des Mangels an Sauerstoff abgestorbenes pflanzliches Material nicht vollständig zersetzt. Jahr für Jahr setzen sich im Bruchwald

organische Reste ab, und daraus bildet sich im Lauf der Zeit Bruchwaldtorf. Wenn er mehrere Meter mächtig geworden ist, verhindert er, dass fließendes Wasser in die Rinnen des Erlenbruchs vordringt.

Reste einer Weichholzaue mit Weiden an einem Altarm der Havel bei Gülpe

Wo das Wasser nur manchmal das Land überflutet und sich vor allem niemals winterliches Eis zwischen den Stämmen bildet, könnte sich auch eine Hartholzaue ausbilden wie im Gebiet zwischen Dessau und Magdeburg. Aber solche Standorte gibt es im Elb-Havelland nur an ganz wenigen Stellen. Vielerorts stoßen Weidengehölze und Erlenbrücher unmittelbar an die trockenen Orte mit Eichen und Kiefern.

In früheren Jahrtausenden schätzten die Menschen das Elb-Havelland als Siedelgegend offenbar mehr als heute. Man konnte sich hier nicht nur ständig von Fisch und Geflügel ernähren, sondern es ließ sich auch – vor allem in der Eisenzeit und im Mittelalter – das von Natur aus vorhandene Grünland nutzen. Das Weidevieh lichtete die Gehölze weiter auf und ließ kaum neue Schößlinge in die Höhe kommen. Allmählich bildeten sich

weite waldoffene Flächen aus. Die trockenen Wälder wurden vielerorts gerodet, um Ackerland zu schaffen; die Siedlungen entstanden in einer Ökotopengrenzlage zwischen Ländchen und Niederung, am Rand des trockenen Ackerlandes und des feuchten Grünlandes – genauso wie andere dörfliche Siedlungen auch.

Die Schwanenblume ist in manchen Altarmen von Havel und Elbe häufig zu finden.

Auch in historischer Zeit kam es zu spektakulären Veränderungen des Elblaufs. Zahlreiche Quellen berichten, dass Elbarme zur Havel hin vordrangen. Die sich insgesamt verlagernde Elbe wurde zum Schicksal für das bedeutendste Baudenkmal der Gegend, die Klosterkirche von Jerichow. Der Ort war ursprünglich ein Fischerdorf an der Elbe. Im 12. Jahrhundert wurde dort ein Kloster gegründet. Seine Kirche ist der am besten erhaltene romanische Backsteinbau Norddeutschlands. Über dem Portal erkennt man eine Skulptur des heiligen Nikolaus aus dem beginnenden 13. Jahrhundert, des Heiligen der Schiffer, die zur Kirche kamen, um ihren Nothelfer anzurufen. 1336 trat die Elbe weiträumig über die Ufer. Nach dieser Katastrophe lag Jerichow nicht mehr an der Elbe, sondern der Fluss nahm drei Kilometer vom Ort entfernt seinen Lauf. Daher mag man das Interesse an der doppeltürmigen Kirche verloren haben, so dass man sie in den folgenden Jahrhunderten niemals umbaute oder erneuerte. Sie blieb im Zustand des 14. Jahrhunderts bis auf den heutigen Tag erhalten. Doch die Fundamente der Kirche ruhen auf weichem Sand. Da die Elbe nun nicht mehr in ihrer Nähe vorbeizieht, trocknet das Gelände seit dem 14. Jahrhundert ab. In den letzten Jahrzehnten sank das Grundwasser besonders stark, weil viel Land mit elektrischen Pumpwerken trockengelegt wurde. Sauerstoff dringt in den ehemals nassen, sauerstofffreien Untergrund ein, und die Fundamente der Klosterkirche zersetzen sich. Aufwändige Sicherungsarbeiten wurden

Vom Biber angenagter Baum an der unteren Havel

erforderlich, um das Einstürzen der Türme zu verhindern – und die Kirche wird auf lange Zeit ein Pflegefall des Denkmalschutzes bleiben.

Tangermünde, westlich von Jerichow gelegen, wurde im Mittelalter zu einer besonders wichtigen Stadt an der Elbe. Kaiser Karl IV., der Luxemburger, der von Prag aus deutscher Kaiser geworden war, wurde auch Landesherr der Mark Brandenburg. Er erhob Tangermünde zu seiner zweiten Residenz. Um 928 an einem Elbübergang gegründet und seit 1170 Stadt, trat Tangermünde 1368 der Hanse bei. Es gab dort ein gotisches Backsteinrathaus, die mittelalterliche Stephanskirche und eine bis heute vollständig erhaltene Stadtbefestigung aus der Zeit um 1300. 1373 wurde die Stadt von Karl IV. übernommen. Er wollte von Prag aus eine durchgehende Verkehrsachse entlang der Elbe an die Nordsee schaffen, sozusagen einen «zweiten Rhein» für Mitteleuropa. Sofort begann er, ein mächtiges Schloss zu bauen. Doch für die Verwirklichung seiner weiteren Pläne blieb ihm zu wenig Zeit; 1378 starb der Kaiser. Sein Land wurde unter seinen Nachkommen aufgeteilt, und die setzten andere Prioritäten.

Erlenbruch in einem alten Arm der Elbe zwischen Friesack und Rhinow

1617 kam es in Tangermünde zu einem verheerenden Stadtbrand, den Grete Minde gelegt haben soll. Obwohl sie wahrscheinlich unschuldig war, wurde sie zum Tode verurteilt und hingerichtet. Ihr Schicksal bewegte die Menschen immer wieder, Theodor Fontane und Ricarda Huch setzten ihr literarische Denkmäler. Im Dreißigjährigen Krieg wurde Tangermünde erneut schwer mitgenommen; das Schloss wurde zerstört. Es wurde nicht mehr vollständig aufgebaut. Man hatte keinen Nutzen für so ein Gebäude, denn Tangermünde war keine Residenz mehr. An Stelle des zerstörten Schlosses wurde ein kleineres Amtshaus errichtet. Jahrhundertelang bestand bei Tangermünde eine Elbfähre. Im 19. Jahrhundert machte man sich Hoffnungen, dass die Brücke der Eisenbahn zwischen Hannover und Berlin bei Tangermünde gebaut werden würde; die Stadt hätte dann einen Bahnhof an der Fernstrecke erhalten. Doch dazu kam es nicht: Zwischen Schönhausen und Hämerten, nur wenige Kilometer weiter nördlich, konnte man eine um 150 Meter kürzere Elbbrücke bauen. Tangermünde wurde von Stendal aus über eine Stichbahn mit der Fernstrecke der Eisenbahn verbunden. Jahrzehnte später bekam es schließlich doch noch seine Elbquerung, eine Straßenbrücke. Sie wurde 1933 fertiggestellt und war damals mit 833 Meter Länge eine der längsten Brücken Deutschlands. 1945 wurde sie zerstört, aber bald wieder aufgebaut.

Aus Schönhausen stammte die Familie Bismarck. Otto von Bismarck,

Altarm der Elbe bei Jerichow

der spätere Reichskanzler, wurde dort 1815 geboren. Eines der ersten politischen Ämter, die der junge Bismarck bekleidete, war das des Deichhauptmanns von Schönhausen. In dieser Funktion hatte er für den Schutz des Elbdeichs zu sorgen und Maßnahmen zu koordinieren, um Dammbrüchen vorzubeugen. Die ersten der berühmten Brautbriefe, die der junge Bismarck an Johanna von Puttkamer schrieb, sind voll von Schilderungen über ein drohendes Elbhochwasser im kalten Winter 1846/47. Die lange andauernde Bedrohung für die Deiche verhinderte einen geplanten Besuch Bismarcks bei seiner späteren Frau. Damals war die Elbe zugefroren, und man erwartete mit Bangen das Aufbrechen des Eises. Wenn dabei die Schollen übereinander getürmt und gegen die Deiche gedrückt würden, drohte Unheil. Am 1. Februar 1847 schrieb Bismarck:

«Die Elbe liegt noch trüb und mürrisch in ihren Eisbanden; des Frühlings Ruf, sie zu sprengen, ist ihr noch nicht laut genug. (…) Meine Tätigkeit beschränkt sich für jetzt darauf, von dem warmen Platz am Schreib-

Tangermünde, hoch über der Elbe gelegen, macht einen wehrhaften Eindruck.

tisch her allerhand Beschwörungsformeln in die Welt zu schicken, durch deren Zauber sich Massen von Faschinen, Brettern, Handkarren und manure aus dem Innern des Landes gegen die Elbe hin bewegen, um sich dort vorkommenden Falls als prosaischer Damm dem poetischen Schäumen der Flut entgegenzustellen.» Mit «manure» meinte Bismarck wohl Schlick.

Beinahe zwei Wochen später, am 13. Februar, ist das Eis noch immer geschlossen. Bismarck versucht, einen Zeitplan für die folgenden Wochen aufzustellen: «Hoffentlich geht in der Zeit aber auch das Eis auf, so daß ich

KAISER KARL IV

dann ganz frei bin. Je länger das Tauwetter ausbleibt, desto gefährlicher wird dann die Sache, weil die Wärme gleich stärker eintritt und alles Wasser auf einmal kommt. Dazu ist das Eis sehr dick gefroren, was einen schweren Eisgang befürchten läßt. Wenn nicht das Unglück einer Überschwemmung sehr wahrscheinlich werden soll, so muß in 3 Wochen das Eis fort sein.»

Am 17. Februar: «(...) vermutlich vom Freitag an kannst Du, wenn Du Abends warm im Sopha sitzest, oder des Nachts durch Mama erweckt wirst, daran denken, wie das zerfetzte Fähnlein Deines Ritters und Knechtes im nächtlichen Sturm und Regen am Rande der aufrührerischen Fluten flattert, auf einem braunen Pferde, das ohrspritzend und schnarchend seinen Schrecken über den donnernden Lärm der Schlacht zu erkennen gibt, die sich die riesigen Eisfelder unter einander liefern, wenn sie sich in Zwietracht gelöst haben, und ihre mächtigen Trümmer sich im Strudel auftürmen und zersplittern. Hast Du nie den Eisgang eines großen Stromes gesehn? Es ist eins der imposantesten Schauspiele in der Natur.»

Standbild Kaiser Karls IV. in Tangermünde

Am 21. Februar: «Deich-Hauptmann zu sein ist allerdings in diesem Jahre grade sehr fatal, wenn man eine Braut in 70 Meilen Entfernung hat. Seit vorigen Sonntag ist Tauwetter, seit einigen Tagen erwartete man das Aufgehn des Stromes, und noch ruht er. Dabei erhielt ich vor einigen Stunden eine Stafette, daß das Eis bei Dresden und in Böhmen seit 2 Tagen in Gang ist; eine gefährliche Sache, wenn es sich oben eher löst als hier, die uns viel Übles bringen kann. Morgen, spätestens Dienstag muß es nun hier in Gang kommen. 14 Tage ist der kürzeste Termin, in dem das Stück ausgespielt haben kann, mitunter dauert es 6, meist 3 bis 4 Wochen.»

Am 22. Februar: «Soeben werde ich jählings den süßesten Träumen entrissen, mit der Nachricht, daß das Eis sich in Bewegung setzt; an und für sich eine sehr günstige. Das Wasser steigt stündlich 1 Zoll, und wird vermutlich so und etwas langsamer, wenn keine Eisstopfung eintritt, beibleiben, bis es 10 Fuß bis 12 höher steht als jetzt. Wie lange es dann in solcher Höhe bleibt, davon hängt es ab, wann ich Dich sehe. Denn ich werde am Ende doch zu Dir kommen müssen, sobald die Elbe mich losläßt.»

Am 23. Februar: «Ich bin heut den ganzen Tag in Bewegung gewesen (...) zwischen Havelberg und Jerichow. (...) In der Nacht war es noch ganz leidlich gewesen und prächtiger Mondschein. Es war übrigens ein schönes Schauspiel, wenn die großen Eisfelder sich erst mit kanonenschußartigem Krachen schwerfällig in Bewegung setzen, sich an einander zersplittern, bäumen, unter und übereinander schieben, sich haushoch auftürmen und mitunter Wälle quer durch die Elbe bilden, vor denen der Strom sich aufstaut, bis er sie mit Toben durchbricht. Jetzt sind sie alle im Kampf zerbrochen, die Riesen, und das Wasser ganz dicht bedeckt mit Schollen, deren größte einige Quadratruten halten, und die es eilig mit mürrischem Klirren, wie gebrochene Ketten der freien See zuträgt. Dies wird nun etwa noch 3 Tage so anhalten, bis das Eis aus Böhmen durch ist, das schon seit einigen Tagen die Dresdner Brücke passiert. Dann folgt das Hochwasser aus den Gebieten, welches oft meilenweit das Bett der Elbe ausfüllt, und durch seine Massen an und für sich gefährlich ist.»

Im gleichen Brief heißt es auch: «Es ist wahr, Bräutigam und Deichhauptmann sind fast incompatible; aber wenn ich letztres nicht wäre, wüßte ich doch garnicht, wer es sein sollte. Die Revenüen sind klein dabei, und die Mühe zu Zeiten groß, die Herrn der Gegend hier aber sehr interessirt und ohne Gemeingeist. Und wenn sich auch einer fände, der es des Titels halber, der hier wunderlicher Weise sehr gesucht ist, täte, so gibt es doch hier, Gott verzeih mir die Sünde, keinen, der nicht entweder geschäftsuntauglich oder mattherzig wäre. Eine schöne Meinung, wirst Du denken, die ich von mir habe, daß ich allein das alles nicht bin; aber ich behaupte bei aller mir angebornen Bescheidenheit, daß ich alle diese Fehler in geringerem Maße besitze als die Andern hier im Lande, was freilich nicht viel sagen will.»

Oder vielleicht doch? Zwei Tage später scheint die seit Wochen drohende Gefahr gebannt zu sein, denn Bismarck schreibt am 25. Februar über das «leise Klirren des gleitenden Eises auf dem Wasser»; er erwähnt außerdem, dass das Schreien der Wildgänse als ein Zeichen zu werten sei, dass das Tauwetter anhalten würde. Doch die Gefahr ist noch nicht ganz vorüber. Am 28. Februar schreibt er: «Die Elbe fängt schon wieder an zu fallen, steht aber doch noch 8 bis 10 Fuß höher als die umliegende Gegend, und nur durch schmale Dämme, auf denen grade ein Wagen fahren kann, wird diese unabsehbare Wassermasse zusammengehalten und verhindert, sich über das Land zu ergießen. Wenn Gott nicht den Frost schickte, der einstweilen die Zuflüsse in Fesseln schlug, so bekamen wir einen sehr gefährlichen Stand.»

Das Schloss der Bismarcks in Schönhausen wurde zu DDR-Zeiten abgerissen; nur kleine Reste des Gebäudes erinnern an den früheren Reichskanzler.

Nadelwehr bei Strodehne an der unteren Havel, 1990

Das Elb-Havelland ist heute eine einsame Gegend. Kaum eine andere in Mitteleuropa ist derart dünn besiedelt. Intensive Landwirtschaft konnte hier nicht etabliert werden. Das Grünland stand immer wieder lange unter Wasser. Auf dem durchweichten Boden ließen sich moderne Geräte nicht einsetzen. Viele Äcker wurden aufgegeben, weil die Erträge auf den armen und trockenen Sandböden zu gering waren. Man forstete diese Flächen auf, und zwar mit Kiefern, weil sie an mageren Standorten am besten wachsen. Nur wenige kleine Dörfer liegen im Gebiet zwischen Elbe und Havel. Seit 1990 hat sich mancherorts die Landflucht erheblich verstärkt.

Ganz im Norden des Elb-Havellandes liegt Havelberg mit seinem ehrwürdigen Dom. Seit 983 gibt es dort eine Bischofskirche, die ältesten Teile des Doms stammen aus der zweiten Hälfte des 12. Jahrhunderts. Die Oberstadt auf der Moräne erstreckt sich in der gleichen Richtung wie die Kirche, von West nach Ost. Ein weiterer Stadtteil liegt unten an der Havel. Das ehemalige Wehr für den Mühlenstau ist beseitigt, damit das Wasser besser abfließen kann. Auf der kurbrandenburgischen Werft von Havelberg wurden seit 1687 Teile von Hochseeschiffen gebaut. Die Rümpfe brandenburgischer Segelschiffe wurden auf flachen Booten an die Küste transportiert und dort fertig gebaut. Später stellte man die Produktion um; seit 1702 werden ausschließlich Flussschiffe gebaut.

Am äußersten nordwestlichen Ende des Gebietes mündet die Havel in die Elbe. Das, was man dort erkennen kann, nennen die Geographen eine «Mündungsverschleppung». Viele Kilometer lang gelingt es dem kleineren Fluss nicht, zum größeren durchzustoßen: Elbe und Havel fließen nebeneinander her. Die Elbe hat einen kleinen Damm aus Ablagerungen neben sich aufgeschüttet, den die Havel erst nach etlichen Kilometern parallelen Laufs durchstechen kann.

An der Havelmündung ist von Menschenhand viel verändert worden. Immer wieder ging es darum, den Rückstau von Havelwasser und das Eindringen von Elbwasser in die untere Havel zu verhindern. Aber die Bemühungen waren oft vergeblich. Im August 2002 standen die Niederungen an der unteren Havel besonders weiträumig unter Wasser, und zwar durch das havelaufwärts vordringende Hochwasser der Elbe. Wo immer wieder Überflutungen drohen, besteht ein Naturparadies. Rings um den Gülper See, eine flach überstaute Wasserfläche in ehemaligen Abflussbahnen der Elbe, fallen alljährlich Zehntausende von Graugänsen ein. Auch viele andere Vögel lassen sich dort beobachten, Kraniche auf dem Durchzug, Störche, Fischadler. In den wasserarmen Zeiten, die an der Elbe immer mindestens ebenso lange dauern wie die Flutperioden, muss das Wasser künstlich auf einem gleichmäßig hohen Niveau gehalten werden: durch Nadelwehre, die nach einem altertümlichen Prinzip funktionieren. Sie bestehen aus dicht nebeneinander stehenden Vierkanthölzern. Je nachdem, wie viel Wasser abfließen soll, zieht man mehr oder weniger viele dieser «Nadeln» in die Höhe. Diese Anlagen stauen das Wasser so, dass man unterhalb des Nadelwehres Fische fangen kann. Das Fischwehr am Gülper See funktioniert immer noch genauso gut wie vergleichbare Anlagen aus dem frühen Mittelalter.

18 Zwischen Altmark und Prignitz

Bei Havelberg ändert die Elbe zum letzten Mal ihre Laufrichtung: Sie schwenkt in das Urstromtal ein, das nach Nordwesten, zur Nordsee hin verläuft. Der Strom hat hier ein äußerst geringes Gefälle. Im flachen Gelände des Urstromtals kann er sich weit ausbreiten. Die Folge: Wenn die Wasserführung der Elbe niedrig ist, hat der Fluss besonders geringe Wasserstände. Dann ist keine Schifffahrt mit großen Flussschiffen möglich; sie muss oft für Wochen eingestellt werden. Glücklicherweise hat man heute als Ausweichmöglichkeit den Elbe-Seitenkanal, durch den die Umgehung des oft sehr seichten Elblaufs zwischen Magdeburg und Lauenburg möglich ist. Dieser künstliche Wasserweg wird weiter ausgebaut, nicht aber der Elbstrom selbst. Er kann seine landschaftliche Schönheit behalten.

Zuerst westlich, dann südwestlich oder südlich der Elbe liegt eine Gegend, die ebenso wie das Elb-Havelland stärker vom Strom geprägt wurde, als man auf den ersten Blick annimmt. Ein großer Teil der Altmark wurde ehemals von Armen der eiszeitlichen Urströme und der Elbe durchzogen. Die Altmark war der älteste Teil der früheren preußischen Provinz Brandenburg und die Heimat der Askanier, die im Mittelalter über das Gebiet herrschten.

Vom Flüsschen Tanger aus erstreckt sich ein altes Strombett nach Nordwesten zur Niederung des Flüsschens Uchte. Auch hinter dem Elbdeich von Hämerten, unmittelbar nördlich von Tangermünde, liegt eine Quelle. Dort entspringt der Kuhgraben, der ebenfalls zur Uchte verläuft, in nordwestlicher Richtung. Die Uchte knickt an der Einmündung des Kuhgrabens in die Richtung dieses Baches um und fließt dann ebenfalls nach Nordwesten. Daraus lässt sich schließen, dass dort, wo heute der Kuhgraben fließt, ehemals ein breiterer Strom verlief, in den die Uchte mündete. Ein Stück weiter unterhalb findet man eine ganze Schar von Gräben und Bächen, die unmittelbar westlich vom Elbdeich beginnen, nämlich in dem «Wische» genannten Feuchtgebiet zwischen den Städtchen Arneburg und Werben. Alle Bäche, die am Elbdeich ihren Anfang nehmen, werden von Qualmwasser, hervorquellendem Grundwasser, gespeist, das ursprünglich aus der Elbe stammt. Und alle diese Bäche sind ehemalige Arme des Elbdeltas. Das erkennt man auch daran, dass in diesen Gewässerbahnen

Havelberg liegt am nördlichen Rand des Urstromtals.

feiner Ton zu finden ist, den die Elbe abgesetzt hat. Dieser Schlick ist oft gelblich gefärbt und daher als abgeschwemmter Löss kenntlich. Kein anderes Gewässer im Gebiet ist vorher durch Lössregionen geflossen; nur die Elbe kann diesen fruchtbaren Schwemmlöss mit sich gebracht haben. In der Wische gibt es einige Dezimeter dicke Schichten dieses Elbschlicks, mancherorts ist er sogar bis zu drei Meter mächtig. Daraus resultiert eine enorme Fruchtbarkeit des Gebietes – wenn nur die Böden nicht so nass wären. Man unternahm zwar vielerorts Anstrengungen, sie trockenzulegen, aber dennoch konnte man die Flächen nur als Grünland nutzen. Dies besagt ihr Name: «Wische» bedeutet Wiesenland. Wiesen brauchen viele Mineralstoffe, damit das Gras optimal wächst. Durch jede Heuernte werden Mineralstoffe entzogen. Man kann diesen Mineralstoffentzug nur durch Düngung kompensieren; in der Wische jedoch gab es so viel fruchtbaren Schlick, dass man lange ohne Düngung auskam und dennoch jedes Jahr eine gute Heuernte hatte.

Durch den Deichbau sicherte man die Siedlungen und das Gelände vor Hochwasser. Doch immer wieder brachen die Deiche: So wurde 1598 ein weiter Landstrich um Stendal herum unter Wasser gesetzt. Auch an anderen Stellen entstanden immer wieder Lücken im Deich, wenn das Hochwasser zu hoch stieg, wenn es zu lange gegen die Wälle drückte und diese aufweichte oder wenn haushoch aufgetürmtes Eis die Dämme zerschnitt.

Im Mittelalter, vor dem Deichbau, gab es breitere Flüsschen in der Altmark. Damals hatte Stendal einen Elbhafen. Die Stadt wurde um 1160 gegründet. Ihr niederdeutscher Name würde auf Hochdeutsch ungefähr «Steinetal» lauten; er mag sich auf alte Tonvorkommen beziehen, aus denen Backstein hergestellt wurde. Dieses Baumaterial prägt die Hauptstadt der Altmark. Ihre mittelalterlichen Kirchen wurden daraus errichtet: St. Jacobi, St. Petri, St. Marien und der Dom St. Nikolai. Die beiden zuletzt genannten sind besonders sehenswert. St. Nikolai liegt im Südosten der Stadt, vielleicht dem ehemals schiffbaren Gewässerarm und dem Hafen am nächsten. Die Schiffer sollten die Kirche ihres Nothelfers gut erreichen können. Auch das Rathaus und die Stadtbefestigung wurden aus Ziegeln gemauert, ferner zwei berühmte Stadttore, der Tangermünder und der Uenglinger Torturm. Stendal wurde durch den Tuchhandel reich. In seiner feuchten Umgebung wurde Flachs angebaut und verarbeitet. Die Stadt gehörte spätestens seit 1359 der Hanse an, im 15. Jahrhundert war sie die größte und mächtigste weit und breit. Sie hatte damals 8000 Einwohner, mehr als Berlin und Cölln zusammen. Doch dann begann ihr Niedergang; er wurde durch den Dreißigjährigen Krieg verstärkt. Es mag aber auch damit zusammengehangen haben, dass die Stadt ihre Elbanbindung verlor.

Im 19. Jahrhundert begann der erneute Aufschwung. Stendal wurde Bahnknotenpunkt. Viel Industrie siedelte sich an. Heute lässt der modernste Verkehrsweg weit und breit Stendal allerdings abseits liegen: Die nach der Wiedererlangung der deutschen Einheit im Jahr 1990 ausgebaute Schnellbahn zwischen Hannover und Berlin macht einen weiten Bogen im Süden um die Stadt. Der Grund dafür liegt unter anderem darin, dass mit der Planung schon vor 1990 begonnen worden war. Damals wollte man eine Verbindung zwischen der alten Bundesrepublik und Westberlin schaffen, die abseits der Städte der DDR verlief.

Von Stendal aus verläuft die Uchte in einem alten Elbarm nach Nordwesten. Sie vereinigt sich mit anderen Fließgewässern, vor allem dem

Flüsschen Milde, und wird dann zum Aland. An diesem kleinen Fluss wurde die Stadt Seehausen gegründet, die in vieler Hinsicht das Schicksal von Stendal teilte. Der älteste Teil von Seehausen ist eine Burg, die wohl im 11. Jahrhundert errichtet wurde. In ihrem Schutz entstand in einer Alandschleife in der Mitte des 12. Jahrhunderts die Altstadt mit der Jakobikirche. Wenige Jahrzehnte später gründete man separat davon eine Neustadt in einer benachbarten Biegung des kleinen Flüsschens. Die Altstadt wurde um 1260 aufgegeben, und ihr Gelände blieb lange unbebaut; die Neustadt bestand weiter. Auch in Seehausen gab es einen Hafen, von dem aus sich die Elbe erreichen ließ. Gegen Ende des Mittelalters versandete der Aland, und der Hafen wurde unbrauchbar. Seehausen wurde im 19. Jahrhundert Bahnstation, und dann begann ebenso wie in Stendal der Wiederaufschwung.

Eine dritte Stadt der Altmark, die nahe an der Elbe liegt, profitierte vom Aufschwung des 19. Jahrhunderts dagegen kaum: Werben hatte im Mittelalter ebenfalls große Bedeutung. Denn von dort aus kam man in die schwer befahrbare Havel mit Booten hinein; anderwärts war die Zufahrt zur Havel durch weite Sümpfe unpassierbar. 1005 gab es in Werben eine Reichsburg. Von dort aus wurde später die Wische kultiviert. 1358 trat die Stadt der Hanse bei. Aus dem Mittelalter erhielten sich unter anderem die Johanniskirche und große Teile der Stadtbefestigung. In Werben zeigen sich die Schwierigkeiten einer Stadt, die abseits der modernen Verkehrsinfrastruktur blieb. 1830 lebten 1825 Menschen in ihr, 2006 waren es noch 838. Etwas besser verlief die Entwicklung im benachbarten Arneburg. Dort wurde in den letzten Jahren eine moderne Zellstofffabrik gebaut. Sie liegt direkt an der Elbe – der Wasserbedarf eines solchen Werkes ist enorm. Moderne Standards sollen dafür sorgen, dass die Wasserqualität der Elbe nicht unter der Zellstoffproduktion leidet.

Der Aland, der einen großen Teil der Altmark entwässert, aber auch als der westlichste Teil des alten Deltas der Elbe an der Einmündung ins Urstromtal bezeichnet werden kann, läuft lange an der Elbe entlang und erreicht den Strom erst bei Schnackenburg, am Rand des Wendlandes.

Am rechten Ufer der Elbe liegt die Prignitz, eine ganz anders geartete Landschaft. Sie ist das Vorland der Endmoränen aus der letzten Eiszeit, die als markanter Landrücken vom äußersten Nordwesten Brandenburgs durch Mecklenburg zum östlichen Schleswig-Holstein verlaufen. Dort treten sowohl ältere Moränen als auch Sanderflächen zum Vorschein, die

Die Elbe bei Arneburg mit dem inzwischen stillgelegten Atomkraftwerk, 1996

vom abfließenden Schmelzwasser des Weichsel-Glazials unmittelbar vor dem Gletscher abgelagert wurden. Zwischen den sandigen Flächen gibt es Feuchtgebiete, in denen sich das Wasser staut, ehe es die Elbe erreicht. Die untere Karthane, eines ihrer Flüsschen, verläuft lange parallel zur Elbe; auch da erkennt man eine «verschleppte Flussmündung». Gemeinsam mit der Stepenitz schafft sie den Durchbruch zum Hauptstrom. An dieser Stelle liegt Wittenberge. 1239 wurde dieser Ort, der, wie wohl sein Name sagt, auf Dünen, den «weißen Bergen», entstand, zum ersten Mal erwähnt. Per Fähre konnte man hier jahrhundertelang die Elbe queren. An den einmündenden Flüssen entstand ein Hafen. Der Aufschwung als Stadt begann im 19. Jahrhundert. 1823 wurde eine erste Fabrik gegründet, die wohl zunächst mit Wasserkraft betrieben wurde, eine Ölmühle. 1845 erreichte die Berlin-Hamburger Eisenbahn Wittenberge, ein Jahr später wurde ein Abzweig nach Schwerin erbaut. Und die Bedeutung des Bahnknotenpunkts stieg in den folgenden Jahren weiter: 1851 wurde die Elbe überbrückt, und Züge rollten nun auch in südliche Richtung, nach Stendal. An der Kreuzung der Bahnen wurde ein Eisenbahnausbesserungswerk errichtet.

Lange Zeit wurde in Wittenberge ein Elbzoll erhoben, der große Einnahmen garantierte. Er fiel als die letzte Abgabe, die von der Elbschifffahrt zu entrichten war, erst 1870, kurz vor der Gründung des Zweiten Deutschen Kaiserreichs. Von diesem Zeitpunkt an bestand endgültig freie Fahrt auf der Elbe. Eigentlich sollte es sie schon bald nach dem Wiener Kongress von 1815 geben. 1821 hatten alle Staaten an der Elbe die «Elbe-Schiffahrts-Acte» beschlossen; Ziel war vor allem die Schaffung einer internationalen Wasserstraße durch Mitteleuropa.

Weißstörche nutzen in der Umgebung von Wittenberge und Rühstädt sehr viele verschiedene Nistmöglichkeiten.

In Wittenberge wurden weitere Fabriken gegründet. Der amerikanische Nähmaschinenhersteller Singer errichtete hier 1903 seinen ersten Betrieb in Europa. Zu Zeiten der DDR wurden im Hafen von Wittenberge zahlreiche Güter aus Elbschiffen in Züge umgeladen und dann zu den Ostseehäfen Rostock und Wismar transportiert. Auf diese Weise ließ sich der Hafen von Hamburg umgehen.

All dieses führte zum Aufschwung der Stadt, dem am Ende des Jahrhunderts ein Absturz folgte. Heute müssen keine Güter mehr von Wittenberge an die Ostsee per Bahn geschafft werden. Die veralteten Industriebetriebe, die nicht mehr konkurrenzfähig waren, mussten schließen, und nur wenige Fernzüge halten in der Stadt, deren Bedeutung im Schwinden begriffen ist. Ganze Wohngebiete leeren sich in Wittenberge. Welche Zukunft lässt sich für diese Stadt finden? Verlassene und nicht sanierte Straßenzüge in Wittenberge dienten schon mehrere Male als Kulissen für Filme, die in Deutschland unmittelbar nach dem Zweiten Weltkrieg spielten.

Kurz unterhalb von Wittenberge dringt der nächste Fluss aus der Prignitz ins Urstromtal vor, die Löcknitz. Aber sie ist ebenso wie die Karthane zu klein und zu schwach, um die Uferwälle der breiteren Elbe zu durchbrechen. Viele Kilometer begleitet ihr Lauf die Elbe. Sie passiert Lenzen. Dieser mittelalterliche Ort lag einst an der Elbe; damals mag der Strom den Unterlauf der Löcknitz genutzt haben. In Lenzen konnte man

ebenso wie in Wittenberge die Elbe queren, an einer Furt, an der später eine Fähre eingerichtet wurde. Erst bei Dömitz, gegenüber von Dannenberg, schafft es die Löcknitz, mit der wasserreicheren Elde gemeinsam die Elbe zu erreichen.

In der Altmark und der Prignitz sowie auch an der Elbe, die still dazwischen ihren Lauf nimmt, gibt es einsame Gegenden, die nur extensiv genutzt werden können. Dort sind im Sommer besonders viele Weißstörche zu finden. Rühstädt in der Prignitz gilt als das storchenreichste Dorf Deutschlands. In der Zeit von 1970 bis 1992 wurden hier 500 Jungstörche beringt, allein im Jahr 1992 zogen die Rühstädter Altstörche vierzig Jungstörche auf. Auch am anderen Ufer der Elbe, in Werben, gibt es zahlreiche Störche. Diese Vögel reagieren sehr empfindlich auf Veränderungen der Umwelt. Sie verschwinden, wenn die Landnutzung intensiviert wird. Aber sie kommen auch dann nicht mehr aus dem Süden in ihre Sommerquartiere geflogen, wenn die Landwirtschaft aufgegeben wird und dichter Wald emporwächst. Der Weißstorch ist auf bestimmte Formen der Landnutzung angewiesen. Er wurde in Mitteleuropa erst heimisch, als Menschen Wiesen und Gräben angelegt hatten und Landschaftsmosaike aus trockenen und feuchten Bereichen entstanden waren. Er wird nur dann in Mitteleuropa bleiben, wenn Wiesen und Gräben weiterhin so oder ähnlich bewirtschaftet werden wie in den vergangenen Jahrhunderten.

19 Wendland, Drawehn, Amt Neuhaus

Weiter im Nordwesten stoßen die Bundesländer Niedersachsen und Mecklenburg-Vorpommern an die Ufer der Elbe. Zunächst ähnelt die Landschaft noch der im Elb-Havelland. Aus der weiten Senke des Tales ragen einzelne «Ländchen» auf, die man in Niedersachsen sachlicher «Geestinseln» nennt. Das markanteste Trockengebiet in der Talniederung ist der Höhbeck. Sein Name lautete im frühen Mittelalter «Hohbuoki»: Diese Bezeichnung nimmt vielleicht auf die Buchen Bezug, die auf der Höhe wachsen. Sie sind sonst nur an wenigen Orten direkt an der Elbe zu finden. Andere Geestinseln sind flacher; sie eigneten sich besser als der steil aufragende Höhbeck zur Gründung von Siedlungen. Von ihnen aus wurden die trockenen Böden der Geest und die feuchten der Flussmarsch bewirtschaftet. Nicht nur das fließende Band der heutigen Elbe hat sich zwischen die Geestinseln gelegt. Auch kleine Flüsschen verlaufen dort, die von links, aus der Altmark kommend, in den Strom einmünden: Aland, Seege und Jeetzel. Vor allem deren Unterläufe sind alte Wege der Elbe im sandigen Untergrund des eiszeitlichen Schutts. In einigen Senken finden sich lang gestreckte, gebogene Seen, ebenfalls ehemalige Seitenarme der Elbe. Wo sich vor allem im Winter die Feuchtigkeit lange hielt, bildeten sich eigentümliche Moore. Im Sommer kann es Trockenzeiten geben, so dass auch Kiefern und der Sumpfporst überdauern können: Es wachsen also Bäume und Sträucher auf dem Hochmoor. Ähnliche so genannte Waldhochmoore findet man sonst in Ostpreußen und im Baltikum.

Von Hitzacker aus wird die Elbe an einem hohen Ufer entlang geleitet, auf dem ebenfalls Buchen aufragen. In der Nähe liegt der Ort Leitstade, dessen Name vielleicht auf die landschaftliche Situation Bezug nimmt. Die Höhen, Drawehn genannt, sehen wie ein kleines Gebirge aus, haben jedoch keinen felsigen Untergrund, sondern sind Moränen aus der vorletzten Eiszeit, dem Saale-Glazial. Eiszeitliche Schuttwälle aus der gleichen Zeit hat die Elbe nördlich von Magdeburg durchstoßen. Dort sind die Moränen allerdings weniger hoch als im Drawehn.

Im Urstromtal floss in der letzten Eiszeit, dem Weichsel-Glazial, nicht nur Wasser aus dem Einzugsgebiet der heutigen Elbe und sämtliches Schmelzwasser der Gletscher, sondern auch das Wasser aus dem Oder-

Die Elbe bei Hitzacker. Deutlich erkennbar sind die Buhnen, mit denen die Strömung in der Flussmitte verstärkt wird.

und Weichselgebiet zur Nordsee. Von der Oder und der Weichsel aus konnte in der Eiszeit und auch dann, als das Klima wärmer wurde und der Schmelzprozess der gewaltigen Eismengen eingesetzt hatte, das Wasser nicht nach Norden gelangen, zur heutigen Ostsee. Denn dort lagen noch mächtige Gletscher. Erst einige Jahrtausende nach dem Höhepunkt der eiszeitlichen Kälte gab das Eis den Weg nach Norden frei, etwa vor 14 000 Jahren. Der Urstrom hatte also am Ende der letzten Eiszeit gewaltige Ausmaße angenommen: Er schuf ein etwa zwanzig Kilometer breites Tal! In den Jahreszeiten, in denen besonders viel Eis und Schnee schmolz, im Frühjahr und Sommer, war das gesamte Tal von Wasser erfüllt. Nur einzelne Inseln ragten daraus auf: die schon erwähnten Ländchen oder Geestinseln, dazu längliche Werder, die sich in Fließrichtung des Wassers bildeten. Dort lagerte sich Sand ab. Die Werder wurden immer wieder hin und her verlagert, abgebaut, neu geformt. Das Wasser nagte auch an den Ländchen und Geestinseln. Den dort abgetragenen Sand warf es zu weiteren Werdern auf.

Als die Wassermengen nach dem Ende der Eiszeit zurückgingen, weil die Gletscherfront bereits weit entfernt an der Ostseeküste lag, das Schmelzwasser auf anderen Bahnen abfloss und schließlich auch die Weichsel und die Oder ihre Wege zur Ostsee fanden, wurde der gesamte Talgrund nur noch selten überflutet. Im nahezu ebenen Gelände des Urstromtales bildete sich ein Dammfluss heraus. Er beanspruchte lediglich einen Teil der Niederung und lagerte, weil er besonders in Zeiten geringer Wasserführung nur wenig Kraft hatte, Sand an seinem Grund und an seinen Seiten ab. Neben dem Fluss wuchsen Uferwälle empor, am Grund des Flusses nahm die Sandmenge zu. Mit der Zeit wurde das Niveau des Flusswasserspiegels ebenfalls erhöht. Allerdings wuchsen die Landoberflächen zwischen den Uferwällen des Flusses und den Talrändern nicht gleichzeitig mit in die Höhe. Dort bildeten sich feuchte Senken aus: die Sietländer. Wasser, das von den Seiten her ins Urstromtal eindrang, floss nicht zum Hauptstrom ab.

Der allgemeinen Vernässung entgingen nur die ehemaligen Werder und Talsandflächen, auf denen der Sand so weit abtrocknete, dass der Wind ihn in Bewegung setzte. Es bildeten sich Dünen. Sie sind trocken und unfruchtbar, aber ein gutes Siedelgelände, weil man auf ihnen sicher vor Überflutung ist. Wichtig war es, den Sand so zu fixieren, dass er nicht mehr vom Wind verweht wurde. Dünen, auf denen sich Vegetation ausgebreitet hatte, lagen still. Die Stadt Dannenberg wurde auf einer Düne gegründet, und zwar dort, wo zuvor «Dannen» gewachsen waren, womit man in Norddeutschland Kiefern bezeichnet. «Berge» sind dort übrigens häufig Bezeichnungen für Dünen. Vielerorts gibt es tatsächlich keine höheren Erhebungen als die lockeren Sandhaufen. Ein anderer Ort auf einer Düne bekam den Namen Rüterberg. Einige Dünen wurden zu derart erstaunlichen Höhen aufgeweht, dass niemand auf die Idee kam, auf ihnen zu siedeln. Die Dünen bei Klein Schmölen sind die höchsten weit und breit. Wo sie nicht von Silbergras und Kiefern bewachsen sind und auf diese Weise festgehalten werden, sind sie noch immer in Bewegung: Im Spiel des Windes bilden sich immer wieder neue Gipfel der Sandberge, die vom nächsten Sturm wieder abgetragen werden können.

Irgendwann durchbrach der Fluss im Urstromtal – seit etwa 14 000 Jahren ist er nahezu mit der heutigen Elbe gleichzusetzen – an etlichen Stellen die Uferwälle und stieß an die Ränder der Tales vor. Die Elbe deponierte kaum noch Sand, sondern vor allem toniges Sediment. Das hatte mehrere

Gründe. Einmal war die Schleppkraft des Flusses wegen der geringeren Wassermenge zurückgegangen. Zum anderen stieg der Meeresspiegel der Nordsee stetig an; in den Becken der Weltmeere sammelte sich das Schmelzwasser der ehemaligen Gletscher. Das Gefälle des Flusses wurde geringer, und das wirkte sich vor allem auf den Unterlauf aus. Wenn keine erhöhten Regenwassermengen oder Schmelzwasser aus den südlichen Gebirgen in der Elbe abflossen, war der Fluss sehr träge, und nur noch ganz leichte Partikel wurden vom Wasser weiter bewegt. Bis Bleckede nahm die Elbe vor allem die südwestliche Randsenke des ehemaligen Urstromes als Bett. Besonders deutlich ist dieser Laufweg unterhalb von Hitzacker zu erkennen.

Auch bei Hochwasser war die Strömung des Flusses nicht überall stark. Unter natürlichen Bedingungen drang das Wasser dann in die niedrig gelegenen Gebiete zwischen den Geestinseln, ehemaligen Werdern und Dünengebieten vor. Es bedeckte das Land nur einige Dezimeter hoch, doch es sah dann wie eine weite Seefläche aus. Wenn es im Winter zu Hochwasser kam, konnte sich eine Eisdecke bilden. Oder das flache Wasser fror bis zum Grund zu. Bei beginnendem Tauwetter brach das Eis und setzte sich in Bewegung. Bäume und Gebüsch der Niederungen konnten es festhalten, treibendes Eis blieb am Gehölz hängen. Beschädigungen der Gehölzpflanzen waren die Folge, oder die Stämme und Äste wurden von der Strömung mitgerissen. In regelmäßig überfluteten Bereichen, die überdies auch noch lange Zeit vom Eis bedeckt waren, hielt sich ausschließlich Weidengebüsch, das nach einer Beschädigung rasch wieder austrieb. Dort, wo das Eis der zurückliegenden Jahre Löcher in den Gehölzbewuchs der so genannten Weichholzaue gerissen hatte, entstanden zwischen den Weiden große Lichtungen.

In einer Landschaft, die durch Deichbau tiefgreifend verändert wurde, wirken sich andere ökologische Vorgänge stärker aus. Am Gehölz können sich Eismassen stauen. Das nachströmende Wasser wird am Abfluss gehindert. Die anschwellenden Eis- und Wassermassen drücken gegen die Deiche und lassen sie brechen, so dass das weite Land hinter ihnen überflutet wird wie ehedem vor dem Deichbau. Allerdings ist dann die Überstauungshöhe größer, denn nur ein Teil des eingedeichten Landes wird überflutet. Dort hinein drückt alles Wasser, dass sich unter natürlichen Bedingungen, als es noch keine Deiche gab, auf das ganze Land verteilte.

Wo es zwar gelegentlich zu Überflutungen kommt, sich aber im Winter

Dünen von Klein Schmölen bei Dömitz

nicht regelmäßig Eis bildet, besteht eine Hartholzaue mit Eichen, Eschen und Ulmen, beispielsweise im Elbholz bei Gartow. Dieses Gehölz ist kein kleiner Rest eines größeren Auwaldes, sondern im Elbtal unterhalb von Magdeburg eine Besonderheit. An der Elbe kommt es vor allem im Winter zu Hochwasser, und häufig bildet sich darauf eine Eisdecke. Ganz anders sind die Verhältnisse an Rhein und Donau. Dort können Hartholzauen viel größere Ausdehnungen annehmen, weil hohe Wasserstände auftreten, wenn in den Alpen der Schnee schmilzt, also im Frühjahr und Sommer, aber nicht bei winterlicher Kälte. An Strömen, deren Wasser aus den Alpen kommt, bildet sich auf den überfluteten Flächen kein Eis – das unterscheidet sie von Elbe, Oder und anderen Flüssen in Osteuropa, die im Winter ausufern.

Der Höhenzug Drawehn, der den Elblauf zwischen Hitzacker und Bleckede leitet, hat eine südliche Fortsetzung fernab vom Fluss. Drawehn ist ein slawisches Wort und bedeutet Wald- oder Holzland. Zwischen Dra-

Altwasser der Elbe bei Dömitz

wehn, Elbe und Altmark liegt ein dreieckiges Stück Land, dessen Bevölkerung lange Zeit eine slawische Sprache verwendete, das Dravänopolabische. Diese Sprache ging erst im 18. Jahrhundert unter, gewissermaßen bereits unter der Beobachtung aufgeklärter Sprachwissenschaftler: 1751 wurde zum letzten Mal eine dravänopolabische Predigt gehalten. Die Dravänopolaben lebten in eigentümlichen Siedlungen, den Rundlingen – mit Bauernhäusern, die sich in einem Kreis oder Halbkreis um einen großen freien Platz scharen. Wenn diese Dörfer eine Kirche haben, liegt sie außerhalb des Ortes. Dies machte und macht die Besonderheit des Landes im äußersten Osten Niedersachsens aus, das bis heute wegen seiner ehemals slawischen oder wendischen Bevölkerung Wendland genannt wird.

Der Name Dravänopolaben nimmt einerseits darauf Bezug, dass die Bewohner im Drawehn, dem Holzland, lebten. Andererseits taucht der slawische Begriff für Elbe in dem Namen auf: Labe. Aus slawischer Sicht gab es Menschen, die «po morje» lebten, am Meer, das waren die Pommern.

Einer hingegen, der «po labe» war, lebte an der Elbe. Die komplizierte Bezeichnung ist also einfach zu deuten. Die Menschen, die als Dravänopolaben bezeichnet wurden, nannten sich wohl kaum selbst so. Sie wurden von slawisch sprechenden Menschen weiter im Osten so genannt, während die Deutschen aus dem Westen sie als «Wenden» bezeichneten.

Rundlinge, Wenden und die Vorgeschichte des Wendlandes faszinieren seit langem die interdisziplinäre Forschung, die sich mit frühen Kulturen beschäftigt. Menschen lebten dort schon am Ende der letzten Eiszeit. Sie saßen auf dem Höhbeck, über der weiten Ebene des Urstromtals. Eine mögliche Jagdbeute konnten sie von weitem erblicken. Sie schleuderten ihre Geschosse vom hohen Hügel auf ihre Beutetiere. Die Ackerbauern späterer Epochen brauchten diesen natürlichen Ausguck nicht. Sie legten ihre Felder dort an, wo der Boden wenig steinig war, um die Bodenbearbeitung zu erleichtern. Am liebsten waren ihnen die lehmigen Böden im Westen des Drawehn, die mehr Mineralstoffe enthielten als Sand. Frühe Ackerbauern, die nicht von Staat oder Obrigkeit geleitet waren, verlagerten ihre Siedlungen von Zeit zu Zeit, genauso wie in anderen Regionen an der Elbe. Und ebenso wie in anderen Gegenden breitete sich auch hier im Mittelalter eine festere staatliche Struktur aus. Die Archäologen sind der Ansicht, dass die Menschen, die in der Zeit um Christi Geburt an der Elbe siedelten, eine germanische Sprache verwendeten, also Germanen waren. Am Ende des 8. Jahrhunderts traf Karl der Große im Wendland sowohl auf Wenden oder Slawen als auch auf germanische Sachsen. Gegen beide führte er Krieg; es kam ihm darauf an, ein Bündnis zwischen den beiden Gruppen zu verhindern. Für die Franken unter Karl dem Großen war es dann wichtig, einen weiten Ausblick über die Elbniederung zu haben. Daher errichteten sie dort im Jahr 789 ein Kastell. 810 wurde es von Slawen zerstört, aber sofort wieder aufgebaut. Die Sachsen wurden unterworfen und christianisiert, die Auseinandersetzungen mit den Slawen dauerten noch länger an.

Vielleicht verwendeten die Menschen im Wendland oder eine Mehrheit von ihnen zunächst eine germanische, später eine slawische Sprache. Es ist aber ebenso möglich, dass im frühen Mittelalter Menschen, die slawisch sprachen, in westliche, straffer organisierte Bereiche eindrangen, weil dort ein Leben unter stabileren Bedingungen möglich war als fernab in der Wildnis. Doch sie mussten sich dafür in ungewohnte hierarchische Ordnungen einfügen, was oft zu Spannungen führte. Dies gilt für das Wendland genauso wie für viele andere Gebiete an der Elbe und ihren Nebenflüssen. Möglicherweise wird hier der Blick auf das, was im Mittelalter wirklich geschah, durch vermeintlich nationale Unterschiede zwischen «Germanen» oder «Deutschen» auf der einen und «Slawen» auf der anderen Seite überdeckt. Es stand aber nicht die ethnisch geprägte Auseinandersetzung zwischen «Völkern» oder «Staaten» im Mittelpunkt, sondern die Ausbreitung der festeren staatlichen und wirtschaftlichen Struktur. Sie drang in Gebiete mit räumlich wenig fixierten Siedlungen vor, die im Wesentlichen nur sich selbst versorgten und weitgehend unabhängig voneinander waren. Im deutschen Herrschaftsbereich legte man Wert darauf, dass Siedlungen nicht mehr verlagert wurden. In der Nähe der Dörfer wurden im Mittelalter städtische Siedlungen gegründet, in denen die Mühlen, die Märkte und die Verwaltungen konzentriert waren. Im Wendland waren das nicht nur Lüchow und Dannenberg sowie auf der gegenüberliegenden Elbseite nicht nur Dömitz. Es kamen kleinere Städtchen hinzu, Bleckede und Gartow zum Beispiel. Der Name des letzteren Ortes könnte sich auf eine fest umzäunte Burg oder den städtischen Charakter der Siedlung beziehen: «Gard» bedeutet Burg oder Stadt in den slawischen Sprachen. Es könnte aber auch auf einen «gord» Bezug genommen worden sein, einen Fischzaun, den man dort zog, wo das Wasser aufgestaut worden war. An einem Fischwehr konnte man Nahrung für zahlreiche Menschen gewinnen und eine Bevölkerung das ganze Jahr über gut ernähren. Auch für die Erklärung des Namens «Göhrde» für ein Schlösschen und ein ausgedehntes Waldgebiet am Rand des Wendlandes gibt es mehrere Möglichkeiten; Reste von Burg und Damm (mit einer Straße darauf) sind heute noch zu erkennen. Gab es dort ebenfalls einen Fischzaun?

Im 12. Jahrhundert bekam das Land eine neue Struktur. Kleine Siedlungen wurden von so genannten Lokatoren, die in herrschaftlichem Auftrag tätig waren, zu größeren Dörfern zusammengelegt. Damals entstanden viele der bis heute erhalten gebliebenen Rundlinge, die nicht nur wegen ihrer Form Aufmerksamkeit erregen, sondern auch wegen ihrer seltsam anmutenden slawischen Namen: Satemin, Pommoissel, Wittfeitzen, Schreyahn, Penkefitz. Bei den Dörfern im Wendland wurde – wie auch andernorts – ein neues Flursystem eingeführt, die Dreifelderwirtschaft. Jeder Bauer bekam Land in jedem Feld. So war er in der Lage, Überschüsse zu erwirtschaften. Was die Rundlinge von anderen Dörfern unterschied, waren lediglich ihre Form und die Sprache ihrer Bewohner.

Die Deichreihensiedlung Quarnstedt bei Gartow/ Wendland

Die meisten Rundlinge entstanden auf den Lehmböden des südlichen Drawehn. Auch in den feuchteren Gebieten der Niederung wurden im hohen Mittelalter Siedlungen angelegt. Nur bei einem Teil davon erwies sich die Rundlingsstruktur als praktisch. Wo Überflutungen drohten, schuf man Flusswurten: künstliche Hügel, auf denen die Bauern und ihr Vieh vor den Fluten der Elbe sicher waren. Bald entschloss man sich, das ganze Land einzudeichen. Die ersten Hochwasserschutzdämme beiderseits der Elbe wurden um das Jahr 1160 gebaut, also in der gleichen Zeit, in der auch viele Dörfer neu angelegt wurden. Von Siedlungen an den Deichen aus wurde die Marsch kultiviert: Lange Streifen Landes lagen hinter den Gehöften. Zwischen den Landstreifen wurden Entwässerungsgräben gezogen. Solche Orte nennt man Marschhufensiedlungen. Ihre Fluren oder Hufen ziehen sich weit in die eingedeichten Senken hinein. Liegen sie am Deich, bezeichnet man sie als Deichreihensiedlungen. Einige davon gibt es im Wendland (ein Beispiel dafür ist Quarnstedt nördlich von Gartow), besonders weit verbreitet sind sie in den weiten Senken nordöstlich der Elbe, beispielsweise im Amt Neuhaus. Man findet sie deswegen auf dem rechten Elbufer in größerer Zahl, weil die Elbe im Wendland, am Drawehn und im Amt Neuhaus in der linken Randsenke des Urstromtals verläuft und dort, am linken Ufer, unmittelbar an trockenes Land grenzt.

Im späteren Mittelalter wurde die Schifffahrt auf der Elbe erstmals intensiver betrieben. Zwischen Bleckede und Radegast wurde eine Elbschleife beseitigt, an der das Hochwasser immer wieder ausgeufert war. Sie hatte auch die Schifffahrt behindert. Kaiser Karl IV., der im 14. Jahrhundert in Prag und Tangermünde residierte, zog gegen die Herren von Dannenberg zu Felde. 1377 belagerte er die Stadt, in der Konrad von Saldern saß, der im Umland «raubte» und «plünderte». Vielleicht bedeutet dies nur, dass er sich gegen Karls Vorherrschaft im Elbraum wandte.

Das Wendland und das Amt Neuhaus gehörten lange Zeit zum Herzogtum Braunschweig-Lüneburg, dann zum Kurfürstentum Hannover. Zu Beginn des 18. Jahrhunderts war dort Reichsfreiherr Andreas Gottlieb von Bernstorff erster Mann in der Region. Er erwarb 1694 das Gut Gartow; seine einflussreiche Familie ist seitdem dort ansässig. Im 18. Jahrhundert führten die Bernstorffs umfangreiche Reformen im Wendland durch. Das Land auf der Geest wurde verkoppelt: Schmale Landstreifen wurden aneinander gebunden, bisherige Allmende auf Privatbesitzer verteilt. Die Fluren in der Marsch beließ man dagegen so, wie sie waren; eine Verkoppelung kam dort nicht in Frage, weil man dann viele Gräben hätte verfüllen müssen. Der Wohlstand der Bauern wuchs; viele Bauernhäuser wurden neu gebaut oder erweitert. Mit der Mehrung des Wohlstandes mag sich das Deutsche als allgemein übliche Verkehrssprache ausgebreitet haben. Im 18. Jahrhundert ging das Dravänopolabische unter. Als Besonderheit der Wendlanddörfer blieben nur ihre Rundlingsform und ihre Namen bestehen. Die Bewohner bedienten sich nun des Niederdeutschen genauso wie die Bauern in den Nachbarsiedlungen und die Händler in den Städten; Niederdeutsch war damit die anerkannte «lingua franca» geworden. Es kam zu einem allgemeinen Aufschwung: In vielen Orten wurde zusätzlich zum Getreide Lein angebaut. Die weit verbreiteten feuchten Grasländer waren dafür besonders günstig: Man konnte dort die geernteten Leinstängel zur Flachsröste auslegen. In den Dörfern betrieb man die Leinenweberei. Leinen und Korn wurden auf der Elbe verschifft.

Die Verkehrsmöglichkeiten auf dem Fluss wurden stetig verbessert. Um

1700 wurden die Ufer befestigt. Man verwendete dazu Faschinen – Reisigbündel, die man auf die Ufer packte. Hinzu kamen so genannte Tannenwurzeln; damit meinte man die weit reichenden Wurzelsysteme von Kiefern, mit denen man den Ufern besondere Stabilität verlieh. Damals baute man die ersten Buhnen – Dämme, die vom Ufer aus gegen das Fahrwasser vorgetrieben wurden, um dieses zu verengen. Dadurch beschleunigte man die Strömung. Das Fahrwasser wurde tiefer, weil der Sand in der Mitte des Stromstrichs von der Wasserbewegung beseitigt wurde.

Gleich nach der deutschen Wiedervereinigung wurde die Straßenbrücke über die Elbe bei Dömitz neu gebaut.

Außer der Elbe waren etliche Nebenflüsse schiffbar, aber nur mit kleineren Booten. In den Häfen der kleinen Städte an den Flussmündungen lud man die Ladungen in größere Elbkähne um: Für die Güter aus dem Aland war Schnackenburg der Umschlaghafen. Hitzacker, im Jahr 1258 durch die Umsiedlung der Bewohner aus einem nahen Dorf auf einer Insel in der Jeetzelmündung gegründet, wurde von Booten aus der Altmark erreicht. Die Elbkähne waren zwar größer als diese Boote, sie durften aber wegen der geringen Wassertiefe der Elbe lediglich einen Tiefgang von nur einigen Dezimetern haben. Ihr Rumpf musste die häufigen Grundberührungen überstehen können. Um dennoch relativ umfangreiche Lasten transportieren zu können, hatten die Elbkähne weit ausgezogene Spitzen- und Heckpartien mit flachen Unterseiten, die weit über die Wasserlinie vorstanden. Sie sahen «zu groß» aus. Spöttisch nennt man nach dem Aussehen dieser Boote auch zu große Schuhe «Elbkähne».

Hitzacker hat nicht nur eine ungewöhnliche Stadtanlage. Berühmt ist auch der Weinberg am Abhang des Drawehns, zeitweise der nördlichste Rebhang Deutschlands, vielleicht sogar der Welt. 1713 wurde er durch Hagelschlag zerstört; seit 1980 werden wieder Weinstöcke gezogen.

Auf dem rechten Elbufer wurde Dömitz zur Festung ausgebaut. Der Ort ist mecklenburgisch, er liegt an der Mündung der schiffbaren Elde in die Elbe. Bereits im 13. Jahrhundert gab es dort eine Burg. Die Festung wurde aus Feldsteinen und Raseneisenstein, den man in den Mooren der Umgebung fand, im 16. Jahrhundert aufgemauert und später immer wieder ergänzt. Sie ist heute weit und breit die einzige vollständig erhalten gebliebene Festung. Die Mecklenburger unterhielten von Dömitz aus eine Fähre zum linken Elbufer. Dort besaßen sie sogar Land und eine Siedlung, Kaltenhof. Die Bedeutung von Dömitz als Umschlaghafen stieg im 19. Jahrhundert. Denn 1836 wurde die Müritz-Elde-Wasserstraße fertiggestellt, ein Kanal entlang der Elde, auf dem man mit kleinen Schiffen (bis 270 Tonnen Gewicht) von der Elbe zum Seengebiet der Müritz kommt. Siebzehn Schleusen wurden gebaut, die heute auch von Freizeitkapitänen genutzt werden. Dömitz ist unter anderem bekannt, weil der Dichter Fritz Reuter dort eingesperrt war. Nach «Umtrieben» der Jenenser Burschenschaften, an denen er teilgenommen hatte, verbrachte er in Dömitz seine «Festungstid».

Das Wendland blieb Bauernland. In der Göhrde, heute das größte Mischwaldgebiet der Gegend, wurde ein Jagdschloss errichtet. Von dort aus gingen die hannoverschen Könige und später Kaiser Wilhelm I. auf die Jagd. Als in den ersten Jahren nach der Reichsgründung von 1871 Eisenbahnen im Wendland gebaut wurden, bekam das Jagdschloss eine eigene Bahnstation. Für diese Bahn wurde 1873 eine der längsten Brücken Deutschlands fertiggestellt: Die Überquerung der Elbe zwischen Dannenberg und Dömitz war 1050 Meter lang. Einige Jahrzehnte lang waren die beiden

Städte vorzüglich in das überregionale Verkehrsnetz eingebunden. Der Dömitzer Hafen wurde weiter ausgebaut; dort lud man nun auch Güter von der Bahn auf Elbschiffe um. Am Ende des 19. Jahrhunderts entstand ein weiterer Elbhafen in Bleckede. Neben der Eisenbahnbrücke wurde in den 1930er Jahren noch eine Straßentrasse über die Elbe geschaffen.

Doch dann brachen schwere Zeiten über das Wendland herein. In den letzten Tagen des Zweiten Weltkriegs wurden die Brücken zwischen Dannenberg und Dömitz zerstört. Sie wurden später zu Symbolen der deutschen Teilung. 1945 wurde die Elbe zwischen Schnackenburg und Lauenburg zur Grenze zwischen Ost und West; auch die alte Scheidelinie zwischen dem Wendland und der Altmark war zur Demarkationslinie zwischen den westlich und östlich kontrollierten Gebieten geworden. Nur noch über den Drawehn kam man von Westen her in den östlichsten Winkel des nach dem Krieg geschaffenen Bundeslandes Niedersachsen. Bisher war die Elbe niemals Grenze gewesen. Nur kleine Grenzabschnitte zwischen den deutschen Ländern liefen bis 1945 an der Elbe entlang: Mecklenburg reichte bei Dömitz über den Fluss hinüber nach Kaltenhof. Und das rechtselbische Amt Neuhaus gehörte bereits lange Zeit zu Hannover. Einige Orte hatten Teile rechts und links der Elbe: Darchau liegt auf dem rechten Ufer, Neu Darchau auf dem linken. Alt Garge und Altwendischthun befinden sich auf der linken, Neu Garge und Neuwendischthun auf der rechten Flussseite. Darauf nahmen die Alliierten keine Rücksicht, als sie Deutschland in Besatzungszonen aufteilten. Die Elbe wurde auf beinahe 100 Kilometer Länge zum Grenzfluss. Das Amt Neuhaus wurde ein Teil von Mecklenburg; später gehörte es zum Bezirk Schwerin der DDR. Kaltenhof wurde niedersächsisch. Schnackenburg wurde auf westlicher, Cumlosen auf östlicher Seite zur Grenzkontrollstelle für den Schiffsverkehr auf der Elbe. Bis 1990 bestand ein Konflikt darüber, ob die Grenze zwischen Ost und West in der Mitte des Flusses verlief (wie üblicherweise zwischen zwei Staaten) oder am Ostufer, wie es die vertraglichen Bestimmungen unter den Alliierten vorsahen. Unter anderem an dieser Streitfrage wird deutlich, dass sich die beiden deutschen Staaten nie vollständig gegenseitig anerkannten.

Vielerorts im Wendland blieb die Zeit stehen. Der Landkreis Lüchow-Dannenberg war der am dünnsten besiedelte der alten Bundesrepublik. Das einzige weithin sichtbare Bauwerk, das dort errichtet wurde, war der Funkmast auf dem Höhbeck. Über ihn wurde der Funk- und Fernmeldeverkehr mit West-Berlin abgewickelt. Er galt mit einer Höhe von 344 Metern als das höchste Bauwerk der Bundesrepublik.

Noch in der Zeit der Trennung beider deutscher Staaten begann man in den 1970er Jahren, ein Entsorgungszentrum für Abfälle der Nuklearindustrie in Gorleben zu planen. Dagegen formieren sich bis heute massive Proteste der Anti-Atombewegung. Das wohl wichtigste Argument gegen diese Anlage, nämlich die Lage unmittelbar an der Grenze zwischen den Machtblöcken der Welt vor 1990, ist inzwischen weggefallen. Gorleben und das Wendland sind aber noch immer Symbole für den Widerstand von Gegnern der Atomkraft.

Unmittelbar nach der Öffnung der DDR-Grenze 1989 wurden die jahrzehntelang unterbrochenen Fährverbindungen über die Elbe wieder eingerichtet. 1992 wurde die Straßenbrücke über die Elbe bei Dömitz wieder eröffnet. 1993 kehrte das Amt Neuhaus zum Landkreis Lüneburg und zum Land Niedersachsen zurück. Mecklenburg-Vorpommern ist nur noch an zwei kürzeren Strecken Elbanrainer, bei Dömitz und bei Boizenburg, der alten Hafen- und Werftstadt.

Die Niederungen an der Elbe waren in den Jahrzehnten, in denen sie dicht an einer der striktesten Grenzen der Welt gelegen hatten, zum Teil verwildert, zum anderen Teil nur extensiv genutzt. Voller Euphorie über neue Möglichkeiten, die Natur zu schützen, traten nach dem Fall des Eisernen Vorhangs viele Naturschützer dafür ein, an der Elbe einen Nationalpark einzurichten. Doch nach international gültigen Definitionen ist ein Nationalpark ein Gebiet, in dem die natürliche Entwicklung absoluten Vorrang genießt. Deshalb formierte sich dagegen erheblicher Protest der Landwirte, die eine erneute Beschränkung ihrer nach Jahrzehnten endlich wieder gewonnenen wirtschaftlichen Freiheit befürchteten. Ein weiteres Argument gegen einen Nationalpark an der Elbe ist, dass dort natürliche Entwicklungen seit Jahrhunderten eingeschränkt werden. Seit langer Zeit gibt es Deiche. Man müsste sie beseitigen, dazu alle Abflussgräben und alle Siedlungen im potentiell weiten Überflutungsbereich. Dann erst wäre die Elbniederung zwischen der Havelmündung und Lauenburg unter natürlicher Entwicklung. Weil dann kaum noch Menschen in der Niederung leben könnten, würde auch ein Hochwasser wie das von 2002 keine Bedrohung mehr darstellen. Die damals und auch später wieder erheblich überflutete Stadt Hitzacker wäre von der Bildfläche verschwunden. Die Menschen wären dann vielleicht wieder dort untergekommen, von wo man

ihre Vorfahren im Mittelalter geholt hatte: aus einem damals aufgelösten Dorf in der Umgebung. Man kann eine solche Vision großartig finden, muss aber bedenken, was man dadurch verliert: nicht nur landwirtschaftliche Nutzflächen und Siedlungsplätze mit zahlreichen kulturellen Sehenswürdigkeiten, sondern auch weites Grünland, auf das heute immer wieder große Trupps von Gänsen und Kranichen einfallen. Und auch der Storch würde verschwinden. Denn in den Wäldern und Gebüschen, die nach Ende der Nutzung überall aufkommen, würde er keine Frösche und Insekten mehr fangen können. Diese Tiere sind genauso wie zahlreiche Pflanzenarten auf eine Landschaft angewiesen, wie sie im Lauf der Jahrhunderte an der Elbe vom Menschen gestaltet wurde.

Die Elbe bei Darchau ist ein breiter und meist träger Strom.

Der Plan, einen Nationalpark an der Elbe zu schaffen, ist gescheitert. Stattdessen hat man ein Biosphärenreservat eingerichtet. Auch dies ist ein international üblicher Begriff, der 1971 von der UNESCO geprägt wurde. Seine Fassung in der deutschen Sprache ist unglücklich, denn eigentlich ist er aus einem Programm «Man and Biosphere» (MaB) hervorgegangen, und in gesetzlichen Bestimmungen heißt es, es gehe um die Bewahrung sowohl der Natur- als auch der Kulturlandschaft. Dies aber ist ein Widerspruch in sich, denn Natur besteht nur dort, wo alle ihre Entwicklungen ablaufen können. Die Landschaft, die im Lauf der Jahrhunderte durch das Wirken der Menschen, vor allem durch Bauern und Wasserbauer, geschaffen wurde, war aber stets das Gegenteil einer freien Entwicklung von Natur. Es ging ja immer darum, die Entstehung fester Siedlungs- und Wirtschaftsstrukturen zu ermöglichen. Dadurch wurde die Ausbreitung zahlreicher seltener Tier- und Pflanzenarten begünstigt. Man müsste viel stärker betonen, dass es in Biosphärenreservaten um ein Miteinander von Mensch und Biosphäre geht. Wie dies aussehen kann, haben die Menschen in der Hand. Sie können entscheiden, ob Deiche gebaut, verlegt oder erhöht, welche Gräben neu ausgehoben oder aufgehoben werden sollen, welche Gehölze man zum Schutz der Deiche stehen lässt und welche man zur Verhinderung von Eisstau unbedingt beseitigen sollte. Vor der Entscheidung, welche landschaftlichen Strukturen man verändern oder beibehalten will, ist die Analyse des Vorhandenen besonders wichtig. Denn damit lässt sich die Landschaft charakterisieren, mit der nicht nur die Menschen derzeit vertraut sind, sondern in der auch diejenigen Tier- und Pflanzenarten vorkommen, für die wir uns besonders verantwortlich fühlen. Man kann die Elbregion zwischen Wittenberge und Lauenburg als eine Modellregion auffassen, in der neue Wege des Miteinanders von Mensch und Biosphäre gefunden werden können.

20 Von Lauenburg in die Vier- und Marschlande

Ursprünglich wurde die Elbe von dem mächtigen Moränenwall aus der Saale-Eiszeit von Bleckede aus weiter nach Norden geführt. Irgendwo im Gebiet zwischen Wismar und Lübeck mag der Strom vor der letzten Eiszeit in die Ostsee gemündet sein. Wo genau der Vorläufer der Elbe das Meer erreichte, lässt sich heute kaum noch feststellen, denn alle Ablagerungen in dieser Gegend wurden vom Gletscher der letzten Eiszeit überfahren: Vor 20 000 Jahren drang er bis in die Nähe des heutigen Elbtals vor. Von der Stirnseite des Gletschers ausgehend bildeten sich große Sanderflächen aus. Der neu vorgestoßene Gletscher, seine Moränen und Sander verhinderten einen weiteren Abfluss des Wassers aus dem Urstromtal nach Norden. Das Schmelzwasser der Gletscher, das Wasser aus Weichsel, Oder und Elbe sowie ihren Nebenflüssen schafften es schließlich gemeinsam, den Moränenwall aus der Saale-Eiszeit in der Nähe des heutigen Lauenburg zu durchbrechen. Seitdem fließt das Wasser von dort zur Nordsee. Parallel zum Moränenbogen aus der Zeit des Warthe-Vorstoßes in der Saale-Eiszeit, den die Elbe bei Lauenburg quert, gibt es weitere Hügelketten aus der Eiszeit. Auch sie versperrten der Elbe den direkten Weg zur Nordsee, und auch sie mussten vom Fluss durchbrochen werden. Die Moränen bei Lauenburg sind jünger als diejenigen, die ganz im Westen liegen. Der älteste dieser Moränenbögen aus der Saale-Eiszeit ragt aus dem Süden der Lüneburger Heide bis nach Cuxhaven vor.

Die Elbe musste sich ihren Lauf immer dort suchen, wo ihr zuerst die eiszeitlichen Gletscher und dann der Schutt, der von ihnen zurückblieb, die geringsten Widerstände entgegensetzten. Dabei sollte man sich immer klar machen, dass die Elbe in dieser Gegend schon längst das Meer erreicht hätte, wenn Norddeutschland nicht während der Eiszeiten tiefgreifend verändert worden wäre. Bei geologischen Tiefbohrungen in der Lauenburger Gegend traf man erst bei einem Niveau von 64 Meter unter Normalnull auf die am weitesten hervorragenden «Gipfel» der voreiszeitlichen Landoberfläche. Das heißt: Läge in dieser Gegend nicht massenweise eiszeitlicher Schutt, würde sich an der Stelle des heutigen Lauenburg das weite offene Meer ausdehnen.

Das erst einige Jahrtausende alte Elbtal bei Lauenburg ist etwas schma-

Lange Marschhufe bei Bleckede, 1984

ler als das Urstromtal, das der Fluss zwischen Wittenberge und Lauenburg nutzte. Möglicherweise brach die Elbe ursprünglich südlich von ihrem heutigen Weg nach Westen durch die Moräne. Der kleine Wasserlauf Wetter könnte einen alten Elblauf nachzeichnen. Dort verläuft heute ein Hauptabflussgraben, in dem sich das Wasser aus der Marsch sammelt, dem feuchten Land am Wasser. In den Elbmarschen nennt man einen solchen Graben «Wetter» oder «Wettern». Er verläuft in der Mitte der Talniederung, kommt aus der Nähe des Ortes Radegast und mündet bei Echem in das Flüsschen Neetze. Südlich neben ihm verläuft noch ein weiterer Abzugsgraben, hier Bruchwetter genannt. Er liegt in der südlichen Randsenke des Urstromtales. Die Elbe ist in den letzten Jahrtausenden von der Mitte des Tales in die nördliche Randsenke gewandert. Dort stieß sie erneut an ein Steilufer der Moräne aus der Saale-Eiszeit, das sie seitdem allmählich abträgt; diese Moräne ist es, die der Fluss bei Lauenburg aus dem Weg räumte. Zwischen Elbe, Wetter und Bruchwetter ziehen sich kilometerlang die Streifen der Marschhufen entlang. Erst vor wenigen Jahrzehnten begann man, einzelne Langstreifen miteinander zu verkoppeln; durch das Zusammenlegen der Fluren und das Zuschütten der dazwischen liegenden Gräben verändert sich die Landschaft aus Menschenhand, die seit dem Mittelalter entstanden ist. Die Neetze wird von dem größeren Elbnebenfluss Ilmenau aufgenommen. Erst nach langer Fließstrecke in der linken Randsenke des Urstromtals mündet die Ilmenau gemeinsam mit der Luhe in die Elbe.

Die Ilmenau war vor allem im Mittelalter ein wirtschaftlich wichtiger Fluss. Sie kommt aus der Lüneburger Heide, aus der Uelzener Gegend, also von der trockenen Geest mit ihren Ablagerungen aus der Eiszeit. Wo ein Fluss die Geest verlässt und in das Marschland des Urstromtals vordringt, ist ein günstiger Platz für die Anlage einer Stadt. Dort ist das Gefälle des Flusses groß genug, um Mühlen zu betreiben. Und es können die landwirtschaftlichen Güter des Hinterlandes mit Produkten getauscht werden, die über die Elbe und ihre Nebenflüsse im Hinterland Verbreitung finden sollen. Am Unterlauf der Elbe gibt es mehrere Städte, die in dieser Geländesituation gegründet wurden. An der Ilmenau entstand die Siedlung, in welcher der Güteraustausch stattfand, zunächst in Bardowick. Die Existenz dieses Ortes ist bereits aus dem 8. Jahrhundert verbürgt. Er gehörte in das Handelsnetz der Wikinger mit den Wik-Orten, die erste Wirtschaftsgemeinschaft, die im Mittelalter im nördlichen Mitteleuropa entstand. Wik-Siedlungen haben einen lang gestreckten Grundriss; sie liegen auf Sandrücken, an der Geestkante, oder man errichtete sie auf Langwurten, länglichen Hügeln in der Marsch, die zum Schutz vor Überflutung aufgeworfen worden waren. Die Bewohner einer Wik-Siedlung konnten ihre Boote direkt hinter ihrem Haus aufs flache Gestade ziehen. Über Bardowick wurde der Handel im gesamten Elbmündungsgebiet abgewickelt; der Ort stand im Austausch mit Dorestad in der Rheinmündung. Über Haithabu beim heutigen Schleswig wurde zu etwa gleicher Zeit der Handel zwischen Nord- und Ostsee geführt. Bardowick gilt als der Hauptort des Bardengaus, der ursprünglichen Heimat der Langobarden.

Im Verlauf des Mittelalters lief Bardowick ein anderer Ort den Rang ab: Lüneburg wuchs im 11. und 12. Jahrhundert aus einer Burg und einer Fischersiedlung an der Ilmenau zusammen. Die Burg war im 10. Jahrhundert auf dem Kalkberg errichtet worden. Er müsste eigentlich Gipsberg heißen, denn seine Oberfläche besteht vor allem aus Gips. Eine solche Insel festen Gesteins ist eine Seltenheit in Norddeutschland. Die Geologen bezeichnen sie als Salzhut. Fünf Kilometer tief im Untergrund liegendes Salz wurde von den darüber abgelagerten Gesteinsschichten und auch durch die Ablagerungen aus der Eiszeit immer stärker unter Druck gesetzt. Unter massiver Belastung wurde das Salz plastisch, verformbar. Es wurde in einem so genannten Salzdom in die Höhe gedrückt. Er schob den Salzhut aus den Ablagerungen über der Salzlagerstätte vor sich her. Das Salz wird vom Grundwasser aus dem Boden ausgelaugt. Salziges Wasser trat bei Lüneburg zu Tage. Angeblich brachte ein Schwein die Menschen auf die Spur des Salzes, das man im Mittelalter noch dringender brauchte als heute. In gesalzenem Zustand wurden verderbliche Lebensmittel haltbar, so dass sie als Handelsgut über große Distanzen transportiert werden konnten.

Den Lüneburger Kalkberg konnte man für die Gewinnung zweier Rohstoffe nutzen, die es sonst weit und breit nicht in vergleichbarer Menge gab. Den Gips benötigte man zur Herstellung von Mörtel; ohne Mörtel ließen sich keine Steingebäude bauen. Noch weitere Verbreitung fand das Lüneburger Salz. Im späten Mittelalter war es eines der wichtigsten Handelsgüter der Hanse und wurde im gesamten Nord- und Ostseeraum verbreitet. Bei der Fischersiedlung an der Ilmenau, deren Kirche Sankt Johannis ebenso wie Bardowick aus dem 8. Jahrhundert urkundlich bezeugt ist, wurde ein Hafen gebaut, von dem aus Salz und Gips verfrachtet wurden. Das ursprüngliche Fischwehr konnte auch zum Betrieb von Mühlen genutzt werden. Zwischen Burg und Fischersiedlung wurde eine für damalige Verhältnisse große und mächtige Stadt gebaut; sie erhielt 1247 Stadtrecht. Dieses Ereignis steht im Zusammenhang mit einem allgemeinen Aufschwung, der den gesamten Hanseraum in der Mitte des 13. Jahrhunderts erfasste.

Bardowick hatte dem nichts entgegenzusetzen. Heinrich der Löwe gab der Stadt sozusagen den Rest, als er sie 1189 zerstörte. Der Dom wurde später wieder aufgebaut. Bardowick entwickelte sich als ländliche Siedlung weiter, und nur ein Teil des ehemaligen Stadtgebiets wurde wieder bebaut. Man pflanzte fortan Gemüse an, denn das «Grünzeug» wuchs dort blendend, weil sich zum einen am Rand der Elbniederung besonders viele fruchtbare Bodenbestandteile abgelagert hatten, zum anderen etliche Beete dort lagen, wo zuvor jahrhundertelang fruchtbarer Abfall der

Handelssiedlung deponiert worden war. Seit der Zeit um 1400 hatten die Bardowicker das Privileg der Versorgung von Hamburg mit Gemüse; bis zum 17. oder 18. Jahrhundert behielten sie diese Vormachtstellung. Ihre Waren brachten sie ebenso wie die Lüneburger zu Wasser nach Hamburg. Lüneburg wurde dank der Einkünfte aus dem Salzhandel zu einer der reichsten Städte Norddeutschlands. Prächtige Bauten legen davon Zeugnis ab. Die Bedeutung der Salzgewinnung sank allerdings, als zunehmend Meersalz auf den Märkten angeboten wurde. Der Hafen behielt seine Bedeutung bis zum Bau der Eisenbahnen im 19. Jahrhundert. Seit der Mitte des 20. Jahrhunderts ist die Schifffahrt auf der Ilmenau so gut wie völlig zum Erliegen gekommen.

Die Elbe erreicht zunächst Lauenburg, das in Schleswig-Holstein liegt. Manche Namenkundler sind der Ansicht, der Stadtname sei aus «Löwenburg» hervorgegangen; viel wahrscheinlicher ist eine andere Deutung, die davon ausgeht, dass der Stadtname ursprünglich zum Teil slawisch gewesen war. Lauenburg soll danach die «Labenburg» gewesen sein, und «Labe» ist ja der slawische Name des Flusses. Von der Burg erhielten sich nur kleine Reste bis auf den heutigen Tag. Ein Teil der Stadt findet am Elbufer Platz; die Unterstadt, in der früher vor allem die Fischer lebten, ist besonders malerisch. Doch die Häuser müssen durch mächtige Granitfundamente vor Hochwasser und Eisgang geschützt werden. Die meisten Lauenburger leben in der Oberstadt auf dem Moränenrücken.

Lauenburg ist Ausgangspunkt des ältesten mitteleuropäischen Kanals über eine Wasserscheide. Für ihn nutzte man Wasserbahnen aus der Eiszeit, die zum Teil unter dem Eis als so genannte Tunneltäler entstanden waren. In der Nacheiszeit flossen dort, aus der Umgebung von Mölln kommend, die Flüsschen Stecknitz nach Norden, zur Trave, und Delvenau nach Süden, zur Elbe. Der Kanal wurde 1348 fertiggestellt. Mit siebzehn Schleusen konnte man die Scheitelhöhe von zwölf Meter am Möllner See überwinden. Die südlichste Schleuse, an der Elbe bei Lauenburg, ist die Palmschleuse. Sie heißt so nach einem Schleusenwärter, der dort um 1600 auch die Wassermühle betrieb. Die ursprüngliche Anlage der Palmschleuse stammt aus dem Jahr 1393; sie ist die älteste Kammerschleuse Europas. Im 16. Jahrhundert nutzten bis zu 1200 Schiffe pro Jahr den Kanal. Sie brachten vor allem Salz aus Lüneburg zum Lübecker Ostseehafen. 1724 wurde die Palmschleuse erneuert; dabei wurde ihre hölzerne Konstruktion durch Stein ersetzt.

Der Dom von Bardowick. Wo im frühen Mittelalter Häuser standen, finden sich heute fruchtbare Gemüsebeete.

1900 wurde als Ersatz für den alten Stecknitzkanal der Elbe-Lübeck-Kanal eröffnet. Er ist 30 Kilometer kürzer als sein Vorgänger und kann von erheblich größeren Schiffen befahren werden. Damals brauchten ihn die Lübecker; ihr Hafen wäre sonst nach dem Bau des Kaiser-Wilhelm-Kanals (heute Nord-Ostsee-Kanal) ins Verkehrsabseits geraten. Beim Kanalbau schnitt man in Lauenburg eine mächtige Tonschicht an. Eiszeitliche Ablagerungen, die diesem Sediment entsprechen, hat man in ganz Norddeutschland gefunden. Sie werden seitdem Lauenburger Ton genannt und haben eine enorme wirtschaftliche Bedeutung; in vielen Ziegeleien wird dieser Ton zur Gewinnung von Baumaterial verwendet.

Salz wurde im Mittelalter nicht nur per Schiff von Lüneburg nach Lübeck gebracht. Der Transport ging häufig auch über Land, auf der so genannten Alten Salzstraße. Sie kreuzte die Elbe nicht in Lauenburg, sondern einige Kilometer flussabwärts zwischen Artlenburg und Schnakenbek. Dieser Übergang war besonders günstig, denn man konnte im Süden einen Sandrücken nutzen, der einen großen Teil der Elbniederung trockenen

Fußes passierbar machte. Die Elbe war in mehrere Flussarme aufgespalten, die so flach waren, dass sie leicht zu durchqueren waren. Und nördlich der Elbe gab es zwei recht bequeme Aufstiege auf die Höhe von Schnakenbek.

Die Bundesstraße nutzt, von Lüneburg kommend, den Sandrücken heute noch, nimmt dann aber einen Umweg über die Brücke bei Lauenburg, wo sie zusammen mit der Eisenbahn die Elbe quert. Als man im 19. Jahrhundert die Eisenbahn bauen wollte, weigerten sich die Artlenburger gegen den Bau der Trasse auf ihrem Gemeindegebiet. Deswegen wählte man den Trassenverlauf von Straße und Bahn über Lauenburg. 1864 richtete man zunächst eine dampfbetriebene Trajektfähre ein, die Eisenbahnzüge und Wagen von Hohnstorf nach Lauenburg brachte. Sie wurde wenig später durch eine Brücke ersetzt. Aber noch einmal wurden mehrere Jahre lang Schiffe gebraucht, um beide Ufer miteinander zu verbinden, und zwar nach dem Zweiten Weltkrieg, nach der Zerstörung der Lauenburger Elbbrücke.

Seit 1977 zweigt bei Artlenburg der Elbe-Seiten-Kanal von der Elbe ab. Einige Kilometer weiter südlich, bei Scharnebeck, werden die Schiffe in einem beeindruckenden Schiffshebewerk auf das Kanalniveau der Geest angehoben, 38 Meter über dem Talniveau der Elbe bei Artlenburg. Die Anlage bei Scharnebeck ist das größte Doppelschiffshebewerk der Welt.

Die Elbe passiert Tespe (auf der linken Seite) und Tesperhude (rechts). Beide Orte sind als Einheit anzusehen. Vielleicht floss der Strom einmal weiter südlich, so dass Tespe ebenso wie Tesperhude auf der rechten Flussseite lag. Oder das Vieh wurde von Tespe aus per Boot nach Tesperhude gebracht, wo es gehütet wurde, wie der Name des Ortes verrät. In Krümmel, dem nächsten Ort auf dem rechten Elbufer, wurde 1865 die älteste Sprengstofffabrik der Welt gegründet. Alfred Nobel erfand hier das Dynamit. 1957 baute man einen Forschungsreaktor, 1984 ein Kernkraftwerk. Eine weitere Anlage zur Energiegewinnung ist das Speicherkraftwerk. In Zeiten geringen Stromverbrauchs wird seit 1958 Wasser in ein oberhalb der Elbe liegendes Speicherbecken gepumpt. Wenn viel elektrischer Strom gebraucht wird, lässt man es ab und treibt damit zusätzliche Turbinen an.

Der nächste Ort an der Elbe hieß ursprünglich Hachede; der Begriff «Hach» bezeichnet eine Hecke oder eine Einfriedigung. Der Ort ging 1258, als sich die Elbe während eines Hochwassers um drei Kilometer nach Norden verlagerte, in den Fluten unter. Man baute den Ort dann an zwei Stellen wieder auf. Nördlich der Elbe entstand Geesthacht (1401 als «Gesthachede» bezeichnet) auf dem Abhang der trockenen Geest. Südlich der Elbe wurde Marschacht gegründet, das ursprünglich Marschhacht hieß. Dieser Ort wurde später nochmals in Obermarschacht und Niedermarschacht geteilt, weil er sich sehr lang am Deich hinzieht. Die Elbe legte sich wohl, als sie Hachede zerstörte, aus der Mitte des Tales in die nördliche Randsenke. In Geesthacht ragt die Moräne aus der Saale-Eiszeit besonders hoch auf. Im trockenen Siedelgebiet entwickelte sich der Ort zur Industriestadt. Traditionell wurden hier Körbe aus Weidenruten hergestellt. In der Nähe von Geesthacht, in den Vier- und Marschlanden, brauchte man große Mengen an Körben, um landwirtschaftliche Waren auf die Märkte zu bringen.

Unterhalb von Geesthacht entstand in den 1950er Jahren ein großes Sperrwerk. Seine Errichtung verfolgte mehrere Zwecke. Die Elbabschnitte oberhalb und unterhalb des Stauwerks sollten voneinander getrennt werden. Nur so konnte man die Zufahrt zum Hamburger Hafen von der Nordsee her weiter vertiefen. Ohne das Sperrwerk von Geesthacht hätte sich die Elbe oberhalb weiter eingetieft, und ihr Fahrwasser wäre flacher geworden. Gerade aber das galt es zu verhindern. Die Sperre trägt nun dazu bei, den Wasserstand im oberhalb gelegenen Elbabschnitt gleich hoch zu halten. Eine konstante Wasserhöhe in diesem Bereich musste auch angestrebt werden, damit der Elbe-Seitenkanal gebaut werden konnte. Schließlich hatte das Sperrwerk als Hochwasserschutz zu dienen. Man stand damals unter dem Eindruck der Flutkatastrophe von 1953 in der Rheinmündung, die Hunderte von Menschen das Leben gekostet hatte. Hochwasserwellen sollten vom Meer her nicht weiter ins Binnenland eindringen können. Das 1960 fertiggestellte Bauwerk hat alle diese Funktionen erfüllt; 1962 schützte es erstmals das Hinterland vor einem weiteren Vordringen der Sturmflutwelle. 2002 zeigte sich dann, dass man auch starkes Hochwasser in kurzer Zeit aus dem Oberlauf abfließen lassen kann. In Geesthacht wurden die großen Wassermengen aus der Elbe vom Ebbstrom der Gezeiten erfasst; sie flossen sehr rasch zum Meer hin ab, und zwar so, dass man im Hamburger Hafen kaum ein Ansteigen des Pegels bemerkte. Die Elbe treibt in Geesthacht die Turbinen eines Laufwasserkraftwerkes an, mit denen elektrischer Strom erzeugt wird. Über das Sperrwerk verläuft eine Straßenbrücke. Schiffe werden auf einem Schleusenkanal an der Staustufe vorbei geleitet.

Unterhalb von Geesthacht erweitert sich die bei Lauenburg etwas engere Elbtalniederung wieder auf eine Breite von vierzehn Kilometern. Das Wasser steht nicht mehr allein unter dem Einfluss der Strömung, sondern es wirken auch die Gezeiten ein. Bei Flut kippt der Fluss: Die Wassermassen werden gestaut oder bewegen sich flussaufwärts. Sowohl Flussströmung als auch Ebbe sorgen für einen Abfluss von Wasser in Richtung Nordsee. Dabei ist die Zeitspanne, in der Wasser elbaufwärts gedrückt wird, insgesamt kürzer als die, in der Wasser abfließt. Denn in der Tideelbe, dem von den Gezeiten beeinflussten Teil des Flusses, fließt mehr Wasser in Richtung Nordsee als von dort in den Elblauf eindringt. Mit der Flutströmung aus der Nordsee gelangen normalerweise nur kleine Mengen an Salzwasser in die Tideelbe. Nur im Mündungsbereich, westlich von Glückstadt, sind sie festzustellen. Das Salzwasser mischt sich mit dem Süßwasser des Flusses, und es bildet sich Brackwasser mit geringem Salzgehalt, der in der Tideelbe nicht konstant ist. Wenn viel Meerwasser eindringt, was vor allem bei starkem Nordwestwind der Fall ist, kann die Salzkonzentration im gesamten unteren Abschnitt des Flusses zunehmen. Nur Pflanzen und Tiere, die wechselnde Salzgehalte ertragen, können dort auf Dauer existieren. Salz zieht weiteres Wasser an und konkurriert mit den Gewächsen um die Wasseraufnahme. Für die meisten Blütenpflanzen ist Salz im Wasser giftig; nur wenige von ihnen überdauern an Standorten, die regelmäßig oder sporadisch von Salzwasser erreicht werden. Die Zahl an mitteleuropäischen Gehölzpflanzen auf solchen Standorten ist besonders klein; nur einige Weidenarten, Pappeln und die Schwarzerle sind imstande, selbst ganz geringe Salzmengen zu überdauern.

Je weiter die Elbe zur Nordsee vorankommt, desto stärker macht sich das Salz bemerkbar. Auch andere Schwebstoffe, die im Nordseewasser enthalten sind, werden weiter unterhalb in der Elbe in größerer Menge abgesetzt als bei Geesthacht. Je stärker der Einfluss des Meeres wird, desto mehr Kalk findet sich auch am Grund der Elbe.

An wechselnden Stellen der Tideelbe steht Strömung gegen Strömung. Wenn sich Fluss- und Flutströmung gegenseitig stauen, weichen sie zur Seite aus. Es kommt zu einer Verästelung des Flusslaufes in unzählige Gewässerarme. An deren Rändern setzt sich zwar kaum feines Sediment aus dem Meer ab, wohl aber fruchtbarer Ton, den der Fluss bis hierher getragen hat: kleine Partikel aus den Gebirgen in seinem Oberlauf und vor allem aus den Lössregionen, nitratreiche Bestandteile aus den Seen und

Lüneburg an der Ilmenau

Erlenbruchwäldern. Nur der Kalk fehlt, denn er hat sich im Flusswasser auf dem Weg von den Lössbörden am Nordrand der Mittelgebirge längst aufgelöst. Die Flussablagerungen machen die Gegend außerordentlich fruchtbar. Einer landwirtschaftlichen Nutzung standen jedoch zunächst die häufigen Überflutungen und der gelegentlich intensivere Salzgehalt des Wassers entgegen.

Die Verästelung der Elbläufe nimmt unterhalb von Geesthacht zu. Zunächst kann man drei zeitweise von der Elbe genutzte Hauptabflussbahnen erkennen, die nebeneinander her verlaufen. Die Gose Elbe (auf Niederdeutsch bedeutet dies Trockene oder Flache Elbe) war wohl einst der Hauptstrom in der Mitte des breiten Tals. Neben dem Hauptstrom bildeten sich Dämme. Die Dove Elbe (Taube Elbe) im Norden der Senke dürfte als unmittelbare Fortsetzung des heutigen Elblaufs bei Geesthacht ebenfalls zeitweise durchströmt worden sein. Doch unterhalb von Geesthacht pendelt die Elbe vom äußersten rechten Rand des Urstromtals weit nach links und nutzt die südliche Randsenke der Niederung für ihren weiteren Lauf. Diese Schleife ist nicht von Natur aus entstanden.

Das Gelände zwischen den drei Elbläufen war ursprünglich eine von Röhricht bestandene Wildnis: Schilf und vor allem die Meersimse können die gelegentliche Überflutung durch Brackwasser ertragen. Auf den höchsten Stellen wuchs Weidengebüsch, in einigen vermoorten Senken hatten sich Erlenbruchwälder gebildet; an welchen Stellen dies der Fall war, verraten die Ortsbezeichnungen «Bruch» oder (niederdeutsch) «Brook». Das Gebiet zwischen den Elbläufen gehörte früh zum Einflussbereich Hamburgs. Wie in den Niederlanden wollte man die Ressourcen von ausgedehnten Feuchtgebieten für die Versorgung der Stadtbevölkerung nutzen. Die Hamburger deichten das Gelände ein. Nicht nur das Wasser war vom Land fernzuhalten, sondern auch das für Kulturpflanzen giftige Salz.

Im Jahr 1188 wurde Altengamme von einem Deich umzogen. 1212 kamen Neuengamme und Kirchwerder hinzu, 1217 folgte Curslack. Vier Deichgemeinden waren entstanden, ihr Name «Vierlande» ist seit 1556 bezeugt. Hinzu kamen als weitere «Marschlande» im Westen noch Ochsenwerder und Moorwerder, die von den Holsteiner Grafen 1395 an die Hamburger verkauft worden waren.

Die Hamburger dämmten später auch Dove und Gose Elbe ab. Das gesamte Elbwasser wurde von den Vier- und Marschlanden ferngehalten, indem es im Süden des Tals um das Land herumgeführt wurde. Das war für die Lüneburger ein *casus belli*; denn sie sahen sich der Möglichkeiten beraubt, den Südteil der Elbniederung zu nutzen. Infolgedessen kam es zu lang andauernden Konflikten zwischen den Fürsten von Braunschweig-Lüneburg und den Hamburgern. Als Hochwasser wiederholt in die Winsener Elbmarsch eindrang, durchstachen die Lüneburger schließlich die von den Hamburgern gebauten Deiche der Doven und der Gosen Elbe. Doch als sie dies taten, hatte sich die Strömung des Flusses schon auf den neuen Lauf eingestellt. Und weil gerade kein Hochwasser herrschte, kehrte die Elbe nicht in ihre alten Betten zurück; den Hamburgern hingegen gelang es, die Lücken in den Deichen zu schließen.

Ganz im Süden des eingedeichten Landes wurde eine Fähre in Betrieb genommen. Sie verband den Zollenspieker mit dem Mündungsgebiet von Ilmenau und Luhe. Zollenspieker bedeutet, dass man von dort aus Schiffe erspähte, die auf der Elbe gen Hamburg fuhren. Man musste sie früh erkennen, um von den Schiffern Zoll einzutreiben. Die Fähre bei Zollenspieker bot lange Zeit eine der besten Möglichkeiten, um von Hamburg nach Lüneburg oder Celle zu gelangen.

Im eingedeichten Land bekamen die einzelnen Bauern Hufen zugeteilt, die von einem ehemaligen Elbarm zum anderen reichten, von Deich zu Deich. Den einen Damm, an dem die Bauernhäuser errichtet wurden, nannte man Hausdeich; am Ende der Hufe lag der Achterdeich. Die Hufen waren in der Regel 175 Meter breit und bis zu zweidreiviertel Kilometer lang. Die Nutzfläche einer solchen Hufe betrug vierzig Marschmorgen, das entsprach 38,6 Hektar.

Mit der Zeit wurde die Entwässerung des Landes immer schwieriger. Es wurde nicht mehr überflutet, trocknete aus und sackte zusammen. Im 17. Jahrhundert errichtete man deswegen vom Wind angetriebene holländische Schöpfmühlen. Die Patriotische Gesellschaft der Stadt Hamburg setzte sich seit 1789 dafür ein, dass die Mühlen eine Archimedische Schraube erhielten, eine Welle, mit der sich Wasser um beinahe einen Meter anheben ließ. Seit 1926 gibt es elektrisch betriebene Pumpwerke.

Das Schiffshebewerk von Scharnebeck am Elbe-Seitenkanal

Immer wieder brachen Deiche. Das Land wurde überflutet, und in der Deichlinie blieb die Bruchstelle, das Brack, zurück: An der Einstromstelle des Wassers hatte sich ein Kolk gebildet, ein tiefes Wasserloch. Der Ersatzdeich musste im Bogen um diese Stelle herum geführt werden. Die alten Deiche der Vierlande sind daher vielfach gewellt. Jede Kurve im Deich ist eine Erinnerung an eine Katastrophe.

Auf dem eingedeichten Land wurde zunächst vor allem Getreide für die hamburgischen Brauereien angebaut. Die Bauern zogen Hopfen in ihren Gärten, den sie ebenfalls an die Brauereien lieferten. Außerdem gab es Grünland für die Pferdehaltung. Die aufstrebende Hansestadt brauchte eine Menge Zugtiere. Im 18. Jahrhundert begann man, die Nutzung der Vierlande umzustellen. Man baute nun vor allem Gemüse, Obst und Gartenblumen an. Damit machte man den Bardowicker Bäuerinnen auf den Hamburger Märkten Konkurrenz; jahrhundertelang hatten allein sie in Hamburg Gemüse verkauft. Nach und nach entstand in den Vierlanden das größte geschlossene Obst- und Gemüseanbaugebiet in Deutschland, ein einziger großer Garten. Günstige Voraussetzungen dafür boten die fruchtbaren Böden, das feucht-ozeanische Klima und die Nähe zu den Absatzmärkten in Hamburg.

Was man in den einzelnen Dörfern auf den Feldern zog, hing vom Untergrund ab. In einigen Gebieten gab es mehr Sand, der weniger Nährstoff

2315702
FATA-MORGANA NL TERNEUZEN NL FATA-MORGANA

besaß, aber besser durchlüftete Bodenporen, in anderen war der Boden toniger, nährstoffreicher, aber weniger gut durchlüftet. Curslack und Neuengamme waren die Blumenorte. Dort zog man Christrosen, Primeln, Veilchen, Maiglöckchen, Schwertlilien und Rosen. Felder mit Blumen ersetzten in der Mitte des 19. Jahrhunderts Obstgärten mit Kirschbäumen. Das war günstig, weil man im Hochsommer zu wenige Arbeitskräfte zum Kirschenpflücken fand. In Ochsenwerder stand mehr Gemüse auf den Feldern: verschiedene Sorten Kohl, Erbsen, Grüne Bohnen, Steckrüben und anderes. In der Mitte des 18. Jahrhunderts kam – sehr früh für mitteleuropäische Verhältnisse – der Anbau von Frühkartoffeln auf. Aus England wurde um 1860 eine der merkwürdigsten Kulturpflanzen eingeführt, die man hierzulande kennt: Rhabarber, dessen Stängel geerntet und gekocht werden, um daraus Süßspeisen zu bereiten. Zollenspieker auf Kirchwerder war für Küken- und Gänsemästereien bekannt.

In allen Orten der Vierlande wurden Obstbäume kultiviert. Erdbeeren wurden seit 1693 angebaut, so früh wie sonst kaum an einem anderen Ort weit und breit. Hinzu kamen Stachel-, Johannis- und Himbeeren, Melonen und Tomaten; deren erste Kulturen legte man um 1880 ein. In komplizierten Fruchtfolgen wuchsen nacheinander auf einzelnen Flächen bis zu fünf verschiedene Gewächskulturen heran. Dazu brauchte man auch auf den fruchtbarsten Böden Dünger. Schnell merkte man, dass der Viehbestand zu seiner Beschaffung bei weitem nicht ausreichte. Hamburger Bürger schlugen vor, Abfälle aus der Stadt auf den Gemüsebeeten auszubringen. Man baute Klee und Luzerne zur Gründüngung an. Im 20. Jahrhundert erkannte man, dass es den Beeten vor allem an Kalk fehlte. Man brachte deswegen Elbschlick aus dem Unterlauf in die Vierlande, in dem Muschel- und Schneckenreste enthalten waren. Auch Knochenabfälle und Federn nahm man zum Düngen.

Vereinzelt schon im 19. Jahrhundert, in großer Menge aber seit Beginn des 20. Jahrhunderts verwendeten die Bauern Frühbeete und Glashäuser, um die Pflanzen so früh wie möglich auf die Hamburger Märkte bringen zu können. Zum Schutz vor Frost deckte man die Beete mit Schilf und anderen Pflanzen des Röhrichts ab. Sie waren als ursprünglicher Bewuchs der Vierlande massenhaft verfügbar. Die Vierländer Bauern fuhren übrigens selbst auf die Märkte, und zwar ursprünglich auf dem Wasser. Ihre Ware transportierten sie in den flachbodigen Ewern, charakteristischen Booten der Niederelbe. Das Gemüse wurde in Hamburg oft direkt vom

Ewer aus verkauft. Erst in der Mitte des 20. Jahrhunderts kamen Lieferwagen auf. Der Ruhm des Gartenlandes wäre unangetastet geblieben, hätten nicht die Nationalsozialisten in Neuengamme ein besonders berüchtigtes Konzentrationslager eingerichtet.

In der südlich der Elbe gelegenen Winsener Elbmarsch, die ebenso wie die Vier- und Marschlande von langen Marschhufen durchzogen ist, etablierte man später ähnliche landwirtschaftlich-gärtnerische Kulturen wie am rechten Ufer der Elbe. Es war besonders schwierig, dieses Land bei Hochwasser vor den Fluten zu schützen; denn nicht nur die Deiche der Elbe, sondern auch die der Ilmenau, Luhe und Seeve konnten brechen. Um 1900 wurden Küken aus der Winsener Marsch nahezu weltweit exportiert. Als Handelsgut nannte man sie «poussin de Hambourg».

An der Südostspitze von Moorwerder lag das Bunthaus, seit 1337 eine Hamburger Zollstation. Dort teilt sich die Elbe in zwei Arme, die Norder- und die Süderelbe. Bis zum Ende des 15. Jahrhunderts floss das meiste Wasser in der Süderelbe ab, der direkten Fortsetzung der Stromelbe, die Vier- und Marschlande im Süden umschloss. Die Hamburger hatten die Elbe in den Süden gedrängt, um Vier- und Marschlande optimal nutzen zu können. Es war ihnen aber auch sehr daran gelegen, so viel Wasser wie möglich in die Norderelbe und damit in ihren Hafen zu lenken. Bis 1815 war an der Spitze von Moorwerder ein hamburgisches Kriegsschiff stationiert, das alle Schiffe zum Befahren der Norderelbe zwang. Sie sollten ihre Ladung in Hamburg löschen und nicht in Harburg an der Süderelbe.

Kurz bevor die Elbe Hamburg erreicht, nimmt sie von rechts die Bille auf. Das Flüsschen kommt von der Holsteiner Geest; an der Geestkante wird es seit 1208 vom Bergedorfer Mühlendamm gestaut. Dort konnte das Städtchen Bergedorf beständig gedeihen; es erhielt 1275 Lübisches Stadtrecht, seit 1868 gehört es zu Hamburg. An der Geestkante breiten sich bei Boberg Dünen aus. Eiszeitliche Jäger lauerten von hier aus den Tieren auf, die in der Niederung die Elbe querten. Heute überblickt man von dort oben eine der am intensivsten genutzten Landschaften weit und breit.

21 Hamburg, das Tor zur Welt

Westlich der Vier- und Marschlande wird das Urstromtal schmaler, die Entfernung vom einen zum anderen Rand beträgt dort «nur» etwa zehn Kilometer. Das Schmelzwasser der Weichsel-Eiszeit musste einen weiteren Moränenzug aus der Warthe-Phase der Saale-Eiszeit durchbrechen. Zu ihm gehören sowohl die Schwarzen oder Harburger Berge im Süden, die man als nördlichen Ausläufer der Lüneburger Heide auffassen kann, als auch die hoch aufragenden Höhen um Blankenese, dem heutigen westlichen Vorort von Hamburg. Zwischen diesen Höhen presste sich vor 18 000 Jahren ein gewaltiger Strom hindurch. Geologen haben ihn als deutschen Mississippi bezeichnet, einerseits wegen seiner ungeheuren Breite und Wassermenge, andererseits weil sich in ihm alle Flüsse aus einem weiten Hinterland zwischen Weichsel und Saale zu einem einzigen Strom verbanden.

Der Urstrom im heutigen Elbtal reichte vor 18 000 Jahren, am Ende der letzten Eiszeit, weiter nach Westen als heute. Der Meeresspiegel der Nordsee lag mehr als einhundert Meter niedriger; denn viel Wasser war im Gletschereis gebunden, das große Erdteile bedeckte. Das Schelf der Nordsee, der heute unter Wasser liegende Kontinentalsockel, war weithin trocken; erst an der Doggerbank erreichte der Urstrom das Meer.

Nachdem die letzte Kaltzeit, die Weichsel-Eiszeit, zu Ende gegangen war und die Gletscher abzuschmelzen begonnen hatten, setzte im Elbtal bei Hamburg ein erheblicher Landschaftswandel ein. Als die äußersten Eisränder des weichselzeitlichen Gletschers verschwunden waren, nahm die Wassermenge im «Mississippi» ab; neue Schmelzwasserbahnen entstanden weiter im Norden. Große Teile des Tals fielen trocken, als Weichsel und Oder zur Ostsee durchgebrochen waren. Im heutigen Osten von Schleswig-Holstein blieben nach dem Verschwinden des Eises fruchtbare Landstriche zurück, die sich rasch begrünten. Aus dem Süden zogen Rentiere in dieses Weidegebiet. Dort gab es viel Futter und wenige lästige Insekten. Die Rentiere blieben so lange, bis die Kälte und der einsetzende Futtermangel sie zur Wanderung zurück in den Süden zwangen. Die beste Stelle, die Elbe zu queren, lag bei Hamburg. Denn dort war die Talsenke schmaler als weiter östlich und westlich. Von den Höhen bei Hamburg

erspähten steinzeitliche Jäger die Tiere und erbeuteten sie, wenn sie langsam durch die Flussarme zogen. Archäologen fanden heraus, dass die Rentierherden und ihre Jäger nur etwa drei Sommermonate im Norden verbrachten. Denn bei Ausgrabungen der Rentierjägerlager fanden sich nur die Knochen von ausgewachsenen und jungen Tieren, die allenfalls drei Monate alt waren. Sobald die Jungtiere älter waren, befanden sich die Herden bereits auf dem Zug in den Süden. Man entdeckte derart viele Überreste von Rentieren und ihren Jägern bei Hamburg, dass man ihre Hinterlassenschaften einer «Hamburger Kultur» zuordnete. Sie bestand vor 15 000 bis 16 000 Jahren. Vor etwas mehr als 10 000 Jahren richteten nochmals Jäger zahlreiche Lager im Hamburger Raum ein; diese werden der so genannten «Ahrensburger Kultur» zugerechnet.

Am Alsterfleet in Hamburg

Bald wurde auch das schmalere Elbtal bei Hamburg nicht mehr in ganzer Breite vom Fluss durchströmt. Das Elbwasser rann mit der Zeit immer langsamer der Nordsee entgegen; denn je mehr Eis im Norden der Kontinente schmolz, desto weiter dehnte sich das Meer aus. Sein Wasserspiegel stieg, die Küstenlinie verlagerte sich nach Süden und Osten. Vor etwa 4000 bis 5000 Jahren lag der Meeresspiegel der Nordsee nur noch wenig unter dem heutigen Niveau. Nordseewasser drang in den Unterlauf des Elbtals ein; Elbwasser wurde gestaut, und nicht nur Sand setzte sich am Grund des Tales ab, sondern auch feiner Schlick. Allmählich bildete sich zwischen weit ausgreifenden Flussarmen und Ausläufern des Meeres eine Inselwelt im Stromspaltungsgebiet der Elbe aus.

Während die Inseln im östlichen Stromspaltungsgebiet der Elbe im Mittelalter durch Deiche mit dem Festland verbunden und dadurch zu den Vier- und Marschlanden wurden, blieben die weiter im Westen liegenden Inseln mit ihrer Wildnis aus Röhricht und Binsen bestehen. Wo der Untergrund höher aufragte, breitete sich Weidengehölz aus. In feuchten Senken, vor allem hinter Sandwällen am Rand von Flussarmen, herrschte das Dickicht des Bruchwaldes, der «Brook» mit seinen «Ellern» oder Erlen. Beide niederdeutsche Begriffe finden sich in zahlreichen Flurbezeichnungen. Liefen hohe Fluten auf und bildeten sich daraufhin kräftige Ebbströme, wurden Teile der Inseln fortgerissen. Es entstanden neue Flussarme, und an immer wieder anderen Stellen lagerte sich Sand ab. Blieb er eine Weile in Ruhe liegen, stellte sich Pflanzenbewuchs ein. Erneut breitete sich Röhricht aus und durchzog mit seinen Ausläufern den schlickigen Sand. Sobald der Boden etwas abtrocknete, kamen Wurzelschösslinge von Weiden und Pappeln auf.

Als nächstes Flüsschen erreicht die Alster einige Kilometer westlich der Bille den Rand der breiten Talsenke. An der Kante von der Geest zum Urstromtal hat sie wie viele andere Flüsse und Bäche eine stärkere Strömung. Dass sich ihr Mündungsgebiet sehr gut für eine Siedlungsgründung eignete, merkte man besonders früh. Schon im 8. Jahrhundert mag es eine ortsfeste Siedlung an der Alster gegeben haben, die Hammaburg. Im Jahr 810 wurde sie erstmals urkundlich erwähnt: Karl der Große machte sie zum fränkischen Stützpunkt. Die Hammaburg lag wohl südlich der heutigen Hamburger Petrikirche, wo im Mittelalter der Dom stand. Über den Namen der Burg gab es viele Vermutungen. Bezog er sich auf einen abgesteckten Siedlungsplatz oder auf die sumpfige Umgebung? Am wahrscheinlichsten ist wohl, dass «Hamma» oder «Ham» einfach «Hafen» bedeutet. Die Stadt Hamburg, die sich aus dieser Keimzelle entwickelte, war ja stets Hafen, weit über 1000 Jahre lang. Er lag nicht immer am genau gleichen Ort, es gab immer wieder neue Handelspartner, und die Funktion des Hafens wandelte sich im Lauf der Zeit erheblich. Aber er blieb dennoch bestehen. Nur wenige andere Häfen auf der Erde haben ein ebenso hohes Alter.

Hamburg stieg bald nach seiner Gründung zum Bischofssitz auf. 831 wurde Ansgar aus Corvey Bischof. Er sollte den Norden Europas christianisieren. 845 überfielen dänische Seefahrer die Stadt; Ansgar musste Hamburg verlassen. Fortan lag der Bischofssitz des Nordens im sichereren Bremen. Doch Hamburg hatte seit der Zeit Ansgars eine Kirche. Aus ihr ging der gotische Dom hervor, der allerdings im 19. Jahrhundert abgebrochen wurde.

Zu den ersten Siedlern an der Alster gehörten Fischer. Sie waren möglicherweise die ersten, die den Wasserlauf der Alster stauten, um ein Wehr für den Fischfang anzulegen. Die Fischer weihten die erste Hamburger Pfarrkirche, die nach dem Dom gebaut wurde, ihrem Heiligen: Sankt Petri. An einem Fischwehr konnte man eine Wassermühle bauen. Die Alster wurde im Mittelalter an mehreren Stellen aufgestaut; es bildete sich ein großer Mühlteich. Der Stau wurde im Lauf der Zeit erhöht, weil sich die Mühlräder auch bei hohen Wasserständen der Elbe drehen sollten – und dazu brauchte man stets einen Höhenunterschied, den das Wasser beim Antreiben der Mühlen überwinden musste. Von den Wehren aus verliefen mehrere Alsterarme zum Urstromtal, wo sie auf die bis hierhin «verschleppte» Bille trafen. Aus den Flussläufen wurden im Lauf der Jahrhunderte die Fleete: Wasserbahnen für den regen Schiffs- und Bootsverkehr zwischen den Häusern und Speichern der Stadt.

Zur See fahrende Kaufleute legten bei der Hammaburg eine Wik-Siedlung an; ein erster Hafen entstand im Nikolaifleet. An seinem Ufer errichteten die Seeleute die zweite Pfarrkirche Hamburgs, die sie ihrem Heiligen weihten: Sankt Nikolai. Ihre Siedlung wurde, im Unterschied zur kirchlich geprägten Altstadt mit dem Dom, Neustadt genannt. Sie gehörte zunächst den Schauenburger Grafen, den Herren über Holstein, die sich mit viel Tatkraft für den Aufstieg Hamburgs einsetzten. Im 13. Jahrhundert schlossen sich Alt- und Neustadt zu einer einzigen Stadtgemeinde zusammen.

Der ziemlich genau von West nach Ost gerichtete Geestrücken zwischen der aufgestauten Alster und dem Rand des Urstromtals erwies sich als ideales Terrain für die Entwicklung einer Stadt. Die Kirchen passten genau in das Straßenraster. Sie standen, allesamt nach Osten ausgerichtet, paral-

Blick auf den modernen Containerhafen von Hamburg. Im Hintergrund Finkenwerder und das Airbuswerk (mit Landebahn).

lel zu den Hauptstraßen auf dem Geestrücken. Die West-Ost-Achse wurde bei Stadtplanungen in Hamburg immer wieder aufgegriffen. Als die Stadt in der Mitte des 13. Jahrhunderts erweitert wurde, kamen die Kirchen Sankt Jacobi und Sankt Katharinen hinzu.

Bis zum Ende des 13. Jahrhunderts fuhren die damals noch kleinen Seeschiffe in den Nikolaifleet, um ent- und wieder beladen zu werden. Danach gewann der so genannte Binnenhafen an Bedeutung: Die größeren Schiffe lagen in den Mündungsbereichen von Alster und Bille auf Reede. Von dort hatten die Schiffe einige Kilometer zurückzulegen, um in die Norderelbe zu gelangen. Der Lauf des Stromes führte damals noch weit an der Stadt vorbei. Der Schiffsverkehr mit Hamburg nahm dennoch stark zu. Das hatte mehrere Gründe:

Zum einen sicherte das so genannte Barbarossaprivileg den Hamburgern die freie Fahrt in die Nordsee; sie waren im Unterschied zu anderen Schiffern von allen Zollzahlungen befreit. Dieses Privileg wurde angeblich am 7. Mai 1189 unterzeichnet, und zwar als Dank für die Mitwirkung der Hamburger an einem Kreuzzug. Am 7. Mai wird deswegen bis heute alljährlich Hafengeburtstag gefeiert. Das Privileg ist aber nicht ganz so alt; es stammt wohl aus der Regierungszeit Kaiser Friedrichs II., aus der Zeit um 1225. Die Hamburger beriefen sich seitdem stets auf ihre Freiheit; sie interpretierten sie so, dass sie keinem Fürstentum zugehörig, sondern reichsunmittelbar waren. Hamburg ist daher «Freie Stadt» mit unbeschränktem Handel. Ihr Hafen wurde zum östlichsten des Nordseeraumes.

Zum anderen wurden die Beziehungen zum Ostseeraum stärker. Lübeck bekam eine Vormachtstellung in der Hanse. Hamburg trat mit Lübeck in Handelsbeziehungen, zuerst über Land, später auch durch den Stecknitzkanal. Hamburg galt dadurch als der westlichste Hafen im Ostseeraum. Im 14. Jahrhundert wurde Hamburg zu einer der wichtigsten Städte der unter Führung der Lübecker stehenden Deutschen Hanse. Seitdem spricht man von der «Freien und Hansestadt Hamburg».

Bier war im Mittelalter das wichtigste Produkt, das von Hamburg aus in das nordeuropäische Handelsnetz der Hanse gelangte. Korn zum Bierbrauen bezog die Stadt aus den umliegenden Marschen. Dort wurde auch Hopfen angebaut. In der Mitte des 14. Jahrhunderts gab es in Hamburg etwa 450 Brauereien. Sie waren zwar klein, aber dennoch galt Hamburg als «Brauhaus der Hanse».

Für die weitere Entwicklung der Stadt wurden die Einrichtung der Zollstation auf dem Moorwerder 1337 und der Erwerb dieser Insel im Jahr 1395 besonders wichtig. Hamburg herrschte seitdem über das Gebiet, in dem sich die Hauptarme der Elbe in Norder- und Süderelbe teilten. Die Hamburger benötigten mehr Wasser für ihren Hafen. Durch stärkere Strömung sollten Fahrwasser und Reeden vertieft werden. Zunächst leiteten sie lediglich mit Hilfe von Dämmen und Buhnen Wasser vom Moorwerder nach Norden ab. In der Zeit von der Mitte des 15. Jahrhunderts bis um 1600 durchstachen sie an mehreren Stellen das Inselgebiet und holten so einen Lauf der Elbe in das ehemalige Mündungsgebiet von Bille und Alster. Damit lag Hamburg unmittelbar an der Elbe. Alte Elbläufe im Gebiet des heutigen südlichen Vorortes Wilhelmsburg versandeten und fielen allmählich trocken. Die Wasserführung der Süderelbe ging zurück.

Hamburg wurde reicher und mächtiger: 1558 wurde nach dem Vorbild von Antwerpen die Börse gegründet. Seit 1567 waren englische Kaufleute in der Stadt. 1619 richtete man die Hamburger Bank ein. Als die Vorherrschaft der Hanse zu Ende ging, orientierte sich die Stadt erfolgreich neu.

Die Anrainer der Süderelbe protestierten gegen die Ableitung von Wasser nach Norden. Der südliche Elbarm führte am Rand des Urstromtals entlang. An dieser Stelle befand sich seit der Mitte des 12. Jahrhunderts ein befestigter Ort, die Horeburg. Daraus ging Harburg hervor, das 1202 in den Besitz des welfischen Fürstentums Braunschweig-Lüneburg kam. Ende des 13. Jahrhunderts erhielt Harburg Stadtrecht. Zeitweise hatte eine welfische Nebenlinie dort ihren Sitz. Die Welfen kümmerten sich um Braunschweig, Lüneburg und Celle, aber zunächst wenig um den Besitz im Norden ihres Landes. Ihr Interesse am Elbhafen in Harburg wuchs im 16. Jahrhundert. 1546 gab es ein Kaufhaus, englische Kaufleute ließen sich 1553 nieder, früher als in Hamburg.

Beide Städte am Stromspaltungsgebiet kämpften nun um Wasser für ihre Elbarme. 1568 zeichnete Melchior Lorichs im Auftrag der Hamburger eine berühmte Landkarte der Elbe zwischen Hamburg und der Nordsee. Darauf nimmt sich die Norderelbe als breiter Hauptstrom aus. Die Welfen versuchten, dagegen zu halten. 1569 fertigte Dominicus Drever eine weitere Karte an, in der die Auffassung der Harburger über die Elbläufe erkennbar ist: Selbstverständlich ist auf diesem Plan die Norderelbe weniger bedeutend, der wichtigste und viel breitere Strom ist die Süderelbe. Immer wieder kam es zu Auseinandersetzungen über die Leitung der Wassermengen in Moorwerder. Doch das Gebiet gehörte den Hamburgern. Sie konnten dort ihre Macht über das Wasser ausüben. Stets beriefen sie sich auf ihren Freibrief. 1612 verbot der Kaiser den Städten an der Niederelbe, den Englandhandel fortzusetzen. Die Harburger hielten sich an diesen Erlass, die Hamburger nicht; Hamburg zog erhebliche Vorteile aus seinem Ungehorsam, der nicht geahndet wurde.

1616 bis 1625 wurde Hamburg von dem Niederländer Jan van Valckenburgh zur Festung ausgebaut. Bollwerke wurden im Halbkreis um die gesamte Stadt gezogen. Man integrierte den stadtnahen Teil des Alstersees in die Fortifikationsanlage. Nicht nur die städtischen Mühlen lagen so im geschützten Bereich, sondern auch ein Teil der Wassermenge, die zum Antrieb der Mühlräder gebraucht wurde. Die Seefläche innerhalb des Befestigungsringes hieß fortan Binnenalster, der andere Teil wurde Außenalster genannt. Die Wallanlagen waren großzügig geplant worden; hinter den Bastionen konnte im Westen ein neuer Stadtteil entstehen. In seiner Mitte wurde 1649 eine weitere bedeutende Kirche errichtet, die zu einem Wahrzeichen Hamburgs wurde: Sankt Michaelis. Der «Michel» trägt Deutschlands größte Turmuhr: Das etwa acht Meter durchmessende Zifferblatt mit seinen meterlangen Zeigern war und ist von weiten Teilen des Hafens aus zu sehen. Man konnte genauere Termine vereinbaren als zuvor; das hatte Bedeutung für den Hafenbetrieb und die Pünktlichkeit, um die sich die Hamburger stets bemühten.

Im Dreißigjährigen Krieg war Hamburg die stärkste Festung Nordeuropas. Sie wurde nicht eingenommen, und ihre Entwicklung wurde selbst in der Zeit des allgemeinen Niedergangs in Mitteleuropa nicht beeinträchtigt. Im Gegenteil: In Hamburg begann man damals mit dem Walfang vor Grönland.

Harburg bemühte sich ebenfalls um Festungsbauten. Dagegen protestierten die Hamburger bei den Welfen und brachten zu diesem Zweck Gesandte aus den befreundeten Hansestädten Lübeck und Bremen mit. Aber die Welfen wollten sich von den Mächtigen der Hanse nichts sagen lassen. Harburg wurde ebenso zur Festung ausgebaut. Den Hamburgern schadete das nicht, ihre Stadt und ihr Hafen wuchsen trotzdem weiter. Seit 1665 gab es in der Hansestadt eine Handelskammer, 1676 gründete man die älteste Feuerversicherung der Welt. Die Bedeutung von Harburg blieb geringer als diejenige der Stadt am Nordrand des Urstromtals.

Drei Formen von Warenströmen trafen sich in Hamburg. Hochseetaugliche Segelschiffe brachten Güter aus anderen europäischen Ländern und bald aus Übersee. In Hamburg machten die großen Schiffe auf der Reede fest, an den so genannten Duckdalben (auch Dückdalben oder Dykdalben geschrieben): mehrere nebeneinander tief in den Untergrund gerammte Pfähle, die zusammen geneigt und über dem Wasserspiegel durch kräftige Taue oder breite Eisenbänder miteinander verbunden sein können. Längsseits der Segelschiffe legten kleine Kähne und Schuten an, die den Transport der Waren in die Stadt, zu den Speichern an den Alsterfleeten besorgten. Schuten sind einfache Lastkähne ohne eigenen Antrieb. Sie wurden gerudert oder gestakt. Mit Kränen unter den Giebeln der Speicher wurden die Waren in die Stockwerke der Lagerhäuser gehoben. Gegenstände, die nicht in Hamburg bleiben sollten, wurden gleich in die größeren Elbkähne verladen, die den Transport flussaufwärts besorgten. Wegen ihres gerin-

Einst war im Hamburger Hafen ein Mastengewirr der Segelschiffe zu bewundern. «Das Blockhaus ‹Neptunus› am Binnenhafen», Gemälde von Louis Mecklenburg, 1850.

gen Tiefganges konnten sie im Mündungstrichter der Elbe und erst recht auf dem freien Meer nicht eingesetzt werden. Sie fuhren auf dem seichten Fluss nach Magdeburg, Halle, Dresden, Prag und Berlin. Diese aufstrebenden Städte wurden auf diese Weise mit allen Gütern versorgt, die über das Meer herangebracht wurden: Holz, Gewürze, Tuche aus Brabant und viele andere Waren, später Zucker, Tabak, Kaffee und Tee. Der Handel mit Berlin wurde besonders wichtig. Hamburg entwickelte sich zum Überseehafen der künftigen deutschen Hauptstadt mit ihrer vielfältigen Industrie. Kähne fuhren auch über Lauenburg und den Stecknitzkanal nach Lübeck. Ihre Fracht wurde dort erneut auf hochseetaugliche Schiffe umgeladen, die auf der Ostsee unterwegs waren.

Es gab noch eine andere Art des Transports auf dem Wasser. Weder Hochseeschiffe noch Elbkähne konnten Fracht in die Geestrandstädte an der Elbmündung und an der angrenzenden Nordsee bringen. Dazu brauchte man flachbodige Ewer. Die ersten urkundlichen Erwähnungen dieses Schiffstyps stammen vom Ende des 13. Jahrhunderts. Mit ihm konnte man an größeren Hochseeschiffen und Molen längsseits gehen, denn er hatte hohe Borde. Es gab zahlreiche Sorten von Ewern, solche mit einem Mast oder zweimastige so genannte Besahnewer. Man brauchte sowohl lange wie breite Ewer für unterschiedliche Güter und verschiedenartige Gewässer. Es gab auch Ewer mit umlegbaren Masten, mit denen man auch auf Binnengewässern vorankam, die von Brücken überspannt waren.

Mit Hochseeschiffen, Ewern und Elbkähnen wurden drei Schifffahrtsnetze unterhalten, für die der Hamburger Hafen Dreh- und Angelpunkt war. Was man nicht sofort weiter verkaufte, lagerte man an den Fleeten ein, handelte oder spekulierte damit. Ähnliche Handelssysteme entstanden in anderen Küstenhäfen an Flussmündungen, in den Niederlanden oder in Venedig. Doch so weit im Innern des Kontinentes wie Hamburg lag keiner dieser Häfen.

Auf ihrem Rückweg nach Hamburg brachten die Elbkähne Steine, Tuche, Getreide und Holz mit: Eichenholz zum Bau von Häusern und Schiffsrümpfen, Nadelholz zum Bau der platten Böden von Ewern und für die Masten, Robinienholz für die Schiffsnägel. Große Stämme kamen als Flöße zusammengebunden in Hamburg an. Salz kam von der Mittelelbe und Lüneburg, Gemüse und Obst aus den Vier- und Marschlanden sowie den Marschen an der Unterelbe. Im 17. Jahrhundert wurde Hamburgs Versorgung aus dem Umland per Schiff perfektioniert. Viele Waren wurden direkt vom Ewer verkauft; seit 1703 gab es einen Fischmarkt. Was in Hamburg nicht gebraucht wurde und haltbar war, wurde in den Speichern eingelagert oder den Hochseeschiffen auf ihre nächsten Reisen über die Weltmeere mitgegeben.

Unmittelbar nach der Französischen Revolution kam es zu Konflikten zwischen Frankreich, Spanien und den Niederlanden. Der Handelsplatz Hamburg profitierte davon, denn die Stadt war neutral. Bis zur Verhängung der Kontinentalsperre durch Napoleon im Jahr 1806 war Hamburg einige Jahre lang der wichtigste Hafen für den Verkehr zwischen dem europäischen Kontinent und England. Diese Jahre waren für Hamburg entscheidend: Hamburger bemühten sich um Kontakte zu den Engländern, und Briten siedelten sich in Hamburg an, um Handel zu treiben. Zu ihnen gehörte William Sloman. Aus seiner 1793 in Hamburg gegründeten Reederei ging «Rob. M. Sloman jr.» hervor; sie ist heute die älteste Reederei Hamburgs, vielleicht sogar der am längsten bestehende Betrieb der Handelsschifffahrt weltweit.

Einem weiteren Wachstum der Stadt standen der Dom, den man deswegen und wegen Baufälligkeit 1804 abriss, und die Befestigungsanlagen im Wege. Zu Beginn des 19. Jahrhunderts begann man mit ihrem Abbruch. Neue Siedlungen entstanden in ihrem Vorfeld. Später wurde Hamburg von den Franzosen eingenommen und wieder neu befestigt, denn die Besatzer rechneten damit, sich verteidigen zu müssen. Um ein freies Schussfeld nach außen zu haben, brannten sie den vor dem Wall liegenden Stadtteil im heutigen Sankt Pauli nieder. Die Franzosen schlugen 1813 zum ersten Mal eine Brücke über die Elbe. Die Holzkonstruktion hielt nicht lange; bereits 1817 war sie baufällig. Wieder kam man, wie schon jahrhundertelang zuvor, nur per Boot von Hamburg nach Harburg. Nach dem Abzug der Franzosen setzten die Hamburger den Abbruch der Bastionen und Wälle fort. In deren Vorfeld entstand der von den Franzosen zerstörte Stadtbezirk neu, der seit 1833 Sankt Pauli heißt. Außerhalb der alten Stadt gab es Platz für die Reeperbahn, auf der die Taue für die Segelschiffe hergestellt wurden. Als man die Reeperbahn nicht mehr brauchte, entstand an ihrer Stelle die gleichnamige platzartig erweiterte Straße – die weltbekannte Vergnügungsmeile.

1842 vernichtete eine schreckliche Brandkatastrophe einen großen Teil der Innenstadt. Nun musste die Stadt wieder aufgebaut werden. Aber auch Baumaßnahmen im Hafen waren notwendig. Denn von Dampfmaschinen angetriebene Schiffe liefen in immer größerer Zahl den Hamburger Hafen an. Auch oberhalb von Hamburg verkehrten nun Dampfschiffe. Nach der Katastrophe vom Mai 1842 erhielt Hamburg ein modernes Zentrum aus Geschäftshäusern und Kontorgebäuden sowie ein Rathaus aus Stein, der vom Elbsandsteingebirge stammte.

Man nutzte die Chance des Wiederaufbaus auch für den Bau einer neuen Kanalisation. Sie wurde die älteste zentrale Wasserversorgungsanlage auf dem europäischen Kontinent. Die Orte für die Frischwasserentnahme und die Abwassereinleitung in die Gewässer wurden weit voneinander getrennt, um die Seuchengefahr einzudämmen. Doch dabei bedachte man nicht, wie sehr das Wasser im Tidenbereich hin- und herschwappte; weil es bei starken Fluten gegen die Fließrichtung der Elbe strömte, konnte weit flussabwärts eingeleitetes Abwasser an die Frischwasserentnahmestellen gelangen, die mehrere Kilometer flussaufwärts lagen. Das war vielleicht ein Grund für den Ausbruch der Cholera in Hamburg im Jahr 1892 – die nächste folgenreiche Katastrophe. Viele Menschen starben an der Seuche.

Zwei neue Verkehrssysteme, die Dampfschifffahrt und die Eisenbahn, erreichten Hamburg zu etwa gleicher Zeit. Ihnen mussten die Hafenanlagen angepasst werden. Der Wasserbaudirektor Johannes Dalmann hatte bereits vor dem Hamburger Brand Pläne für einen offenen Tidehafen vorgelegt. In Hamburg sollte kein Dockhafen (wie etwa in London) gebaut werden. In Hafenbecken hinter Docks oder Schleusen ist der Wasserspiegel immer gleich hoch. Ein offener Tidehafen braucht hohe Kaimauern, an denen sowohl bei hohem als auch bei niedrigem Wasserstand Dampfer festmachen konnten. Verzichtete man auf Schleusen, ließ sich der Hafen schneller betreiben. Die Schiffe sollten mit Dampfkränen be- und entladen werden, die sich auf Portalen über Eisenbahngleisen drehten. Die Lagerhäuser sollten unmittelbar am Kai liegen, und auch Fuhrwerke sollten dort beladen werden können.

Nachdem Harburg 1847 durch eine Eisenbahnlinie mit Hannover verbunden worden und das Königreich Hannover 1854 dem Deutschen Zollverein beigetreten war, kam es auch dort zu einem wirtschaftlichen Aufschwung. Harburg gehörte seitdem zum deutschen Zollinland, Hamburg nicht. Im Königreich Hannover setzte die Industrialisierung früher ein als in anderen deutschen Ländern, vielleicht weil die königliche Personalunion mit dem früh industrialisierten England erst 1837 beendet worden war. Harburg wurde zu einem wichtigen Industriehafen. In großen Fabriken, die direkten Anschluss zu den Kais und zur Eisenbahn hatten, wurden unter anderem Kautschuk und Ölfrüchte verarbeitet.

Mit der Fertigstellung der neuen Hafenbecken lief Hamburg jedoch Harburg erneut den Rang ab. Die erste moderne Hafenanlage mit hohen Kaimauern, Kränen, Lagerhallen, Schienen- und Straßenanschlüssen wurde 1866 am Sandtorkai in Betrieb genommen. 1872 konnte auch der Grasbrookhafen genutzt werden. Nach und nach wurde der gesamte Hafenbereich nach diesen Vorbildern umgestaltet. Die Zahl der ankommenden und abgehenden Seeschiffe im Hamburger Hafen vervierfachte sich zwischen 1870 und 1910.

Da die starken Schrauben der Ozeanriesen möglicherweise Unterspülungen der Kaimauern verursacht hätten, mussten die Dampfer nun von Schleppern aus dem Strom in die Hafenbecken bugsiert werden. Schuten konnten weiterhin an der Wasserseite der Ozeanschiffe festmachen, um Ladung für entfernte Speicher aufzunehmen. Die Liegezeiten in den neuen Hafenbecken wurden dadurch enorm verkürzt. Hamburg galt als «schneller Hafen». Große Reedereien siedelten sich in Hamburg an; die 1847 gegründete HAPAG (Hamburg-Amerika-Paketfahrt Aktiengesellschaft) wurde unter Albert Ballin zur größten Reederei der Welt. Die HAPAG und andere Reedereien erzielten ihre Erträge nicht nur mit dem Waren-, sondern auch dem Personentransport. Das Passagierschiff «Deutschland» der HAPAG gewann 1900 das «Blaue Band», den Preis für die schnellste Atlantikquerung. Neue Schiffe mussten gebaut werden; die Schiffswerften expandierten. 1877 errichtete die Firma Blohm & Voß die erste Großwerft des Hafens.

1872 wurde die Eisenbahnbrücke über die Elbe eingeweiht. Der Hamburger Überseehafen hatte damit eine Ostgrenze erhalten. Sollte er weiter wachsen, so musste dies im Westen geschehen. Die Elbbrücken wurden im Bewusstsein der Hamburger zur Grenze zwischen der von Hochseeschiffen befahrenen Unterelbe und der ausschließlich für Binnenschiffe geeigneten Oberelbe. Diese Unterscheidung entspricht Hamburger Perspektive. Aus ökologischer Sicht würde man auch weite Teile der so genannten Oberelbe als Unterlauf der Elbe bezeichnen.

Die Speicherstadt im Hamburger Hafen

Die damals fertiggestellten Elbbrücken wurden zu einer der wichtigsten Schienenverbindungen im neu gegründeten Deutschen Reich. Sie verbanden nicht nur Hannover, sondern auch das Ruhrgebiet, das wichtigste deutsche Industriegebiet, mit Hamburg und seinem Hafen. Nun konnte man Steinkohle von den Bergwerken an der Ruhr per Eisenbahn zum Elbhafen bringen. 1887 war eine Straßenbrücke über die Norderelbe fertig, 1899 auch diejenige über die Süderelbe. Um 1900 wurde die Eisenbahn über die Elbbrücken viergleisig ausgebaut, weil der Verkehr von den Häfen ins Binnenland enorm zugenommen hatte.

Und auch der Hafen wurde mit erheblichem Tempo ausgebaut. Die Hafenbecken wurden mit Molen, Lagerhäusern und Kränen ausgestattet. Einige davon wurden so breit ausgehoben, dass auch Duckdalben in ihnen Platz hatten; denn einige Massengutfrachter mussten mit Hilfe von Schwimmbaggern gelöscht werden. Ihre Fracht wurde auf Schuten verteilt, die so groß waren, dass sie nicht mehr gestakt werden konnten; sie wurden von Dampfschleppern gezogen. Im Hafengebiet siedelten sich immer mehr Industriebetriebe an.

1888 sollte Hamburg dem deutschen Zollgebiet beitreten. Für den Betrieb des Hafens war es aber notwendig, eine Freihafenzone außerhalb des deutschen Zollgebietes zu behalten. Dort sollten diejenigen Güter gelagert

werden, die nicht für die Einfuhr nach Deutschland bestimmt waren; sie kamen beispielsweise aus Übersee und sollten in den Ostseeraum transportiert werden. Dazu benötigte man riesige Lagerflächen. Also legte man ein gesamtes Wohngebiet nieder; 24000 Menschen aus dem Brook- und dem Wandrahmviertel südöstlich der Innenstadt wurden umgesiedelt. An dieser Stelle wurde die Speicherstadt gebaut, ein modernes Handelsimperium und damals der größte Speicherkomplex in Europa. In der «Centralstation» wurde elektrischer Strom hergestellt. Dampfkraft für den Betrieb der Hebezeuge wurde über ein Rohrnetz in der gesamten Anlage verteilt. In den großen Speichern lagerten Tee und Kaffee, Gewürze und Wolle. Zeitweise galt die Hamburger Speicherstadt als das größte Teppichlager der Welt.

Der Ausbau des Hafens und der Eisenbahnanlagen, die Sanierung weiterer Stadtbezirke nach der Cholera und die Verbesserung der Wasserversorgung, die Einrichtung eines modernen Nahverkehrsnetzes – das waren die wichtigsten Aufgaben, denen man sich in Hamburg in der Zeit um die Wende vom 19. zum 20. Jahrhundert zuwandte. 1906 wurde der Hamburger Hauptbahnhof eingeweiht. Die Gleise führen kreuzungsfrei unter den Straßen hindurch und nicht wie in anderen Städten darüber hinweg. Daran erkennt man, dass Hamburgs Innenstadt auf einem Geestrücken entstanden ist, der von West nach Ost verläuft. Von 1907 bis 1909 wurden die Sankt-Pauli-Landungsbrücken für die Passagier-Schifffahrt und 1911 der erste Hamburger Elbtunnel gebaut; in seine Röhre gelangt man mit einem Aufzug.

Als Deutschland nach dem Ersten Weltkrieg den größten Teil seiner Handelsmarine abgeben musste, wurde der Hamburger Hafen nur für wenige Jahre in seiner Entwicklung zurückgeworfen. Danach begann der mühsame Wiederaufbau der Flotte. Der Hafen musste erneut erweitert werden. Östlich des Köhlbrands, der sich allmählich zum Hauptarm der Süderelbe zwischen Harburg und der Norderelbe entwickelte, wurden weitere Hafenbecken geschaffen. Über den Köhlbrand führte eine mit Dampf getriebene Trajektfähre. Im Westen des Elbinselgeländes verschwanden im Lauf der folgenden Jahrzehnte letzte Idyllen. Besonders wahrgenommen wurde die tiefgreifende Umwandlung der Elbinsel Finkenwerder. Der Ort war seit 1820 zum Zentrum der Elbfischerei geworden. Sie wurde zunächst mit Ewern betrieben, die seit 1880 allmählich von moderneren Kuttern verdrängt wurden. Sie haben im Unterschied zum Ewer einen geraden Bug, der das Wasser scharf schneidet. Darauf bezieht sich der ursprünglich englische Name der Boote: «To cut» bedeutet schneiden.

Hamburger Maler und Fotografen entdeckten am Ende des 19. und zu Beginn des 20. Jahrhunderts die Elbinsel, auf der sich eine besondere Form des Niederdeutschen lange hielt. Die Brüder Kinau, von denen Hans unter dem Künstlernamen Gorch Fock besonders bekannt wurde, beschrieben das Leben der Finkenwerder Fischer.

Auf der Insel bildeten sich eigenartige Kontraste: Hinter dem Deich dehnte sich noch das tief liegende Grünland aus, am Deich standen die Häuser der Schiffer. Von Osten her wurde das Gelände allmählich aufgehöht: Man breitete dort Sand aus, der beim Ausbaggern von Hafenbecken und bei der Vertiefung der Elbe anfiel. Die Erhöhung des Inselgeländes schützte vor Überflutungen. Von Norden her rückte seit 1914 die Deutsche Werft an das Fischerdorf Finkenwerder heran.

Hamburg und sein Hafen wurden im Zweiten Weltkrieg erneut zerstört. 1943 wurde die Stadt sechs Tage lang bombardiert; 30 000 Menschen starben im Feuersturm. 1944 galten die Bombenangriffe vor allem dem Hafen. Sie kosteten weitere 18 000 Menschen das Leben.

Nach dem Zweiten Weltkrieg war der Hafen von einem großen Teil seines Hinterlandes abgeschnitten. In der DDR wurden die Seehäfen Wismar und Rostock ausgebaut, um den im Westen liegenden Hafen Hamburg zu umgehen. Hamburg hatte sich auf völlig neue Verkehrsströme einzustellen. Stadt und Hafen wurden moderner wieder aufgebaut. Dabei wurde strikt darauf geachtet, die Kaianlagen für Sturmfluthöhen von 570 cm über Normalnull auszubauen, womit man bereits in der Zwischenkriegszeit begonnen hatte. Genau diese Höhe erreichte eine katastrophale Sturmflut am 16. und 17. Februar 1962, von deren Ausmaßen man sich zuvor keine Vorstellung gemacht hatte. An über sechzig Stellen brachen im Hamburger Stadtgebiet Deiche. Weite Landstriche wurden überflutet. Besonders getroffen wurde die Wilhelmsburger Elbinsel. Dort lebten viele Menschen in Lauben und Behelfswohnungen. Im niedrig gelegenen Land waren sie den Fluten schutzlos ausgeliefert. 315 Menschen fanden den Tod. Neue Sperrwerke wurden errichtet und die Deiche erhöht. Bei nachfolgenden Sturmfluten, vor allem der bisher höchsten vom Januar 1976, bestanden sie ihre Bewährungsprobe. Die Schäden blieben gering.

In der gleichen Zeit begann die nächste Revolution im Hafenbetrieb, von der grundlegende Abläufe des Ladens und Löschens von Schiffen

Die «Queen Mary 2», eines der größten Passagierschiffe der Welt, zu Besuch in Hamburg. Im Vordergrund die Sankt-Pauli-Landungsbrücken.

betroffen waren. In den 1960er Jahren trafen die ersten Container in Hamburg ein: Kisten von genormter Größe, die per See- und Binnenschiff, Bahn und Lastkraftwagen transportiert werden können und die sich einfach von einem Verkehrsmittel in das andere umladen lassen. Im Hamburger Hafen wurden riesige Container-Terminals gebaut, vor allem im Westen des Hafengebietes. Dort werden nicht nur Güter zwischen See und Land umgeschlagen, sondern aus Übersee stammende Container werden auch auf kleinere Seeschiffe, die sogenannten «Feeder» (von «to feed» = füttern) verteilt, die in Nordosteuropa, vor allem im Ostseeraum, unterwegs sind. Für die größten Frachtschiffe der Welt wird die Tiefe des Elbfahrwassers zum Problem; Hamburg strebt daher eine weitere Vertiefung der Fahrrinne an.

An ihre Kapazitätsgrenzen stießen auch die Landverbindungen zum

Hamburger Hafen. 1974 wurde die alte Trajektfähre über den Köhlbrand durch eine Hochbrücke ersetzt, die zu einem neuen Wahrzeichen des Hafens wurde. Die fast vier Kilometer lange Brücke wird von einer Schrägseilkonstruktion getragen; unter ihr besteht eine Durchfahrtshöhe von 54 Metern. Der Verkehr mit Seeschiffen auf dem Köhlbrand wird durch die neue Brücke nicht behindert. Der Warentransport in Ost-West-Richtung quer durch den Hafen wurde dadurch erheblich beschleunigt. Ein Jahr später, 1975, wurde der Elbtunnel der Autobahn im Westen Hamburgs eröffnet; inzwischen bestehen dort vier Tunnelröhren und acht Fahrspuren. Die Straßenbrücken im Osten des Hafens wurden ebenfalls ausgebaut. Für den Eisenbahngüterverkehr wurde in den Jahren 1977 bis 1980 der damals modernste und größte Verschiebebahnhof Europas gebaut, in Maschen, südlich der Stadt.

Hamburgs Hafen hat in den Jahren um die Jahrtausendwende einen neuen Aufschwung genommen. 2000 wurden 2,8 Millionen Standardcontainer umgeschlagen, 2006 schon 6,1 Millionen. Hamburg ist immer noch und immer wieder das boomende Zentrum Norddeutschlands. Doch sind viele drängende Fragen der Infrastruktur nicht gelöst. Der Hafen stößt erneut an Grenzen des Wachstums, ebenso die Zufahrt vom Meer durch die Unterelbe. Ist es möglich, die Elbe noch weiter zu vertiefen? Im 19. Jahrhundert gab es einzelne Stellen im Unterlauf der Elbe, die bei Niedrigwasser nur zwei Meter tief waren. Nach dem Zweiten Weltkrieg konnten sich die Kapitäne nach massiven Ausbaggerungen in der Niederelbe auf mindestens zehn Meter Wassertiefe verlassen. Bis 1999 wurde die Fahrrinne auf 13,5 Meter vertieft. Das reicht nicht mehr aus, denn das im Sommer 2006 getaufte größte Containerschiff der Welt, die dänische «Emma Maersk», hat einen Tiefgang von 15,5 Metern. Dieses Schiff trägt maximal elftausend Container. Es soll auch nach Hamburg fahren können, doch dies ist derzeit nur mit kleinerer Last möglich. Die Hamburger fordern nun, dass die Fahrrinne der Unterelbe mindestens 14,5 Meter tief sein soll. Und inzwischen plant man bereits Schiffe für zwölf- oder dreizehntausend Container.

In der Mitte des 19. Jahrhunderts gelang der Strukturwandel mit dem Bau von Kaianlagen, Lagerschuppen, der Eisenbahnen und eines neuen Geschäftszentrums. Nach dem Zweiten Weltkrieg und seinen Zerstörungen kamen der Wiederaufbau, die Erneuerung des Hochwasserschutzes und die Einführung des Containers als wichtigster Form des Transportgutes. Wie lange werden die Kapazitäten des Hafens ausreichen? Wie lange genügen die natürlichen Gegebenheiten des Elbstroms, damit er die Lebensader Hamburgs bleiben kann? Die Stadt und ihr Hafen können nur «Tor zur Welt» sein, wenn die Elbe das «fließende Fundament» dafür bildet.

22 Das Alte Land und die Elbchaussee

Die Hamburger hatten der Elbe im Weichbild ihrer Stadt eine eigentlich unnatürliche Windung durch die Inselwelt des Stromspaltungsgebietes gegeben. Der ehemalige Hauptstrom, die heutige Süderelbe, wurde nach der Passage des Elbhafens von Harburg durch den Köhlbrand mit seiner beeindruckenden Brücke mehr und mehr in den Norden gelenkt. In der zweiten Hälfte des 20. Jahrhunderts gelang endlich das, was die Hamburger seit dem Mittelalter bereits beabsichtigt hatten: Die Süderelbe wurde wenigstens zum Teil trockengelegt. Allerdings wurde sie nicht im Osten, bei Bunthaus, abgedämmt, sondern ganz im Westen des Inselgebietes, zwischen Finkenwerder und Neuenfelde.

Westlich von Hamburg beginnt ein neuer Abschnitt des Flusses mit anders geformten Inseln. Im Urstromtal hat sich im Verlauf der letzten Jahrtausende ein Ästuar ausgebildet. So nennt man eine lang gestreckte Flussmündung, die im Meer «ertrunken» ist. Das Elbwasser wird im Ästuar von der Flutströmung der Nordsee so weit angestaut, dass es kaum noch Einfluss auf die Gestaltung des Tales nimmt. Einige Bereiche des Flussbettes fallen bei Niedrigwasser trocken und werden bei Hochwasser von der Nordsee her überflutet. Ein regelmäßig vom Meer überströmtes und dann wieder trocken fallendes Gebiet nennt man Watt. Das Watt im küstenfernen Elbmündungsbereich wird Süßwasserwatt genannt, denn das Wasser weist einen derart geringen Salzgehalt auf, dass es als «süß» gelten kann. Doch für die Tiere und Pflanzen im Ästuar ist es von Bedeutung, dass hin und wieder Salzwasser in den Unterlauf vordringt. Nur wenn sie diese «Versalzungen» des Wassers ertragen, können sie in der Unterelbe oder an den Ufern des Ästuars auf Dauer bestehen. Lebewesen, die mit schwankenden Salzgehalten nicht zurechtkommen, sterben bei Salzwassereinbrüchen ab.

Die abgestorbenen Mikroorganismen sind ein Hauptbestandteil von Schlick, der sich vor allem dort am Boden absetzt, wo sich Fluss- und Meeresströmungen treffen. Aus dem Wasser ragen charakteristisch lang gestreckte Inseln hervor. Einige von ihnen (z. B. Hahnöfer Sand und Krautsand) sind durch Deiche mit den Elbufern verbunden, andere werden noch immer vom Wasser umflossen: Schweinsand, Neßsand, Hanskalb-

Das Alte Land ist eine weit bekannte Obstbaulandschaft.

sand, Lühesand, Pagensand und andere. Bei hohen Fluten werden feine Bodenbestandteile vom Wasser mitgerissen; der grobe Sand bleibt zurück. Große Teile der Sandinseln sind unter Naturschutz gestellt; sie sind Paradiese für Tausende von Seevögeln.

Auch im Ästuarbereich der Elbe ist gut zu erkennen, dass das Tal vom Schmelzwasser der Gletscher geschaffen wurde und dass dort im Lauf der Zeit ein Dammfluss entstanden war, wohl bevor sich die Strömungen des Meeres auf diese Gegend auswirkten. Hoch gelegenes Land liegt in der Mitte des Tales, niedriges oder Sietland an den Talrändern. Im Norden des Elbtals westlich von Hamburg gibt es allerdings kaum noch Sietland. Der Fluss und der Ästuar dehnen sich in der nördlichen Randsenke des Tales aus. Besser erkennt man die landschaftliche Gliederung des Urstromtales in seiner Südhälfte.

Die hoch aufragenden Moränen aus der Saale-Eiszeit südlich des Elbtals laufen nach Westen hin niedriger aus. Am Rand des Tals verläuft ein ganzes Bündel von Landverkehrswegen. Sie verbinden die typischen Geestrandstädte Harburg, Buxtehude, Horneburg und Stade. In Buxtehude dringt das Flüsschen Este in das Urstromtal vor, in Horneburg die Aue, deren weiterer Verlauf Lühe genannt wird, und in Stade die Schwinge. Die drei Orte «funktionieren» nach dem gleichen Schema: Die Flüsschen bringen Frischwasser und Wasserkraft, und sie sind mehr oder weniger gut mit kleinen Schiffen zu befahren, die einen Verkehrsanschluss zur Elbe ermöglichen.

Die Este, die Buxtehude «versorgt», verläuft in der Geest genau parallel zur Endmoräne, die vom Elbe-Urstromtal bei Harburg zerschnitten wurde. Man kann die Este daher als den Rest einer Schmelzwasserbahn auffassen, die sich im Gletschervorfeld während der Saale-Eiszeit ausbildete. Buxtehudes seltsamer Name lässt sich vielleicht einfach erklären; möglicherweise bedeutet er nichts anderes als «Buchenwald». Das Wasser der Este wird in der Stadt reguliert: Es fließt durch einen zentralen Fleet. Westlich und östlich befinden sich Stadtgräben, die «Viver» genannt werden. Buxtehude wurde bereits 959 gegründet. In der Stadt treibt das Wasser Mühlräder an. Aber vielleicht waren es ursprünglich wie in Hamburg keine Müller, sondern Fischer, die das Stauwehr errichteten, um daran Fische zu fangen. Darauf weist der Patron der Stadtkirche hin: Der heute bestehende Bau von Sankt Petri stammt allerdings aus späterer Zeit, aus dem 13. und 14. Jahrhundert.

Die Flussmündung der Este wird nicht «verschleppt» wie die der Bille und anderer Nebenflüsse der Elbe. Die Este stößt im Urstromtal direkt nach Norden vor. Der Weg durch die Randsenke wird ihr versperrt: Dort bildete sich in den letzten Jahrtausenden ein Moor mit mehrere Meter mächtigen Torfschichten. Sie konnten von der Este nicht beiseite geräumt werden. Wirklich niedrig gelegen ist nur der Nordteil der Randsenke, das Sietland im engeren Sinne. Es wurde erst spät kultiviert; darauf verweisen Ortsbezeichnungen (Neukloster, Neuland). Ganz ähnlich wie die Este verläuft die Lühe durch Horneburg und von dort geradeaus weiter durch das Moor und das Sietland.

Este und Lühe erreichen dann das etwas weiter nördlich aufragende «Hochland». Es wird das Alte Land genannt, weil es früher als das niedrigere Gebiet in Kultur genommen wurde. Das Alte Land ist in drei etwa gleich große Teile untergliedert, die so genannte Erste Meile zwischen

Stade und der Lühe, die Zweite Meile zwischen der Lühe und der Este und die Dritte Meile zwischen der Este und der Süderelbe. Alle drei Meilen sind seit dem Mittelalter von Deichen umgeben, wobei die Erste Meile zuerst eingedeicht wurde. Schutzdämme ziehen sich an den kleinen Flüssen entlang. Im Norden liegt jeweils ein Elbdeich, im Süden ein Hinterdeich, zum Sietland hin. Jede Meile ist also vollständig von Deichen umgeben, denn von jeder Seite aus besteht die Gefahr der Überflutung: wenn Wasser aus der Deutschen Bucht in die Unterelbe gedrückt wird oder wenn aus der Geest im Süden viel Wasser abfließt.

Die ersten Siedler, die das Land noch vor dem Deichbau bewohnten, lebten in Höfen auf Wurten. Dort waren sie und ihr Vieh vor den Fluten sicher. Das Land ist wahrscheinlich eingedeicht worden, weil die Höhe der Sturmfluten zunahm. Genauso gut möglich ist es, dass die Deiche aus wirtschaftlichen Erwägungen gebaut wurden. Denn im eingedeichten Land konnte man höhere Erträge erzielen als dort, wo Überflutungen drohten und daher nur eine extensive Gründlandnutzung in Frage kam. Die ersten Deiche im Alten Land wurden wohl im 12. Jahrhundert gebaut. Doch wo sie genau verliefen, weiß man nicht. Wenn man Deiche baute, musste das Grund- und Regenwasser durch Gräben, die Wettern, abgeleitet werden. Unbedingt erforderlich waren Sieltore, die sich bei Niedrigwasser öffneten, um Wasser aus den Poldern strömen zu lassen, und sich bei Hochwasser schlossen, um ein Eindringen von Wasser in den Koog zu verhindern. Die Ableitung von Wasser war mindestens ebenso kompliziert wie der Deichbau. Man vermutet, dass Niederländer ins Land geholt wurden, um die so genannte «Hollerkolonisation» durchzuführen, weil sie Erfahrungen mit der Einpolderung hatten.

Wie an der Rheinmündung war das Einpoldern an der Elbe ein wirtschaftlich lukratives Unternehmen. Land wurde gekauft, um es zu nutzen: Das bedeuten die Silben «-cop» oder «-kop» in Ortsbezeichnungen im Alten Land: Francop, Nincop, Ladekop. Viele Bauern im Alten Land wurden reich, weil sie Überschüsse aus der landwirtschaftlichen Produktion zu guten Preisen verkaufen konnten. Hamburg war ein erstklassiger Absatzmarkt. Die Bauern brauchten das Kapital, um dauerhaft in der Marsch leben zu können. Zum einen waren Bau und Unterhalt der Deiche aufwendig. Zum anderen benötigten sie zum Haus- und Schiffbau Holz, das es in den Elbmarschen nicht gab. Anderes Baumaterial ließ sich gewinnen: Aus dem Ton, der von der Elbe abgesetzt worden war, konnte man erstklassige Ziegel herstellen, den Backstein. Mit den Baumaterialien Holz und Backstein prunkten die Altländer Bauern. Keiner Fassade der reichen Bauernhäuser sieht man an, dass natürlicherweise keine Eichen in der Marsch vorkamen. Die mächtigen Stämme wurden auf den Holzmärkten erworben. Die Gefache wurden mit Backsteinen kunstvoll ausgefüllt. Nicht an allen Giebeln ragen gekreuzte Pferdeköpfe wie an anderen norddeutschen Bauernhäusern auf; im Alten Land sind es häufig zwei Schwanenköpfe. Die Altländer kauften so viel Holz, dass es auch noch für geschnitzte Pforten ausreichte, durch die man die Gehöfte von außen erreichte. Die Dörfer haben wunderbare alte Kirchen, einige auch bedeutende Orgeln. Der berühmte Orgelbaumeister Arp Schnitger war hier tätig.

Die Altländer Bauern spezialisierten sich im Lauf der Zeit mehr und mehr auf den Obstbau. Das Alte Land wurde das am weitesten nördlich gelegene bedeutende Obstbaurevier der Welt. Dafür bestehen günstigste Voraussetzungen: Das viele Wasser in der Elbe, in ihren Nebenflüssen sowie in den zahlreichen Wettern und Gräben kühlt in kalten Frostnächten im Frühjahr und Herbst nicht so schnell ab wie die Luft. Der Nebel über dem Wasser, der sich dann bildet, bewahrt die Obstbäume vor Frostschäden. Kalte Luft bleibt über der Talsenke nicht stehen, denn meistens weht Wind aus Nordwest, genau entlang der Elbniederung. Die Böden sind außerordentlich fruchtbar. Die Altländer Bauern haben nicht so viele verschiedene Kulturen wie ihre Kollegen in den Vierlanden. Sie sind stärker auf einzelne Sparten des Obstbaus spezialisiert, zum Beispiel auf den Anbau von Kirschen.

Vor allem in Jork, dem Hauptort des Alten Landes, gibt es große Erzeugergemeinschaften für Altländer Obst, die Äpfel, Birnen, Kirschen, Pflaumen und Erdbeeren in weiten Bereichen Mitteleuropas verkaufen. Doch traditionell spielt die Selbstvermarktung eine große Rolle. Bis zur ersten Hälfte des 20. Jahrhunderts wurde viel Obst mit dem Ewer nach Hamburg transportiert und direkt vom Boot verkauft. Die Altländer Bauern betrieben die Boote entweder selbst oder sie beauftragten Schiffseigner mit der Vermarktung. Kleine Boote, die in örtlichen Werften gebaut wurden, fuhren mit Altländer Obst beladen auch in andere Küstenregionen. Elbkähne brachten es aus den kleinen Häfen des Alten Landes nach Berlin. Für den Ferntransport von Früchten wurde die Eisenbahn am Südrand des Elbtals wichtig, die 1881 gebaut wurde. Die Zahl der Obstbäume nahm in der Folgezeit erheblich zu. Für den Transport nach Hamburg wurden so lange

IS GOTT FÖR VNS WOKEEN KANN GEGEN VNS SIN. ROM. 8 V. 31
WES TRO BET IN DEN DOD SO WILL ICK DI DE LEVENS KRON GEWEN OFF. IOH. 2 V. 10
WER STANDHOLLT BET AN T ENN. DE WARD SELIG WARDEN MATTH. 10 V. 22
DE WERLT GELEVET DAT HE SINEN EINIGEN SONE GAF VP DAT ALLE DE AN EN GELOVEN NICHT VORLAREN WERDEN SVNDER DAT E WIGE LEVENDT HEBBEN. JOHANNIS AN 3 CAPITEL
Jacob Kolster
Adele Kolster

Ewer verwendet, bis sich die Altländer Bauern Kleinlastwagen kaufen konnten.

Das Alte Land liegt etwas höher als die Ränder der Talsenke und ist besonders fruchtbar, weil es aus den Ablagerungen des ehemaligen Dammflusses besteht. Das Land fiel trocken, als sich der Elblauf in das nördliche Sietland verlagerte. Nordöstlich vom Alten Land füllte die Elbe eine besonders große Wasserfläche aus, die zuvor Sietland war: das Mühlenberger Loch. Dort lag bis zu den 1960er Jahren der Zusammenfluss von Norder- und Süderelbe.

Der Stromstrich der Elbe verläuft heute dicht am nördlichen Talrand. Die Nordwanderung des Gewässers dürfte durch die künstlichen Verlagerungen der Elbströmung in den Norden des Urstromtales verstärkt worden sein. Wohl erst dadurch stieß die Elbe unmittelbar zum Steilhang der Endmoräne aus der Saale-Eiszeit vor. Die Höhen über dem Elbstrom machen den besonderen Reiz des «schönen» oder «glücklichen» Ufers der Elbe zwischen den Hamburger Vororten Altona und Blankenese aus.

Die Siedlungen auf der Höhe entstanden im 16. und 17. Jahrhundert. Sie sollen aus der Elbniederung verlagert worden sein. Die älteren Ansiedlungen gingen in den Fluten des immer weiter nördlich ziehenden Stromes unter. Um 1530 kam ein Fischer von einer untergegangenen Elbinsel an das nördliche Ufer und gründete ein Wirtshaus, das den Scherznamen «Altonah» erhielt. Es lag nach Meinung einiger Gegner der Zecherei zu dicht an der Hamburger Stadtgrenze. Nienstedten soll aus der Elbniederung auf die Höhe verlegt worden sein, als die alte Siedlung untergegangen war. Der heutige Bau der Kirche stammt von 1751. Die Norderelbe war, wie es heißt, in dieser Gegend ursprünglich so schmal, dass man sie auf einem Steg überqueren konnte, um nach Finkenwerder zu gelangen. Blankenese wurde 1302 zum ersten Mal urkundlich erwähnt. Es lag damals auf einer Landzunge oder Halbinsel (das war die «Nese»), die blank, also unbewaldet war; heute aber stehen die Häuser des malerischen Ortes auf dem steilen Abhang des Süllbergs. Es gibt also einen Zusammenhang zwischen der landschaftlichen Situation im Bereich des Hamburger Stadtkerns und der Herausbildung der besonders schönen Villenvororte im Westen der Stadt. Von Landhäusern, einige kann man Schlösschen nennen, blickt man über den breiten Strom ins Alte Land und zu den Schwarzen Bergen am Horizont.

Bauernhaus im Alten Land

Dieses scheinbar bergige Land, das eigentlich nur eine Moräne am Fluss ist, beginnt schon am historischen Stadtrand von Hamburg, am «Hamburger Berg». Nach Altona zu wird das Gelände hügeliger. Um das schon erwähnte Wirtshaus herum entwickelte sich im 16. Jahrhundert zuerst ein kleines Fischerdorf. Dann aber wanderten zahlreiche Volksgruppen, die in ihrer Heimat verfolgt wurden, im liberalen Altona ein, zunächst vor allem niederländische Glaubensflüchtlinge und Juden, später Hugenotten. 1636 bis 1639 wurde direkt über der Elbe eine Laufbahn für ein damals beliebtes italienisches Ballspiel angelegt, «Palla a maglio» genannt. Der Ball wurde mit einem Holzhammer durch eine vierreihige Lindenallee getrieben. Der Name wurde zu Palmaille verballhornt; daraus wurde in der Zeit von 1786 bis 1825 eine Prachtstraße. Das zu Holstein gehörende Altona war der südlichste Ort unter dänischer Herrschaft und wuchs zur zweitgrößten dänischen Stadt heran; als sie nach Hamburg eingemeindet wurde, war sie größer als Kiel und die volkreichste Stadt Schleswig-Holsteins. Vor allem die Palmaille zeigt bis heute die dänische Prägung der Stadt. Sie wurde von dem berühmten dänischen Architekten Christian Frederik Hansen und seinem Neffen Matthias Hansen errichtet. Christian Frederik Hansen war als junger Mann Baumeister in Altona geworden, nachdem er in Italien gewesen war und dort Palladios Villen kennengelernt hatte. Im südlichen Stil baute er Altonas Prachtstraße; später nahm er erheblichen Einfluss auf die Stadtgestaltung von Kopenhagen. Die Palmaille und das Elbufer bei Altona wirken seit der Zeit Hansens wie Dänemarks «Costa del Sol».

Solange die Segelschifffahrt dominierte, hatte Altona einen bedeutenden dänischen Hafen und wurde das Zentrum der Fisch verarbeitenden Industrie in Deutschland. Die Dänen bauten den Ort in ihre Verkehrsinfrastruktur ein; eine Eisenbahn verband seit 1844 Altona und Kiel. Durch sie wurden Nord- und Ostsee als dänische Interessengebiete miteinander verknüpft. Doch die Bedeutung des Hafens sank, weil es nicht gelang, ihn für Dampfschiffe umzubauen. Kleine Industrie machte sich breit, und Altona wandelte sich in der zweiten Hälfte des 19. Jahrhunderts von der großbürgerlichen Pracht- zur kleinbürgerlichen Industriearbeiterstadt. Der alte, von Gottfried Semper geplante Bahnhof wurde zum Rathaus umgebaut. Zwischen dem Rathaus und dem weiter nördlich gelegenen neuen Bahnhof liegen weiträumige Grünanlagen mit dem Stuhlmannbrunnen aus dem Jahr 1900: Bronzene Zentauren kämpfen um Fische. Das Monument versinnbildlicht den Kampf der Altonaer und der Hamburger um den Fischmarkt.

Unterhalb von Altona, am schmalen Elbufer, liegen Neumühlen und Övelgönne. Der letztere Ortsname klingt ungewöhnlich, ist aber in Norddeutschland nicht selten. Orte, die so heißen, entstanden jenseits eines Wasserlaufes. Ihr Name ging aus dem niederdeutschen «över de Gönde» hervor. In Övelgönne, wohl zunächst ein Fischerort, gründeten im Jahr 1744 fünfzig Elblotsen eine Brüderschaft, die sich verpflichtete, den Kapitänen auf der Elbe den Weg durch die zahlreichen sandigen Untiefen zu weisen. Um diesen verantwortungsvollen Beruf auszufüllen, brauchte man jahrelange Erfahrung. Immer wieder verlagerten sich die Sandbänke. Wer zwischen 25 und 60 Jahre alt war und seine Kenntnisse über den Elbstrom in einer Prüfung nachweisen konnte, durfte das schwere Amt des Lotsen oder Piloten auf der Elbe übernehmen. Heute befindet sich die Lotsenstation am gegenüberliegenden Ufer. In Övelgönne gibt es einen malerischen Museumshafen; die dort liegenden Schiffe werden von Zeit zu Zeit in Betrieb genommen und schippern dann über die Elbe.

Museumshafen in Hamburg-Övelgönne, 1983

JULIUS D.A. MARXEN

Övelgönne ist die erste Station des reizvollen Elbuferweges nach Blankenese; oben in Altona beginnt die Elbchaussee, eine der schönsten Straßen weit und breit. Die Christianskirche an deren Anfang wurde 1738 gebaut. Bekannt ist sie vor allem wegen des Grabes von Friedrich Gottlieb Klopstock, der dort 1803 beerdigt wurde. Nachdem die Beziehungen zwischen den Hamburgern und den Dänen durch den Gottorfer Vertrag von 1768 auf eine neue, günstigere Basis gestellt worden waren, errichteten in den Jahren nach 1780 reiche Hamburger Kaufleute und Reeder an der Elbchaussee zunächst ihre Sommerhäuser, die sie bald zu ihren Dauerwohnsitzen machten. Am hohen Elbufer entkamen sie der Enge der Stadt, konnten die Natur genießen und dennoch ihre Schiffe im Auge behalten, wenn diese den Hafen verließen oder von langen Weltreisen nach Hause zurückkehrten. Viele Villen werden von ausgedehnten Gärten umgeben, die für sich betrachtet Kunstwerke sind. Man kann aber auch das ganze Ensemble der Parks und Landhäuser an der Elbchaussee als ein einzigartiges Gesamtkunstwerk auffassen. Es zeugt vom Reichtum Hamburger Kaufleute und Reeder. Auf weite Strecken zeigt sich ein beinahe waldartiger Charakter an der Straße; im Frühsommer, wenn die Rhododendren blühen, durchfährt man dort ein Blütenmeer.

Eisgang auf der Elbe bei Hamburg-Teufelsbrück, 1979

Große Teile der Landhäuser stammen noch aus der ersten Zeit der Bebauung der Elbchaussee. Zu Anfang hinterlässt die Prachtstraße einen städtischen Eindruck, geprägt durch mehrstöckige Gebäude. Die kurvige Straße senkt sich fast auf das Niveau der Elbe hinunter zum Schiffsanleger Teufelsbrück. Der Legende nach sollte der erste, der die neu gebaute Brücke über den Bach Flottbek an seiner Mündung in die Elbe überquerte, seine Seele dem Teufel versprechen. Bevor der Pastor die Brücke segnen konnte, hoppelte ein Hase über sie ... Dem Teufel wurde ein Denkmal gesetzt.

In Teufelsbrück legen die Fähren nach Finkenwerder und zu den Industriebetrieben am Südufer der Norderelbe ab; Personenschiffe sind noch immer ein wichtiges Verkehrsmittel für Tausende von Pendlern. Bei Teufelsbrück muss auch die Elbchaussee gesperrt werden, wenn die Flut in der Elbe zu hoch aufläuft. Dann stehen die Straße und ihre Umgebung unter Wasser.

Oberhalb von Teufelsbrück liegt einer der schönsten und interessantesten Landsitze der Elbchaussee. Der später geadelte Hamburger Kaufmann Caspar Voght kaufte seit 1785 große Landflächen auf, um ein landwirt-

Das Jenischhaus in Hamburg-Nienstedten

schaftliches Mustergut anzulegen. Er hielt sich an das englische Vorbild einer «ornamented farm», die nützlich und zugleich schön ist. Voght lernte 1794 in Schottland James Booth kennen, Sohn eines Baumschulbesitzers. Auf Veranlassung Voghts zog Booth im folgenden Jahr mit seiner jungen Familie an die Elbe und baute einen großen Baumschulbetrieb auf. Hier wird ein wichtiger Einfluss deutlich, der am Ende des 18. Jahrhunderts von den britischen Inseln her Hamburg erreichte. Denn mit der Gründung der Baumschule war die künftige wirtschaftliche Entwicklung der Geest am Nordufer der Elbe vorgezeichnet. Es entstand dort die größte Baumschullandschaft der Welt. Mit der 1844 eröffneten Eisenbahn konnten junge Gehölzpflanzen weit ins Land gebracht werden. Man verwendete sie zum Bepflanzen der in Schleswig-Holstein landestypischen Knicks. Mit diesen Wallhecken wurden bei der Verkoppelung zusammengelegte Felder umgeben.

Sein Landhaus ließ Voght zu Ende des 18. Jahrhunderts von Johann

August Arens errichten – mit schönen Säulen- und Balkonumgängen. Er setzte sich für zahlreiche Verbesserungen der Landwirtschaft auch außerhalb seines Anwesens ein, unter anderem für die Wirtschaft der Vier- und Marschlande. Nur derjenige Teil des Gutes ist heute noch erhalten, den der Junggeselle Voght an seinen Freund Martin Johann Jenisch, einen wohlhabenden Hamburger Senator, abgab. Jenisch ließ auf dem höchsten Punkt des südlichen Parkgeländes 1834 das Jenischhaus errichten. Das klassizistische Gebäude ist ein Werk der Architekten Gustav Forsmann und Karl Friedrich Schinkel. In dem Park, der sich bis zur Elbe hinunter zieht, steht seit 1962 das Barlachhaus mit der Kunstsammlung des Industriellen Hermann F. Reemtsma.

Gleich neben dem Jenischpark liegt der Wesselhöftpark. Die Elbchaussee steigt erneut an und führt nach Nienstedten. Das Landhaus des Kaufmanns Johann Heinrich Baur ist ein Werk von Christian Frederik Hansen, heute der Verwaltungssitz der Hermann-Reemtsma-Stiftung. In der Nachbarschaft trifft sich der Internationale Seegerichtshof der Vereinten Nationen. Der barocken Nienstedtener Kirche gegenüber liegt «Jacob», ein feines Restaurant, das 1791 von dem französischen Landschaftsgärtner Daniel Louis Jacques gegründet wurde; seinen Namen deutschte er ein. Max Liebermann war hier zu Gast; er malte die kunstvoll geschnittenen Linden auf der Terrasse und die Aussicht auf die Elbe.

Die Elbchaussee entfernt sich nun etwas vom Fluss; zwischen Straße und Elbe liegen der Hirschpark und Baurs Park. Der Hirschpark gehörte dem überaus reichen Hamburger Kaufmann Johann César IV. Godeffroy, Abkömmling einer Hugenottenfamilie. Sein Landhaus von 1789 ist ein weiteres Werk des dänischen Architekten Christian Frederik Hansen. Besonders schön ist Baurs Park um den Katharinenhof. Zur Verbesserung des Bodens wurde dorthin fruchtbare Muttererde vom anderen Elbufer geholt und auf dem sandigen Geesthang verteilt; dann erst wurde der prächtige englische Landschaftsgarten angelegt.

Die Elbchaussee endet in Blankenese, einer eigentümlichen Mischung aus norddeutsch-dänischem Fischerdorf, mediterran geprägtem Feriendomizil und Villenvorort. Die Moräne erreicht hier ihre höchsten Höhen: Der Süllberg ist 85 Meter, Baurs Berg sogar 92 Meter hoch. Die Höhendifferenz zwischen dem Wasserspiegel der Elbe auf Meereshöhe und diesen Hügeln ist nicht nur für norddeutsche Verhältnisse enorm. Weit geht die unvergleichliche Aussicht über die Talniederung und die ausgedehnte

Blick von der Estemündung über das Mühlenberger Loch auf Hamburg-Blankenese

Wasserfläche, auf der die Schiffe zum Hafen oder zum Meer hin gleiten. Überwiegend kleine Häuser kleben am Steilhang, den man auf verschiedenen Treppenpfaden mit Hunderten von Stufen erklimmt.

Kurz hinter Blankenese liegt die Grenze zwischen Hamburg und Schleswig-Holstein. Das Hügelland senkt sich nach Wedel und Schulau. Am Schulauer Fährhaus befindet sich eine Schiffsbegrüßungsanlage, bei der für Schiffe, die nach Hamburg fahren, die Nationalhymne ihres Heimatlandes gespielt wird.

In der Stadtmitte von Wedel steht seit 1558 ein Rolandsstandbild. Vor ihm wurde ein bekannter Viehmarkt abgehalten. Dort und in Blankenese einerseits, andererseits in Zollenspieker in den Vierlanden, endeten zwei Zweige des berühmten Ochsenweges, auf dem Rinder aus Jütland und der schleswig-holsteinischen Marsch in Richtung Elbe getrieben wurden. Die Tiere wurden westlich oder östlich des Stromspaltungsgebietes der Elbe durch die Furten geführt oder in den flachen Prahmen der Fährleute übergesetzt. Das Wasser hatte an diesen Orten nur geringe Tiefe; bei Blankenese betrug sie zeitweise weniger als zwei Meter. Von Blankenese aus kamen die Tiere am Südufer in Cranz an der Estemündung an, von Wedel oder Schulau aus an der Lühemündung. Sie konnten dort ihren Zug auf den Uferwällen der kleinen Flüsse des Alten Landes oder auf den Deichen fortsetzen; der Ochsenweg verlief dann weiter in die Niederlande. Die örtliche Landwirtschaft war damals nicht imstande, den großen Bedarf an Fleisch in dieser Region zu decken.

Zwischen dem Alten Land und der Elbchaussee herrscht heute nicht nur friedliche Idylle. Am linken Elbufer ragen die riesigen Fabrikanlagen der «Airbus Deutschland GmbH» auf, des größten Arbeitgebers weit und breit. Das Werk ist aus einer Fabrik für Wasserflugzeuge hervorgegangen, die kurz vor dem Zweiten Weltkrieg gegründet wurde. Die Wasserflugzeuge starteten auf der Elbe. Nach dem Krieg, als vor allem Frachtflugzeuge gebaut wurden, wuchsen die Werkhallen und die Startbahn. Damit das größte Passagierflugzeug der Welt, der Airbus A 380, nun hier gefertigt werden kann, musste ein Teil des Mühlenberger Lochs verfüllt werden, und die Startbahn wurde so weit verlängert, dass die Jets nahe der Neuenfelder Kirche mit ihrer berühmten Arp-Schnitger-Orgel abheben oder landen. Auch über das Hochufer der Elbe und die Elbchaussee gleiten sie in geringer Höhe hinweg. Mit dem zeitweise profitablen, jüngst aber auch von Krisen geschüttelten Werk haben die Hamburger sich selbst ein Problem geschaffen, an dem deutlich wird, dass die Stadt zu wenig Platz für ihre Entwicklung hat. Weil viele Anlieger glauben, dass einzigartige kulturelle Denkmale in Mitleidenschaft gezogen werden, erhebt sich immer wieder Protest gegen die Ausweitung der Flugzeugwerke. Doch es gibt noch ein anderes Problem: Die Pisten des Airbuswerkes weisen in die gleiche Richtung wie diejenigen des Hamburger Verkehrsflughafens Fuhlsbüttel. Die Flugzeuge könnten sich gefährlich ins Gehege kommen.

Es gibt derzeit Überlegungen, das Alte Land als Weltkulturerbe der UNESCO vorzuschlagen. Doch eigentlich sollte man nicht nur das einzigartige Obstbauernland im Süden der Elbe unter besonderen Schutz stellen, sondern auch den Höhenrücken, über den die Elbchaussee verläuft. Das Steilufer im Norden der Elbe und das flache Marschland im Süden gehören zusammen. Das wird leider immer wieder vergessen, weil die beiden Gebiete heute zu drei verschiedenen Bundesländern gehören, zu

Hamburg, Niedersachsen und Schleswig-Holstein. Doch sie haben eine gemeinsame Geschichte, die von der Elbe dominiert wird. Die Einzigartigkeit der beiden Ufer der Elbe bildete sich heraus, als das Wasser im Ästuar das nördliche Sietland überflutete.

23 Kleine Häfen am großen Strom

Seit dem Mittelalter gibt es auf der Niederelbe ein charakteristisches Nebeneinander von Hochseeschifffahrt und kleineren Gefährten auf lokaler oder regionaler Fahrt. Güter aus aller Herren Länder kommen über die Weltmeere in die Elbe oder werden vom «Tor zur Welt» aus weltweit verschifft. Ganz anderen Zwecken dient die Kleinschifffahrt. Ohne sie konnten die Marschen an den Flussunterläufen und an der Nordsee nicht besiedelt werden. Mit kleinen Schiffen wurde Holz zum Bauen und Heizen in die Marschen gebracht. Damit die Marschbauern Holz erwerben konnten, mussten sie eigene Erzeugnisse mit Booten auf die Märkte bringen: Vieh, Milchprodukte, Gemüse, Getreide, Ziegel und vieles andere. Die Siedler in der Marsch konnten reich werden, weil die fetten Böden Spitzenerträge lieferten. Ohne den Transport auf dem Wasserweg aber wäre der Handel nicht in Gang gekommen.

Die Marsch konnte man vielfältig nutzen. Am leichtesten ließ sich eine extensive Viehhaltung betreiben. Rinder und Schafe finden in der unbedeichten Marsch gute und von Natur aus gehölzfreie Weideflächen. Um in der Marsch Vieh zu halten, brauchte man allerdings für Mensch und Tier Schutzeinrichtungen, die sie bei hohen Fluten in Anspruch nehmen konnten. Das waren künstliche Hügel mit einer Zisterne, in der Regenwasser aufgefangen wurde. Salz- und Brackwasser der Fluten sind zum Trinken nicht geeignet. Hügelförmige Wurten oder Warften stellen die ältesten Siedelplätze in den Marschen dar. Man sieht sie noch heute, und auf vielen stehen nach wie vor Bauerngehöfte. Zwischen den Wurten verliefen Priele, die mit kleinen Booten befahren wurden. Die Überschüsse der landwirtschaftlichen Produktion konnten von jeder Wurt zu den größeren Häfen gebracht werden. Dort besorgte man sich Holz zum Bauen, Heizen und Kochen. Auch Getreide musste man kaufen, denn in der unbedeichten Marsch konnte man nur an wenigen Stellen sicher vor Salzwasser Korn anbauen.

Dieses einfache Wirtschafts- und Handelssystem wurde unmöglich gemacht, als man die Marschen eindeichte. Zwar konnte man nun höhere Erträge erzielen, aber der Wassertransport wurde unterbrochen. Wenn man einen Polder oder Koog anlegte, also ein Stück Land eindeichte, musste man auch für die Entwässerung des Landes sorgen. Das Wasser lief in Gräben zusammen, wurde in den Wettern gesammelt und verließ an einem Siel den Polder. Das Siel ist ein Tor im Deich, das sich bei Niedrigwasser öffnet, aber von der Flut zugedrückt wird. Das abfließende Wasser wurde außendeichs gebündelt, meist in einem Flusslauf, der von der trockenen Geest aus die Marsch querte. Dieser Fluss bot sich als idealer Verkehrsweg für Schiffe an. Weil er mehr Wasser führte als ein Priel der unbedeichten Marsch, konnten auf ihm größere Wasserfahrzeuge unterwegs sein. Es gab breite und schmale, gerade und kurvige Flüsse; je nachdem, wo man fahren wollte oder musste, brauchte man ein kleineres oder größeres, breiteres oder schmaleres Schiff.

Ein Schiff, das auf der Elbe und ihren Nebenflüssen unterwegs sein sollte, musste Stürme überstehen können; die Unterelbe ist ein gefährliches Fahrwasser. Man musste an allen Zielpunkten anlegen können. Einige Häfen besaßen gut ausgebaute Molen und Kaimauern. Aber es gab auch Plätze ohne Kais, an denen Waren zu- und abzuladen waren. Die Schiffer nutzten die Gezeiten an der Niederelbe aus: Sie fuhren bei Hochwasser in die Flussmündungen hinein und warteten, bis bei Ebbe das Schiff trocken fiel. Dann konnte man Bretter über den Schlick legen und das Boot zu Fuß oder mit einer Schubkarre erreichen, um es zu entladen und mit anderen Gütern zu beladen. Wenn das Wasser neben dem Schiff noch ein paar Handbreit hoch stand, fuhr man mit einem von Pferden gezogenen hochrädrigen Wagen zum Übernehmen von Ladung an die Bordwand heran. Beim nächsten Hochwasser schwamm das Schiffchen wieder auf, und in den folgenden Stunden segelte es auf dem wieder tieferen Fahrwasser zur Elbe zurück.

Von der Qualität dieses Transportsystems hing der Wohlstand der Marschbauern ab. Im Lauf von Jahrhunderten zeigte sich, welcher Schiffstyp jeweils am besten für den Handel in der Elbmündung geeignet war: Meist war es der Ewer oder ein ähnliches Fahrzeug. Man fuhr mit diesen Schiffen nicht nur auf der Niederelbe, sondern auch zu den Inseln der Nordsee, an die Küsten des Wattenmeeres und sogar nach England. Typisch für den Ewer war sein platter Boden aus dicken Lagen von Kiefern- oder Fichtenholz. Dadurch erhielt er eine besondere Stabilität, die nötig war, wenn er auf Schlickboden aufsaß. Die anderen Teile des Schiffsrumpfes stellte man aus Eichenholz her. Die Schiffbauer fanden es auf der trockenen Geest in der Nachbarschaft der Marschen. Dort gab es hainartige Ge-

hölze, in denen Vieh weidete. Der stetige Verbiss durch die Tiere ließ nur wenige Bäume in die Höhe kommen. In einem solchen Hudewald stehen weit ausladende Eichen mit krummen Ästen, die man direkt in Schiffsrümpfe einpassen konnte. Damit die platten Boote mit ihrem geringen Tiefgang auch für die Fahrt auf der Nordsee mit ihren unberechenbaren Stürmen geeignet waren, brauchten sie eine Stabilisierung. Bei anderen Schiffen lieferte sie der Kiel, doch der flachbodige Ewer hatte ja keinen. Man brachte deshalb seitlich an vielen Ewern Bretter an. Diese Seitenschwerter wurden auf See zu Wasser gelassen, damit das Schiff nicht kenterte, beim Befahren flacher Gewässer aber in die Höhe gezogen.

Ewer werden bei Niedrigwasser beladen, um 1900.

Die Ewer wurden vielerorts an der Niederelbe gebaut – in kleinen Werften der Geestrandstädte oder an den Mündungen der Nebenflüsse in die Elbe, oft in der Nähe von Eichenwäldern. Einige Werften bestehen heute noch. Schwierig war die Beschaffung des Nadelholzes für den Schiffsboden. Denn auf der Geest an der Elbe gab es kaum Kiefern und keine Fichten. Das Nadelholz musste herangeschafft werden. Es kam auf der Elbe aus Böhmen, Sachsen und Brandenburg in Flößen. Holzhändler brachten auch Nadelholz aus Skandinavien an die Niederelbe, aus Norwegen oder Schweden, später aus Kanada Redpine-Holz. Das meiste Holz kam zuerst nach Hamburg. Dort wurde es von den Werftbesitzern gekauft und per Boot zu den Schiffbaubetrieben gebracht. Mit Nadelholz musste man sich reichlich eindecken, denn man brauchte es darüber hinaus für die Beplankung der Böden. Auch der schlank aufragende Mast, an dem das Segel und manchmal das Ladegeschirr befestigt wurden, bestand meist aus einem Nadelholzstamm.

Viele Ewer von der Niederelbe traf man in Hamburg. Sie transportierten Gemüse und Obst aus den Vier- und Marschlanden, Milch von der Wilhelmsburger Elbinsel und Obst aus dem Alten Land in die Großstadt. Überall in der Niederelbe und auf der angrenzenden Nordsee verwendete man sie beim Fischen. Fischewer hatten mittschiffs einen Wasserbehälter, in den ständig frisches Wasser strömte. So konnten Heringe, Schollen sowie andere Fische und Meerestiere lebend zum Fischmarkt transportiert werden.

In der Haseldorfer Marsch, gleich unterhalb von Wedel, die eine der am frühesten eingedeichten Flächen ist, wurde Obst angebaut. Es gab dort außerdem Bandweidenkulturen. Aus den Weidenzweigen stellte man zunächst Faschinen zur Befestigung von Ufern her. Seit der Zeit um 1800 gab es das Gewerbe der Bandreißer. Sie teilten etwa dreijährige Weidenschößlinge der Länge nach und stellten daraus Fassreifen her. Fässer brauchte man in Massen zum Transport von gesalzenem Fisch, Butter oder Zement. Die Bandreißerei bekam große Bedeutung. 1959 waren 800 Hektar Land mit Bandweiden bestellt. In Haseldorf, Hetlingen und Umgebung gab es 100 Bandreißereien mit 500 Mitarbeitern. Dann aber lohnte sich das Handwerk auf einmal nicht mehr. 1991 gab der letzte hauptberufliche Bandreißer auf.

Auf dem rechten Elbufer schließt sich die Seestermüher Marsch an. Man baute hier vor allem Raps an. Im 18. und 19. Jahrhundert brauchte man Rapsöl zur Beleuchtung in Häusern, und deswegen konnten Marschbauern mit dem Rapsanbau reich werden: Die Ölsaat kam mit dem Ewer auf der Krückau, die bei der Geestrandstadt Elmshorn die Marsch erreicht, und der Niederelbe nach Hamburg. Dort wurde der Raps in den Ölmühlen weiter verarbeitet.

In der benachbarten Kremper Marsch wurde ebenfalls Raps angebaut, und zwar bereits seit 1620. Sie lag höher als andere Marschen und ließ sich daher leicht entwässern. Die Kremper Marsch war vor allem eine Kornkammer und galt als die reichste Elbmarsch. Die stattlichen Bauernhäuser stehen in langen Reihen an den Deichen und bilden sogenannte Deichreihensiedlungen. Hinter jedem Haus liegen die lang gestreckten Marschhufen, deren schwere Böden mit vier oder gar sechs Pferden gepflügt werden mussten. Die Tennen wurden so geräumig gestaltet, dass man die Gespanne mit den Erntewagen darin wenden konnte. Und es gab sehr viel Platz zum Dreschen und Lagern von Korn.

Der Ort Krempe inmitten der Marsch wurde 1235 gegründet und bekam schon bald, 1250, Stadtrechte. Die Stadt trat also bereits zur gleichen Zeit in die Geschichte ein, in der ihr Umland eingedeicht wurde. Der Kirchturm mit seinem Turmhahn ist besonders weit zu sehen; jeder Bauer im Kirchspiel konnte an der Stellung der Wetterfahne ablesen, woher der Wind wehte und wie sich das Wetter in den nächsten Stunden entwickeln würde. Die Bauern lieferten derart viel Korn am Kremper Hafen ab, dass es nicht nur nach Hamburg, sondern auch nach Portugal und Norditalien gebracht werden konnte. Die Kremper Au verschlickte im 17. und 18. Jahrhundert, so dass die Bauern ihre Produkte zum Hafen von Glückstadt liefern mussten.

Das Land vor der Kremper Marsch war schon im Mittelalter eingedeicht gewesen, musste aber aufgegeben werden, weil sich die Elbe verlagert hatte. 1615 konnte man erneut einen Deich um die Flächen ziehen. Der Koog war nicht von geraden Abflussbahnen und Wettern durchzogen wie die Kremper Marsch, sondern wurde mit unregelmäßig gezogenen Gräben entwässert. Er wird aber nicht deswegen Wildnis genannt, sondern weil das Land dort nach dem Ausdeichen verwildert war. In der Engelbrechtschen und Blomeschen Wildnis nutzt man eine besondere Gunst des Standorts für die Landwirtschaft. Vor der erneuten Eindeichung hatte das Wasser viel Kalk abgesetzt, klein geriebenen Schill von Muscheln und Schneckenhäusern. Das ergab eine optimale Bodenfruchtbarkeit, und es entstanden Intensivkulturen für Gemüse. Weil das Wasser auch Sand mitgebracht hatte, entwickelte sich außerdem ein gut durchlüfteter Boden, eine hervorragende Voraussetzung für den Anbau von Kartoffeln, Karotten und Sellerie. Kohl, Bohnen, Gurken, Porree und Zwiebeln wurden zu weiteren Spezialitäten aus der Engelbrechtschen und Blomeschen Wildnis. Um 1900 errichtete man Treibhäuser, um die Märkte früher im Jahr mit Gemüse beliefern und höhere Gewinne erzielen zu können.

Gemüse aus der Wildnis, Korn aus der Kremper Marsch – für beides wurde Glückstadt der Versandhafen. Diese Stadt wurde zwei Jahre nach dem erneuten Deichbau vom dänischen König Christian IV. gegründet. Er wollte mit einem neuen Hafen den Hamburgern Konkurrenz machen. Doch Glückstadt – der Name sollte Menschen von nah und fern als Bürger anlocken – hatte nicht so viel Fortune, wie sein Gründer erhofft hatte; die Elbe setzte Unmengen Sand vor dem Hafen ab, so dass sich eine neue Sandbank bildete. Die Dänen konzentrierten sich danach stärker auf die Entwicklung des Hafens von Altona.

Der Walfang von Glückstadt aus lohnte sich vor allem, wenn ihn der Staat subventionierte. Nach niederländischem und Hamburger Vorbild wurde er seit 1671 betrieben; im späten 18. und frühen 19. Jahrhundert war er am umfangreichsten. Eine günstige Voraussetzung für den Glückstädter Walfang war wohl, dass die Dänen seit 1749 einen Handelsstützpunkt auf Grönland besaßen. Später, vor allem in der Zeit zwischen 1893 und 1979, war in Glückstadt der Heringsfang bedeutend. Die Gastronomie in der schmucken Stadt erinnert daran; dort trifft man sich noch heute zum Matjesessen.

In Glückstadt legt die einzige wichtige Fähre über die Niederelbe ab. Nur hier gibt es eine Verbindung für Passagiere und Kraftfahrzeuge ans niedersächsische Ufer, nach Wischhafen. Daher kommt es, dass heute nur wenige Kontakte zwischen den Bewohnern der beiden Elbufer bestehen. Als die lokale Schifffahrt eine größere Bedeutung hatte, war dies anders. Ab Glückstadt macht sich der Salzgehalt des Wassers im Ästuar allmählich deutlicher bemerkbar.

Einige Kilometer unterhalb von Glückstadt mündet die Stör in die Elbe. Auf einem vielfach gewundenen Flusslauf fahren kleine Schiffe auf ihr nach Itzehoe und zur Münsterdorfer Geestinsel. Dieses trockene Stück Land wurde von einem Salzdom in die Höhe gedrückt, Ablagerungen aus der Kreidezeit kamen an die Erdoberfläche. Bei Lägerdorf werden sie seit 1860 zur Zementproduktion abgebaut. Der zuerst in Fässern, später in Säcken verpackte Zement wurde in besonders dafür gebaute Ewer verladen, die auf einem 1878 gegrabenen, heute aber nicht mehr genutzten Kanal das Zementwerk erreichen konnten. Von ihrer schweren Last tief ins Wasser gedrückt segelten die Boote auf der Stör zur Elbe. Seit 1927 zogen Dampfschlepper die schweren Ewer. In Wewelsfleth an der unteren Stör bestehen seit 1859 Werften. 1880 wurden dort nach englischen Vorbildern die ersten Kutter gebaut.

Westlich der Stör befindet sich die Wilstermarsch. Ihre Oberfläche liegt niedriger als die der Kremper Marsch. Es war daher stets besonders kompliziert, die Wilstermarsch zu dränieren. Seit 1571 setzte man dazu kleine Entwässerungsmühlen ein, die man niederländischen Vorbildern nachbaute. Seit 1772 wurden sie mit Archimedischen Schrauben versehen, die einen Hub von beinahe einem Meter bewältigten. Die bis zum Beginn des 20. Jahrhunderts das Land prägenden zahlreichen Windmühlen wurden dann durch elektrische Schöpfwerke ersetzt. Nur noch eine einzige Schöpfmühle ist bis auf den heutigen Tag erhalten geblieben, in Honigfleth bei Wilster.

Die niedrige Lage des Terrains ist ein hausgemachtes Problem vieler Marschen. Entzieht man dem Land durch Dränage das Wasser, so sackt es zusammen. Organische Bodenbestandteile werden zersetzt, wenn der abgetrocknete Untergrund von Sauerstoff durchzogen wird. Auf ihn sind Lebewesen angewiesen, die Pflanzenreste im Boden abbauen. Vielerorts führt die Eindeichung schließlich dazu, dass Landoberflächen unter Normalnull absinken, und das trifft auf die Wilstermarsch besonders zu. Bei Neuendorf liegt das Land beinahe vier Meter unter dem normalen Meeresspiegel. Dieser Ort ist vielleicht der am tiefsten gelegene in Deutschland; doch streiten sich mehrere Gegenden um diesen «Superlativ».

Die Entwässerungsprobleme in der Wilstermarsch hatten keineswegs zur Folge, dass die Bauern dort ärmer gewesen wären als anderswo. Im Gegenteil: Sie waren reiche Viehbauern. Weil die Absatzgebiete für Milch recht weit entfernt lagen und es kompliziert war, frische Milch auf dem Ewer bis nach Hamburg zu bringen, stellte man haltbare Milchprodukte her: Butter und Käse. Einzigartig in der Wilstermarsch sind die Barghäuser, die den Eiderstedter Haubargen ähneln: Die Grundfläche der Bauernhäuser ist ein etwa gleichseitiges Viereck. Als Träger für das hoch aufragende Dach nahm man oft Nadelholzstämme. Als Schutz vor dem starken Wind pflanzten die Bauern vor den einzeln stehenden Gehöften Linden und schnitten sie in Kastenform. Das Lindenlaub verwendete man zur Viehfütterung, und zur Zeit der Lindenblüte sammelten Bienen Honig.

WILLI

Die Marschen auf der linken Elbseite sind großräumiger. Das Alte Land wird im Nordwesten von der Schwinge begrenzt, dem Fluss durch Stade, der ältesten Stadt an der Niederelbe. Sie bestand schon im 8. Jahrhundert. Bis zum Ende des 12. Jahrhunderts war Stade wichtiger als Hamburg und wurde zu einer glanzvollen Handelsstadt. Davon kann man sich noch heute ein Bild machen: Um die mittelalterlichen Kirchen Sankt Cosmae et Damiani und Sankt Wilhadi herum stehen prächtige Bürgerhäuser aus früheren Jahrhunderten. Im Mittelalter verlagerte sich die Elbe von der Stadt weg. Die Schwinge versandete und war kein geeigneter Wasserweg mehr für größere Schiffe. Die Bedeutung Stades als Hafen für Hochseeschiffe ging an Hamburg verloren. Zwischen Stade und Hamburg bestand aber stets eine rege Kleinschifffahrt; Obst und Gemüse aus dem Alten Land und Kehdingen wurden hier verladen. 1645, im Dreißigjährigen Krieg, eroberten die Schweden die Stadt. Das gab noch einmal Auftrieb. In Agathenburg, ganz in der Nähe, bauten die Schweden ein Schloss. Im Hafen wurde 1661 ein Tretkran errichtet, dessen Rekonstruktion heute noch am Hafenbecken steht. Zu einem weiteren Wahrzeichen Stades wurde der um 1700 errichtete Schwedenspeicher. Nach dem Nordischen Krieg sank der Einfluss Schwedens in Mitteleuropa; 1715/19 fielen Stade sowie das ehemalige Herzogtum Bremen und Verden an das Land Hannover.

Der historische Hafen von Stade mit dem Schwedenspeicher

Nordwestlich von Stade schließt sich das Land Kehdingen an. Hier ist die landschaftliche Gliederung der Elbniederung besonders gut zu erkennen. In der Mitte des Tales, neben dem heutigen Elblauf, befindet sich die Insel Krautsand, die erst nach der Sturmflutkatastrophe von 1962 einen hohen Deich erhielt. Südwestlich der Wischhafener Süderelbe liegt ein Streifen relativ hoch gelegenen Marschlandes mit den alten Hafensiedlungen Assel, Drochtersen und Wischhafen. Zwischen ihnen und dem Rand der Niederung dehnt sich das Kehdinger Moor aus. Dieses einst unberührte weite Hochmoor war ursprünglich zehn Meter mächtig, bevor der Abbau von Torf als Brennstoff einsetzte. Die Elbe macht vor dem Städtchen Freiburg eine Biegung nach Westen; die Stadt konnte bis 1860, als eine Landstraße gebaut wurde, nur auf dem Wasserweg erreicht werden. In Kehdingen baute man ebenso wie im Alten Land Obst an, man hielt Rinder und züchtete Pferde der berühmten Rasse Hannoversches Warmblut. Zeitweise das wichtigste Handelsgut aber waren Ziegelsteine. Ohne sie, die auf den sogenannten Steinewern transportiert wurden, wäre

Die Elbe bei Stade mit modernen Containerschiffen

die rasche Entwicklung von Hamburg im 19. Jahrhundert nicht möglich gewesen. Vor allem nach dem Brand von 1842 bestand ein riesiger Bedarf an Baumaterial. Aber auch für den Neu- und Ausbau des Hafens sowie die neuen Kontorhäuser wurden massenweise Kehdinger Ziegel verwendet. Um 1870 bestanden mehr als 260 Betriebe. Es gab nicht genug ortsansässige Arbeitskräfte; daher warb man Kolonnen von Zieglern im Lippischen Land an, die im Sommer in den Kehdinger Ziegeleien arbeiteten. Dass die Grundherren, Werftbesitzer und Reeder in dieser Gegend zu großem Reichtum kamen, ist ein offenes Geheimnis: Es gibt Bauernhöfe, die man eher als Landgüter bezeichnen sollte. Einige Anwesen sind von sehenswerten Gärten oder Parks umgeben. Doch immer wieder bedrohten Fluten das Land und seinen Wohlstand. In der verheerenden Sturmflut von 1717 brach in Wischhafen der Deich. Das Wasser riss eine derart tiefe Kerbe ins Land, dass es erst 1742 gelang, den Damm wieder zu schließen.

Die Westgrenze Kehdingens bildet die Oste, ein Fluss aus der Lüneburger Heide. Sie konnte zu einem großen Teil mit Ewern befahren werden. Torfewer kamen aus den großen Moorgebieten zwischen der Oste und dem zur Weser strebenden Flüsschen Hamme, aus dem Teufelsmoor bei Worpswede; sie brachten Brennstoff nach Hamburg. Damit man an einer Straßenkreuzung nicht ihre Segelmasten umlegen musste, baute man im Ort Osten eine Schwebefähre für den Landverkehr, heute ein sehenswertes technisches Denkmal. Von Hemmoor aus transportierten für schwere Last konstruierte Ewer Zement zur Elbe. Dort wurde ebenso wie in Lägerdorf, nördlich der Elbe, Zement an einem Salzdom abgebaut.

Westlich der Oste schließt sich das Land Hadeln an. Es wurde seit dem Mittelalter zunächst hinter kleinen, dann allgemeinen Landesdeichen kolonisiert, die das ganze Gebiet umschlossen. Man baute dort seit 1740 nach dem Vorbild holsteinischer Elbmarschen großflächig Raps an, der bis zur Einführung von Petroleum um 1860 das wichtigste Lampenöl lieferte. Auch hier wurden die Bauern reich. Sie führten ihre Güter über die Häfen Neuhaus an der Oste und Otterndorf an der Medem aus. Damit kam nicht nur Geld, sondern auch Kulturgut ins Land. Die Kirche von Lüdingworth ist voller Schätze; sie erhielt eine der bedeutendsten Orgeln des Meisters Arp Schnitger. In Otterndorfs Lateinschule war Johann Heinrich Voß Lehrer; er übersetzte dort die Odyssee ins Deutsche.

Überall in den Elbmarschen finden sich Hinweise auf die Vermischung von bäuerlicher und städtischer Kultur, auf Reichtum, der mit den Produkten des Landes verdient wurde. Bis heute lassen sich Spuren der wirtschaftlichen Spezialisierung erkennen, auf die man einst gesetzt hatte. Völlig geändert hat sich allerdings das Transportsystem. Die erste technische Revolution, die Einführung der Dampfmaschine, ging an der Kleinschifffahrt weitgehend vorbei. Die kleinen Schiffe an der Elbe waren weiterhin mit ihren braunen Segeln unterwegs. Doch als Dieselmotoren zur Verfügung standen, wurden viele Segler zu Motorschiffen umgebaut. Sie blieben bis zur zweiten Hälfte des 20. Jahrhunderts charakteristisch für die Niederelbe. Sie tuckerten und hatten keine Masten mehr, aber Form und Funktion der Schiffe waren prinzipiell gleich geblieben. Dann aber bedeutete der Übergang zum regionalen und lokalen Straßentransport das Ende dieser Form der Schifffahrt. Erstaunlich lange, vom Mittelalter bis weit ins 20. Jahrhundert hinein, ist die zur Millionenstadt aufsteigende Metropole Hamburg überwiegend auf dem Wasserweg versorgt worden.

In unmittelbarer Nachbarschaft zur ländlichen Welt der Elbmarschen verläuft seit Jahrhunderten eine der weltweit am meisten befahrenen Wasserwege der Überseeschifffahrt. Der Weg durch die sich ständig verschiebenden Sandbänke, zwischen immer wieder neu entstehenden Untiefen ist sehr gefährlich. Vom späten Mittelalter an wurden sie mit Tonnen und Baken kenntlich gemacht. Seit der Mitte des 18. Jahrhunderts gibt es ein durchgehendes Lotsensystem auf der Niederelbe. In Sankt Margarethen in der Wilstermarsch und in Övelgönne bei Altona stiegen in Absprache mit den Hamburgern die Lotsen zu. Die Lotsenstationen wurden später unwesentlich verlagert, und zwar an den Eingang des 1895 fertiggestellten Kaiser-Wilhelm-Kanals, den heutigen Nord-Ostsee-Kanal bei Brunsbüttel, und auf das Övelgönne gegenüber liegende Ufer.

An der Niederelbe gibt es zahlreiche Leuchttürme. Man unterscheidet Unterfeuer am Ufer und weiter entfernt liegende Oberfeuer. Die Kapitäne und Lotsen halten Kurs, indem sie Unter- und Oberfeuer in eine Linie bringen. Mit weiteren Seezeichen werden sie dazu aufgefordert, ihren Kurs auf die nächsten beiden Leuchtfeuer einzustellen. Dieses System war vor allem zu einer Zeit wichtig, in der es noch keine von Satelliten gesteuerte Navigation gab.

Für die immer größer werdenden Schiffe muss eine immer tiefere Fahrrinne in der Elbe offengehalten werden. Die verschiedenen Strömungen im Fluss tragen ständig neuen Sand ein; die Folge ist, dass unaufhörlich weiter gebaggert werden muss. Das Freihalten der Fahrrinne der Elbe ist eine staatliche Daueraufgabe. Von der weiteren Vertiefung der Fahrrinne kann die künftige Entwicklung von Hamburg abhängen. Doch ab welcher Wassertiefe ist es vernünftiger, auf einen anderen Tiefwasserhafen auszuweichen? Oder sollte man generell die Tonnage von Schiffen begrenzen, die auf den Weltmeeren unterwegs sind, weil sie sonst zu wichtigen Häfen nicht mehr gefahrlos gelangen können? Mehr und mehr stößt das Baggern in der Niederelbe an Grenzen, und zwar nicht nur wegen der Probleme mit der tiefer und tiefer werdenden Fahrrinne, die nun von 13,5 auf 14,5 Meter Tiefe ausgehoben werden soll. Es wird auch immer komplizierter, Lagerflächen für Sand und Schlamm aus der Elbe zu finden. Dabei muss bedacht werden, dass ein großer Teil des Elbschlamms kontaminiert ist. Denn in den letzten Jahrzehnten wurden zahlreiche Schadstoffe in dem Bereich abgelagert, in dem die Flussströmung auf den Flutstrom aus der Nordsee traf.

Die großen Schiffe befahren die äußeren Teile der Niederelbe mit hoher

Geschwindigkeit. Die Ufer werden durch die Bugwellen der Schiffe erheblich belastet. Aus ökologischen Gründen wäre es zu begrüßen, wenn die größten Containerschiffe der Welt künftig in Wilhelmshaven gelöscht würden. Die Jade ist eine Meeresbucht, in die kein Fluss ständig neue Sandmassen einträgt und in der es nicht an der Kontaktstelle zwischen Salz- und Brackwasser zu einem vergleichbaren Massensterben von Kleinlebewesen wie in der Elbe und Weser kommt, das zur Bildung von Schlick führt. Der starke Ebbstrom im «Flaschenhals» der Außenjade spült fast von selbst ein tiefes Fahrwasser frei. Ein gutes Miteinander zwischen den Nordseehäfen ist von ganz großer Bedeutung, damit Hamburg, das wieder wie so oft in den letzten Jahrhunderten der Wachstumsmotor der Wirtschaft und Entwicklung in Norddeutschland ist, seine Stellung halten kann.

Die Insel Krautsand bekam erst in den letzten Jahrzehnten einen hohen Deich

Die Deiche an der Niederelbe wurden erhöht und verstärkt. Im frühen 18. Jahrhundert waren sie ungefähr 5 Meter hoch, heute messen sie 8,5 bis 9 Meter. An den Flussmündungen der Oste, der Este, der Stör und der Krückau wurden nach der Sturmflut von 1962 große Sperrwerke errichtet, die bei hohen Fluten in der Niederelbe geschlossen werden. Mancherorts an der Niederelbe entwickelte sich in den letzten Jahrzehnten eine moderne Industrielandschaft. An der unteren Schwinge, in Bützfleth bei Stade, entstand seit 1971 ein moderner und profitabler Hafen. Er wird vor allem von der chemischen Industrie genutzt, die sich bei Stade ansiedelte. Das Atomkraftwerk in der Nähe wurde bereits stillgelegt, weitere Reaktoren stehen in Brokdorf und Brunsbüttel. Bei Stade queren, von 227 Meter hohen Masten getragen, Überlandleitungen für die Stromversorgung den Fluss. Sie sind die höchsten Europas. In der Nähe ist der Bau einer Autobahn über die Elbe geplant, um Hamburg zu entlasten. Sie wird auch die Menschen der holsteinischen und niedersächsischen Elbmarschen wieder zueinander bringen, deren Kontakte seit dem 19. Jahrhundert zurückgegangen sind. Denn die kleinen Häfen am großen Strom, die Heimatorte der Ewer, sind großenteils versandet, und nur noch wenige Menschen begeben sich von Berufs wegen auf eine Schifffahrt quer über die Niederelbe. In einigen traditionsreichen Werftbetrieben, wo man früher sein Geld mit dem Bau von Ewern verdiente, werden heute größere Schiffe für den Hochseeverkehr gebaut. Viele Werften aber sind längst verschwunden, von Buschwerk überwuchert.

Nicht nur in den Hafenbecken, auch seitlich der Fahrrinnen setzt sich in der Niederelbe stets viel Schlick, Ton und Sand ab. Wattflächen, die regelmäßig überflutet werden, dann wieder trocken fallen, bilden sich bis heute an immer wieder wechselnden Stellen. Sie sind ein seltsamer Lebensraum, in dem sich im Lauf der letzten Jahrtausende Pflanzenarten entwickelten, die es nur hier gibt: etwa der Schierlingswasserfenchel und die Stromschmiele, ein Gras. Die Wattflächen an der Niederelbe sind etwas ganz Besonderes: Nur in wenigen Bereichen der Welt gibt es eine derart lange Flussstrecke, die sowohl von der Flussströmung als auch von den Gezeiten des Meeres beeinflusst wird. Die trocken fallenden Wattflächen, die Ränder von Sandbänken und die sich an immer wieder neuen Stellen bildenden Grünflächen sind Aufenthalts- und Brutplätze zahlreicher Vogelarten. An mehreren Orten blüht im späten Frühjahr die schöne Schachblume, die man auch Kiebitzei nennt.

Das ist die Niederelbe, eine Collage aus Seeschiffen, der Kleinschifffahrt, kleinen Häfen, landwirtschaftlichen Nutzflächen und auf der Welt einmaliger Natur.

24 Wo endet der Fluss?

Westlich von Brunsbüttel wird die Elbe von so vielen Seeschiffen befahren wie keine andere Wasserstraße der Welt. Sie sind unterwegs zwischen Hamburg und der Nordsee oder zwischen dem Meer und dem Nord-Ostsee-Kanal, der die weltweit am meisten befahrene künstliche Wasserstraße ist. Ursprünglich nannte man ihn zu Ehren des Kaisers, in dessen Regierungszeit er erbaut wurde, Kaiser-Wilhelm-Kanal. Der Kaiser setzte auf die Flotte. Seinen Strategen war klar, dass im Falle eines Krieges die deutschen Schlachtschiffe rasch von dem einen in das andere deutsche Meer gelangen müssten. Der von der Natur gegebene Weg zwischen Nord- und Ostsee um die Nordspitze von Jütland herum war weit. 1895, nach dem Bau des Kanals, lag zwischen Brunsbüttel und Kiel eine nur knapp einhundert Kilometer lange Wasserstraße, die in wenigen Stunden passiert werden konnte. Die Schleusen an den beiden Enden des Kanals waren damals die größten der Welt. An den Schleusentoren von Brunsbüttel muss der Tidenhub ausgeglichen werden: Er beträgt dort etwa drei Meter. Seit 1919 ist der Name Nord-Ostsee-Kanal gebräuchlich, man spricht auch vom Kiel-Kanal. Heutzutage hat er große Bedeutung für die Handelsschifffahrt, denn die Häfen an der gesamten Ostsee können durch den Nord-Ostsee-Kanal erheblich schneller erreicht werden. Ebenso wichtig ist heute der Containerverkehr mit Feeder-Schiffen: zwischen den großen Container-Terminals an der Nordseeküste und den Ostseehäfen, die von den größten Frachtschiffen nicht angelaufen werden können.

Brunsbüttel war der ideale Ausgangspunkt für den Kanal. Nirgends sonst stößt die Elbe so weit nach Norden vor. Seit dem Mittelalter verlagerte sich der Strom immer weiter in diese Richtung. Das mittelalterliche Dorf Brunsbüttel musste 1674 aufgegeben werden; weiter im Norden wurde es neu gegründet. Brunsbüttel weist einige industrielle Wahrzeichen auf: In der Nähe der Kanalschleusen markiert ein Leuchtturm von 1895 die Kanaleinfahrt. In 42 Meter Höhe überspannt eine Hochbrücke die künstliche Wasserstraße. Seit 1967 wurden zahlreiche Industriebetriebe angesiedelt. 1983 wurde ein Atomkraftwerk in Betrieb genommen.

Heute wechseln sich die Lotsen nicht mehr in Sankt Margarethen ab, sondern in Brunsbüttel. Die einen sind für die Flussstrecke bis zur Ein-

Die Elbmarsch bei Brokdorf: *Die Schiffe auf der Elbe scheinen durch die Marsch zu gleiten.*

fahrt in den Hamburger Hafen zuständig, die anderen für die Außenelbe, die Strecke hinaus ins freie Meer. An ihr stellten die Hamburger seit etwa 1450 Landbaken auf. Sie waren zuerst aus Holz, seit 1857 aus Eisen. Diese Seezeichen markieren die Ränder der Sandbänke und die in die Fahrrinnen ragenden Reste von Wracks. Die Baken müssen immer wieder versetzt werden. Beim Finden der besten Passagen werden die Lotsen durch Tonnenleger unterstützt. Hochseeschiffe müssen in Brunsbüttel auch einen Lotsen für die Fahrt durch den Nord-Ostsee-Kanal an Bord nehmen.

Hinter Brunsbüttel weitet sich der Ästuar der Elbe erheblich auf; er ist bald zehn, fünfzehn, zwanzig Kilometer breit, und dann verliert sich das Nordufer des Flusses im Dunst. Hinter den Deichen liegt Dithmarschen, fruchtbares Marschland. Es ist weiter von Hamburg entfernt als die anderen Marschländer an der Elbe. Daher spezialisierte man sich dort auf den Anbau von Kulturpflanzen, die auf dem langen Transport nicht leiden. Berühmt ist Dithmarscher Kohl.

Hier war die Nordsee früher weiter ins Land vorgedrungen als heute. Um 5000 v. Chr. brandete sie bis an das Geestkliff nördlich von Brunsbüttel, bei Sankt Michaelisdonn. Wo sich in den Gezeiten die zum Ufer und vom Ufer weg laufenden Wellen trafen, ließ ihre Kraft nach, und der Sand sank an den Meeresboden. Es bildeten sich Strandwälle. Aus ihnen entwickelten sich die Donns, die höher sind als der Meeresspiegel und Dithmarschen von Nord nach Süd durchziehen. Auf den Donns wurden die ältesten Siedlungen des Marschgebietes gegründet. Ein Donn könnte unter den Bedingungen des heutigen Tidenhubs nicht entstehen. Beträgt der Unterschied zwischen Hochwasser und Niedrigwasser mehrere Meter wie an der Elbmündung, würde vor allem der reißende Ebbstrom an zahlreichen Stellen Löcher in den Strandwall reißen. Die Donns zeigen daher an, dass vor einigen Jahrtausenden der Tidenhub an der Elbmündung erheblich geringer gewesen sein muss als heute.

In der Folgezeit entstand eine Gezeitenwelle in der Nordsee, die im Gegenuhrzeigersinn verläuft. Sie brachte nicht nur höhere Tiden, sondern auch große Mengen Sand, die sich vor den Donns ablagerten. Bis ins 20. Jahrhundert hinein konnten nördlich der Elbe weite Marschen mit Deichen umgeben und Köge angelegt werden. Marne lag einst direkt am Meer; heute ist die Stadt an allen Seiten von Kögen umgeben. Vor der Küste Dithmarschens, auf der Mittelplate, wird Erdöl gewonnen. Die Bohrinsel ist bei klarer Sicht von der Elbmündung aus gut zu erkennen.

Die Fahrrinne liegt im letzten Abschnitt der Elbe dicht am Südufer. Der Fluss aber wendet sich nochmals nach Norden, denn ein letzter Moränenwall aus älteren Saale-Eiszeit ist hier zu überwinden, die Wurster Heide. Der nördliche Zipfel der Wurster Heide ist die Altenwalder Geest. Dort befindet sich die einzige Stelle in Deutschland, an der festländische Geest von Natur aus bis an die Nordsee vorstößt. Ein Deich ist dort nicht notwendig, es ergibt sich sogar eine undeutliche Steilküste, an der von Zeit zu Zeit die Brandung nagt. In den letzten Jahrhunderten stieß die Nordsee nach der Eindeichung von Land und nachfolgenden Deichbrüchen noch an weiteren Stellen bis zur Geest vor. Die Wurster Heide mit der Altenwalder Geest ist daher eine Besonderheit. Nach Norden zu erstrecken sich Dünen, nach denen der Ort Duhnen benannt ist. Die Wurster Heide legt sich mit ihren um die dreißig Meter hohen Hügeln wie ein schützender Wall um die niedrig gelegenen Marschen des Landes Hadeln. Sie trennt die Ästuare von Elbe und Weser und bestimmt weitgehend die Gestalt der

Blick von der Eisenbahnhochbrücke über den Nord-Ostsee-Kanal bei Hochdonn

deutschen Nordseeküste. Wenn auch aus eiszeitlichem Schutt geformt, bildet sie einen Fixpunkt, der von den Meeresströmungen nicht beseitigt werden konnte.

Auf dem nördlichen Ende der Wurster Heide besaßen die Hamburger seit 1394 ein Stück Land mit einer Burg, Ritzebüttel. Von dort konnten sie die Elbmündung überwachen und gegen Seeräuber vorgehen. Schiffer in Not fanden in der Burg Schutz. Auf Ritzebüttel saß ein Statthalter von Hamburg. Der wohl bekannteste unter ihnen war von 1735 bis 1741 der Dichter Barthold Heinrich Brockes. Er besang die Elbe und andere Naturschönheiten. Und er nahm sich eines Waldes auf der Geest an; weit und breit gab es damals kein Gehölz so dicht an der Meeresküste, und auch heute ist dieser Wald eine Besonderheit. Brockes legte Wege in «seinem» Wald an. Er heißt auch heute noch Brockeswald. Cuxhaven, die Stadt, zu der heute sowohl Ritzebüttel als auch Duhnen sowie weitere Orte gehören, stieg erst spät zur wichtigsten Siedlung an der Elbmündung auf. 1816 wurde hier eines der ältesten deutschen Seebäder eingerichtet. 1892 entstand der Fischereihafen, noch später die Landungsbrücken, von denen aus Passagierschiffe das nahe Helgoland und das ferne Amerika ansteuerten. Zur Stadt wurde Cuxhaven erst 1907.

Vor Cuxhaven wurde 1732 ein massives Bollwerk gegen Flut und Sand errichtet, die Alte Liebe. Dieser hübsche Name entstand nicht etwa, weil viele Matrosen und Schiffspassagiere hier zum letzten Mal einen Blick auf einen ihnen lieb gewordenen Kontinent oder Menschen warfen. Vielmehr baute man in die Anlage zur Uferbefestigung mehrere Wracks ein, darunter ein Schiff, das Olive oder Oliva geheißen hatte. Aus dem plattdeutschen «Oll Lieve» bildete sich der heutige Name heraus. In Cuxhaven gibt es ein Semaphor, das Windstärken und Windrichtungen in der Deutschen Bucht anzeigt. Vor allem zur Segelschiffzeit war es wichtig, sich hier über die Windverhältnisse auf der Nordsee zu informieren, wenn man die Elbe verließ. Bis heute werden an den Buchstaben «H» (für Helgoland) und «B» für Borkum die Winde in der zentralen Deutschen Bucht und im Westen der Ostfriesischen Inselkette angezeigt. Seit 2007 gibt es das Gemeinsame Lagezentrum See als Herzstück des im Aufbau befindlichen Marinen Sicherheitszentrums. Von hier aus sollen alle Einsätze bei Schiffsunglücken und drohenden Umweltkatastrophen an der deutschen Küste koordiniert werden.

Auf einer zur Elbe hin vorspringenden Nase der Altenwalder Geest steht die Kugelbake, ein hölzernes Seezeichen, das um 1730 seine heutige Gestalt erhielt. Dort ist, wie man sagt, das Ende der Elbe. Doch noch immer fließt der Strom. Sein Wasser hat eine andere Farbe als das Nordseewasser; auf Luftbildern erkennt man es noch viele Kilometer weit im Meer. Weit hinaus ist das Nordseewasser weniger salzig, weil es durch das Süßwasser der Elbe verdünnt wird. Und im sandigen Untergrund ist das Urstromtal der Elbe noch auf einer langen Strecke zu verfolgen. Dort ist vor Jahrtausenden der Fluss tatsächlich noch in Richtung Nordsee geströmt. Als am Ende der letzten Eiszeit, vor 20 000 Jahren, der Wasserspiegel der Nordsee über einhundert Meter tiefer als heute lag, mündete die Elbe erst in der Nähe der Doggerbank in eine kleine Nordsee.

Von Cuxhaven aus lenkt ein Leitdamm Fluten und Sandströmungen in eine Richtung, die die Schifffahrt nicht gefährdet. Durch tief gebaggerte Fahrrinnen, an Elbtonnen vorbei, gelangen die Schiffe in die Nordsee. Im 20. Jahrhundert wiesen ihnen drei Feuerschiffe den Weg; sie sind heute außer Dienst gestellt. Südlich der Fahrrinne liegen zwei Eilande.

Neuwerk, dreizehn Kilometer von Cuxhaven entfernt, kann bei hohen Wasserständen mit dem Schiff angefahren werden, bei Niedrigwasser erreicht man die Insel zu Fuß durchs Watt oder mit der Wattkutsche; die hochrädrigen Gefährte werden von Pferden gezogen. Das Wahrzeichen der Insel, der Turm, das «Neue Werk», wurde um 1300 gebaut. Nach einem Brand erhielt er um 1380 seine heutige Gestalt. Zeitweise brannte auf seinem Dach ein Kohlenfeuer; ein solches frühes Leuchtfeuer war sehr nützlich für die Schifffahrt, aber natürlich längst nicht so weit zu sehen wie das Feuer eines modernen Leuchtturms. Heute braucht man selbst die Leuchtfeuer nicht mehr. Dank der Satelliten, die die Erde umkreisen, können die Kapitäne auch ohne Leuchttürme die Positionen ihrer Schiffe sicher bestimmen.

Die Elbmündung mit der Kugelbake von Cuxhaven. Links im Hintergrund sind die Dünen von Duhnen zu erkennen, der nördlichste Ausläufer einer Moräne aus der Saale-Eiszeit.

Scharhörn war bis zum Anfang des 20. Jahrhunderts nur eine Sandbank. 1927 hat man dort Zäune errichtet, hinter denen sich Sand ansammelte; es bildeten sich bald erste Dünen, auf denen Dünengras ausgesät werden konnte. Mittlerweile hat sich eine gewisse Stabilität auf der Insel eingestellt, denn die Dünen sind noch immer vorhanden. Scharhörn ist unbewohnt und kann normalerweise nicht besucht werden; dort ist ein Vogelparadies entstanden.

Die freie See ist nach dem Passieren von Scharhörn noch immer nicht erreicht. Einige weitere Tonnen markieren das schmale Fahrwasser. Bald taucht rechts des Schifffahrtsweges ein markanter Felsen im Meer auf: Helgoland. Der Buntsandsteinklotz wurde genauso wie der Lüneburger Kalkberg und andere Anhöhen aus festem Gestein in Norddeutschland von einem Salzdom in die Höhe gedrückt. Helgoland ist bis zu 56 Meter hoch; es bildet damit den höchsten Punkt des Landkreises Pinneberg, zu dem das Eiland gehört. Vor einigen Jahrtausenden war Helgoland noch mit dem Festland verbunden; von der Insel aus nach Osten verläuft ein «Südstrand-Rücken» genannter Unterwasserwall, der weniger tief ist als das Meer nördlich und südlich davon. Seine Fortsetzung im Osten ist Eiderstedt, das am weitesten nach Westen ragende Marschland Schleswig-Holsteins. Auf Eiderstedt gibt es ebenso wie in Dithmarschen etwa 5000 Jahre alte Strandwälle; sie verlaufen dort aber von West nach Ost, in der Richtung der ehemaligen Verbindung zu Helgoland. Es ist möglich, dass der Strandwall von Eiderstedt einst länger war und bis nach Helgoland reichte, dann aber von der Strömung beseitigt wurde. Sandige Strandwälle, Marschen und auch die überwiegend aus Sand bestehenden Geestrücken können leicht zum Spielball der Strömungen, der Wellen, vom Meer werden. Die Landverbindung verschwand vielleicht zur gleichen Zeit, in der sich auch die Gezeitenwellen der Nordsee neu ausrichteten und die Tiden höher wurden.

Semaphor und Leuchtturm von Cuxhaven. Angezeigt werden die Windverhältnisse auf Borkum (B) und Helgoland (H).

Helgoland war bis Silvester 1720 größer als heute. Als die Helgoländer am Neujahrstag des Jahres 1721 aus ihren Häusern traten, sahen sie, dass eine gewaltige Sturmflut das Land zwischen dem heutigen Helgoland und der heutigen so genannten Düne weggerissen hatte. Aus einer größeren Insel waren zwei kleinere geworden. Die Strömungen, die sich danach bildeten, waren kräftig genug, um die Meeresstraße zwischen Helgoland und der Düne so weit zu vertiefen, dass Seebäderschiffe dort heute auf Reede liegen können.

Helgoland gehörte bis 1814 zu Dänemark. In den letzten Jahren der dänischen Herrschaft war die Insel ein Paradies für Schmuggler; von hier aus ließ sich Napoleons Kontinentalsperre umgehen, die Europa von Waren-

B H

Wattwagen auf der Fahrt von Cuxhaven-Duhnen nach Neuwerk

lieferungen von und nach England abschneiden sollte. Viele Helgoländer verdienten am illegalen Handel. 1814 kam Helgoland an England. Die Kontinentalsperre war aufgehoben, und die Helgoländer fielen in Armut. Um sie zu überwinden, richtete man ein Seebad ein, das bald von deutschen Dampfschiffen angesteuert wurde, obwohl Helgoland damals noch Ausland war. Viele Menschen kamen vom Festland herüber, unter anderem als politischer Flüchtling August Heinrich Hoffmann von Fallersleben. Er dichtete 1841 auf Helgoland das Deutschlandlied, die spätere Nationalhymne.

1890 wurde Helgoland deutsch. Die Insel wurde Stützpunkt der Kriegsmarine. Hatten die Anlagen dafür schon weite Teile der Insel verändert, so folgte nun eine Zeit gewaltiger Zerstörung. Nachdem die Einwohner Helgolands 1945 vertrieben worden waren, sprengten die Engländer die Kriegshafenanlagen und benützten die kleine Insel als Übungsplatz für den Bombenabwurf. Am 18. April 1947 kam es zur umfangreichsten nichtatomaren Sprengung, die je durchgeführt wurde. Bei diesem «Big Bang» wurde ein großes Loch in den Buntsandsteinfelsen, das Oberland der Insel, gesprengt. Weite Teile der Insel hielten stand, aber seitdem gibt es auf Helgoland nicht nur ein Oberland auf dem Felsen und ein Unterland am Ufer, sondern auch ein Mittelland. Helgoland blieb nach den Sprengungen und Bombenabwürfen jahrelang gesperrt. In den fünfziger Jahren wurde die Inselsiedlung wieder aufgebaut und besiedelt. Seit 1955 wird sie wieder regelmäßig von Seebäderschiffen angelaufen. Helgoland ist Zollausland; man kann dort bestimmte Waren billiger kaufen als auf dem Festland. Doch Helgoland ist keine Hochseeinsel, wie viele meinen. Sie liegt auf der Kontinentalscholle Europas, die in dieser Gegend ein Stück weit unter den Meeresspiegel abgesunken ist. Allenfalls kann man davon sprechen, dass Luft und Klima von Helgoland durch seine Lage im Meer geprägt sind. Allergiker treffen dort eine besonders saubere Luft an.

Die Elbe lässt sich im Untergrund der Nordsee noch weiter verfolgen. Vor einigen Jahrtausenden hatte sie sich in der Nähe von Helgoland mit der Weser vereinigt. Sogar weit westlich von Sylt kann man am Meeresboden die Fortsetzung des Elbstromes noch orten.

Wo endet aber nun die Elbe? Und wo beginnt das Meer? Wenn es stimmt, dass die Elbe 1165 Kilometer lang ist, dann muss man ihr Ende definieren können, zum Beispiel an der Kugelbake. Oder man bestimmt die letzte Elbtonne in ihrem Fahrwasser als ihren Endpunkt. Mit einiger Berechtigung lässt sich aber auch darauf verweisen, dass Hamburg im Einflussbereich der Nordsee liegt. Man könnte sich also genausogut fragen: Wo beginnt oder endet das Meer?

Der Grenzpunkt zwischen Elbe und Meer kann festgelegt werden. Man muss dies tun, wenn man sagen will, wie lang der Fluss ist. Doch für die ökologischen Bedingungen ist eher entscheidend, dass es einen im wahrsten Sinne des Wortes fließenden Übergang zwischen unterschiedlichen Strömungsverhältnissen und Salzgehalten gibt, die für die Lebensräume von Tier- und Pflanzenarten charakteristisch sind.

Auch für das Erleben des Menschen spielen die Grenzen keine Rolle. Der Göttinger Philosoph Christoph Meiners, der 1747 in Hemmoor nahe der Niederelbe geboren worden war, schrieb über seine Heimat: «Wenn Fremdlinge, die noch nie eine grenzenlose Fläche vor sich sahen, an den letzten Damm bei Cuxhaven kommen, so irrt ihr an einen solchen Anblick ungewöhntes Auge lange nach allen Seiten umher und forscht, ob es nicht irgendwo einen Ruhepunkt, irgendwo Schranken entdecken könnte, bis der ermüdete Blick endlich zurückkehrt und den Späher fühlen lässt, welch ein beschränktes Wesen er in dem unermesslichen Reiche des Allmächtigen sei.» Solche Gedanken können jedem Besucher der Elbmündung kommen, der von dort aus auf die Nordsee blickt.

Der Text von Meiners bekam eine besondere Bedeutung. Offensichtlich hat Johann Wolfgang von Goethe ihn als Vorlage benutzt, als er kurz vor seinem Tod an den letzten Szenen des zweiten Teils des «Faust II» arbeitete. 1825 hatte es an der Nordsee eine katastrophale Sturmflut gegeben; die Nachrichten darüber hatten Goethe betroffen gemacht. In seinen letzten Lebensjahren setzte er sich mit Sturmfluten und ihren Folgen, dem Bau von Deichen, Gräben und Kanälen und der Neulandgewinnung auseinander. Johann Peter Eckermann, sein aus Winsen an der Luhe stammender Gesprächspartner, berichtete ihm davon. Karl Lohmeyer konnte nachweisen, dass Goethe den Text von Christoph Meiners gelesen hat. Der Wanderer in «Faust II» tritt auf die Dünen und ruft wie Meiners aus: «Und nun lasst hervor mich treten, / Schaun das grenzenlose Meer; / Lasst mich knieen, lasst mich beten, / Mich bedrängt die Brust so sehr.» Und Faust befasst sich dann vor seinem Tod mit der Neulandgewinnung: «Wie das Geklirr der Spaten mich ergetzt! / Es ist die Menge, die mir frönet, / Die Erde mit sich selbst versöhnet, / Den Wellen ihre Grenze setzt, / Das Meer mit strengem Band umzieht.»

Das kann man auf zwei Weisen verstehen. Künstliche Grenzen sind die Deiche, die Menschen zogen, um dahinter siedeln zu können. Künstliche Grenzen bestehen aber auch dort, wo den Definitionen nach Flüsse «enden» und Meere «beginnen». Menschen begrenzten und begrenzen Räume, die von Natur aus nicht begrenzt waren. Doch die Natur ist grenzenlos. Die Elbmündung bei Cuxhaven zeigt einem dies auf besonders großartige Art und Weise.

Nachwort

Die Elbe ist «mein» Fluss. Ein spätsommerlicher Besuch am Elbstrand bei Hamburg-Nienstedten gehört zu meinen frühesten Erinnerungen. Ein größerer Junge spielte mit mir, ein Wasserflugzeug startete, und das Seebäderschiff «Bunte Kuh» verließ über die Toppen geflaggt den Hamburger Hafen. Ich war als kleines Kind nur wenige Male an der Elbe, denn nur selten wurden die Großeltern in Hamburg besucht. Das frühe Erlebnis an der Elbe lässt sich daher auf den Spätsommer 1958 datieren; ich war noch keine zwei Jahre alt. Mit meinem Vater machte ich danach immer wieder das heimische Wohnzimmer zum Ort der «Geschichte vom Fluss», das eines meiner liebsten Bilderbücher war: Die Ufer wurden mit kleinen Stangen abgesteckt, auf dem Strom fuhren Spielzeugschiffe. Spielzeughäuser, Tiere, Menschen, Autos und Eisenbahnen wurden an den Ufern aufgestellt.

Die Besuche bei meinen Großeltern Kurt (1895–1970) und Maria Saucke (1904–1990) in Hamburg steckten voller wunderbarer Erlebnisse. Von ihrem Haus, an der Grenze zwischen dem damals noch bäuerlichen Osdorf, dem von der Elbe geprägten Blankenese und dem vornehmen Hochkamp gelegen, kam man zu Fuß an die Elbe; man hörte das Tuten der Schiffe. In der großen Bibliothek meines Großvaters gab es das dreibändige «Heimatbuch des Kreises Steinburg», in dem ich immer wieder blätterte, mystisch klingende Namen wie «Engelbrechtsche Wildnis» blieben in Erinnerung. Mein Großvater hatte das Werk erworben, weil eine Linie seiner bäuerlichen Vorfahren aus der Gegend kam. Seine Mutter, meine Urgroßmutter, stammte aus einer Elblotsenfamilie, die lange Zeit in Neumühlen ansässig war.

Mein Großvater besaß eine große Buchhandlung, in der er manche Bücher für mich aussuchte, unter anderem den «Hamburger Geschichtsatlas». Nach und nach wurde die Elbe «erkundet»: in der Haseldorfer Marsch, am Willkommhöft in Schulau, auf dem Seebäderschiff «Wappen von Hamburg», mit der wir nach Cuxhaven fuhren. Mein Großvater organisierte über seinen Bekannten Claus Edye, Teilhaber der Reederei «Rob. M. Sloman jr.», eine Besichtigung der Deutschen Werft, wo zu dieser Zeit eines der Schiffe der Reederei gebaut wurde. Meine Patin Annie Peters

(1898–1981) besuchte mit mir das «Museum für Hamburgische Geschichte» und das Altonaer Museum, beide mit den großartigsten Modellen von Hafenbecken und Schiffen, die man sich denken konnte. Nach dem Tod meines Großvaters lernte ich einen guten Kunden der Buchhandlung kennen, Walter Horn (1909–1999). Er führte mich (ich war dreizehn Jahre alt) mehrere Stunden lang durch das Deutsche Hydrographische Institut, in dem er eine leitende Funktion innehatte. Ich war tief beeindruckt von der Entstehung von Tidewellen oder von der Anordnung der Ober- und Unterfeuer, mit denen die Fahrwasser der Niederelbe bezeichnet waren. Sehr viel später erwarb ich die Bibliothek von Carl Duve (1889–1984), dem Naturschutzbeauftragten der Stadt Hamburg in der Nachkriegszeit. Darin fanden sich Berichte und Zeitungsausschnitte über Walter Horn. 1962 warf man den Mitarbeitern des Hydrographischen Instituts vor, nicht rechtzeitig vor der Sturmflut gewarnt zu haben. Aber wer konnte das Ausmaß dieser Katastrophe abschätzen? Auch 2002 wurde uns gezeigt, dass die sonst so beschauliche Elbe zerstörende Gewalten entfesseln kann, von denen man sich zuvor kaum einen Begriff gemacht hatte.

Andere Teile der Elbe waren für mich als Kind unerreichbar: 1969 blickte ich vom Wendland aus auf das andere Deutschland. Von Schnackenburg aus sah man die rauchenden Schlote von Wittenberge. Tief betroffen stand ich an den Resten der Dömitzer Elbbrücken; mein Vater erzählte mir, wie er hier als Kind in den 1930er Jahren über die Elbe gefahren war. Dresden, Meißen, Wittenberg, Wörlitz und Dessau lernte ich mit meinen Altenburger Freunden Siegmund und Bärbel Hammermann in den 1980er Jahren kennen. 1990, in den letzten Monaten vor der deutschen Wiedervereinigung, plante ich mit meinem Freund Joachim Pötsch aus Potsdam eine Untersuchung über die Landschaft an der Unteren Havel. Daraus wurde das erste Projekt der jungen Universität Potsdam, das von der Deutschen Forschungsgemeinschaft gefördert wurde. Es betraf, was ich zunächst nicht bedacht hatte, letztendlich auch eine Landschaft an der Elbe: Sie – und nicht die Havel – hatte viele Flussläufe, Seen und Moorniederungen an der Havelmündung geformt. Von Potsdam aus besuchte ich häufig den Kunstmaler Kurt Sieth (1917–1999) in Berlin. Er war ein Freund meines Großvaters und hatte in den 1950er Jahren die «Kleinen Häfen am großen Strom» gemalt; wir sprachen häufig über sie und die vielen kleinen Schiffe, die auf der Niederelbe verkehrten. Ich erwarb ein Bild von ihm, auf dem das Watt zwischen Cuxhaven und Neuwerk dargestellt ist.

In weiteren Projekten befasste ich mich mit der Landschaft an der Elbe bei Dresden; dort sah ich 1992 die großartige Elbeausstellung des Deutschen Historischen Museums. Die Quellregion und den Oberlauf des Flusses sowie seine Mündung zwischen Cuxhaven und Helgoland lernte ich erst kennen, als ich mich entschlossen hatte, ein Buch über die Elbe zu schreiben.

Ich habe es als eigenartige Fügung empfunden, so viele Eindrücke von «meinem» Fluss zu einer Geschichte zusammenzustellen. Ich bin allen dankbar, die mir Aspekte der Elbe aufzeigten; diejenigen unter ihnen, die nicht mehr leben, erwähne ich hier mit ihren Lebensdaten. Besonders danke ich meinem Vater Götz Küster, dass er wieder wie so oft mein erster kritischer Leser war und mir wichtige Hinweise gab. Dem Verlag C. H. Beck (vor allem Wolfgang Beck, Stefan Bollmann, Angelika von der Lahr und Jörg Alt) danke ich für die Möglichkeit, ein Buch über «meinen» Fluss schreiben zu können, und für die hervorragende Zusammenarbeit.

Literatur

Allgemein

Bartos-Höppner, Barbara: Elb-Saga. Ein Fluß erzählt Geschichte. Hamburg 1985.

Berger, Dieter: Geographische Namen in Deutschland. Herkunft und Bedeutung der Namen von Ländern, Städten, Bergen und Gewässern. Mannheim, Leipzig, Wien, Zürich 1993.

Czaya, Eberhard: Die Elbe. Köln 1995.

Deutsches Historisches Museum (Hrsg.): Die Elbe. Ein Lebenslauf. Berlin 1992.

Ellenberg, Heinz: Vegetation Mitteleuropas mit den Alpen in ökologischer Sicht. 5. Auflage, Stuttgart 1996.

Gohl, Dietmar: Strukturen und Skulpturen der Landschaft. Die Methodik der Darstellung am Beispiel einer Karte von Deutschland. Forschungen zur deutschen Landeskunde 184, Bonn-Bad Godesberg 1972.

Hoffmann, Paul Th.: Die Elbe. Strom deutschen Schicksals und deutscher Kultur. Hamburg 1939.

Jung, Georg, und Wolfgang Tschechne: Die Elbe. Von der Quelle bis zur Mündung. Hamburg 2005.

Kenntemich, Wolfgang (Hrsg.): Die Jahrhundertflut. München 2002.

Königliche Elbstrombauverwaltung in Magdeburg (Hrsg.): Führer auf den Deutschen Schiffahrtsstraßen. Tabellarisches Handbuch in 6 Teilen. 3. Teil. Das Elbe-Gebiet mit Berücksichtigung der Österreichischen Elbe-Strecke von Melnik abwärts, sowie der gleichfalls Österreichischen Moldau von Budweis abwärts. 3. Auflage, Berlin 1912.

Königslöw, Joachim von: Flüsse Mitteleuropas. Zehn Biographien. Stuttgart 1995.

Král, Václav: Fyzická geografie Evropy. Praha 1999.

Küster, Hansjörg: Geschichte der Landschaft in Mitteleuropa. Von der Eiszeit bis zur Gegenwart. 3. Auflage, München 1999.

Küster, Hansjörg: Geschichte des Waldes. Von der Urzeit bis zur Gegenwart. 2. Auflage, München 2003.

Liedtke, Herbert: Die nordischen Vereisungen in Mitteleuropa. Erläuterungen zu einer farbigen Übersichtskarte im Maßstab 1:1 000 000. Forschungen zur deutschen Landeskunde 204. Bonn-Bad Godesberg 1975.

Liedtke, Herbert, und Joachim Marcinek (Hrsg.): Physische Geographie Deutschlands. 2. Auflage, Gotha 1995.

Schröder, Peter: Aufbau und Untergliederung des Niederterrassenkörpers der Unterelbe. Mitteilungen aus dem Geologischen Institut der Universität Hannover 27, Hannover 1988.

Thielemann, Max: Die Eisverhältnisse der Elbe und ihrer Nebenflüsse. Dissertation Halle 1907.

Wandmacher, Ingo: Erlebnis Elbe. Vom Riesengebirge zur Nordsee. Leinfelden-Echterdingen 1992.

Winter, Otto (Hrsg.): Die Elbe. Das Ein- und Ausgangstor Deutschlands. Berlin 1934.

Woldstedt, Paul: Die Geschichte des Flußnetzes in Norddeutschland und angrenzenden Gebieten. Eiszeitalter und Gegenwart 7, 1956, 5–12.

Speziell für einzelne Kapitel

1. Wo beginnt der Fluss?

Gerhardt, Ricarda: Tschechien. Dormagen 2005.

Musäus, Johann Karl August: Volksmärchen der Deutschen. Köln, Berlin 1967.

Ratzel, Friedrich: Die Schneedecke besonders in deutschen Gebirgen. Forschungen zur deutschen Landes- und Volkskunde 4(3), Stuttgart 1889.

2. Der reißende Bergbach zu Spindlers Mühle

Bahlcke, Joachim, Winfried Eberhard und Miloslav Polívka (Hrsg.): Böhmen und Mähren. Handbuch der historischen Stätten. Stuttgart 1998.

Gerhardt, Ricarda: Tschechien. Dormagen 2005.

3. Zuerst nach Süden, dann nach Westen durch das Böhmische Becken

Bahlcke, Joachim, Winfried Eberhard und Miloslav Polívka (Hrsg.): Böhmen und Mähren. Handbuch der historischen Stätten. Stuttgart 1998.

Engelmann, Richard: Der Elbedurchbruch. Geomorphologische Untersuchungen im oberen Elbgebiete. Wien 1938.

Gerhardt, Ricarda: Tschechien. Dormagen 2005.

Hoensch, Jörg K.: Geschichte Böhmens. Von der slavischen Landnahme bis zur Gegenwart. 3. Auflage, München 1997.

Prinz, Friedrich: Deutsche Geschichte im Osten Europas. Böhmen und Mähren. 2. Auflage, Berlin 1995.

4. Die Moldau, der eigentliche Oberlauf der Elbe?

Bahlcke, Joachim, Winfried Eberhard und Miloslav Polívka (Hrsg.): Böhmen und Mähren. Handbuch der historischen Stätten. Stuttgart 1998.

Bartmann, Christoph: Prag. Das Insider-Lexikon. München 1994.

Gerhardt, Ricarda: Tschechien. Dormagen 2005.

Kliment, Alexandr: Prag. Zürich 1994.

Prinz, Friedrich: Deutsche Geschichte im Osten Europas. Böhmen und Mähren. 2. Auflage, Berlin 1995.

5. Die Eger

Bahlcke, Joachim, Winfried Eberhard und Miloslav Polívka (Hrsg.): Böhmen und Mähren. Handbuch der historischen Stätten. Stuttgart 1998.

Bohač, Jaromír, und Stanislav Burachovič: Das Bäderdreieck im Egerland. Ein Führer durch Städte, Kultur und Landschaft. Amberg 1991.

Gerhardt, Ricarda: Tschechien. Dormagen 2005.

Gütter, Ernst: Reiseführer Egerland/Westböhmen. Ein Wegweiser besonderer Art durch eine geschichtsträchtige Kulturlandschaft. Leer 1997.

Prinz, Friedrich: Deutsche Geschichte im Osten Europas. Böhmen und Mähren. 2. Auflage, Berlin 1995.

6. Vom Wasserstraßenkreuz der Elbe, Moldau und Eger zur Porta Bohemica

Bahlcke, Joachim, Winfried Eberhard und Miloslav Polívka (Hrsg.): Böhmen und Mähren. Handbuch der historischen Stätten. Stuttgart 1998.

Engelmann, Richard: Der Elbedurchbruch. Geomorphologische Untersuchungen im oberen Elbgebiete. Wien 1938.

Gerhardt, Ricarda: Tschechien. Dormagen 2005.

Ketelsen, Thomas: Böhmen liegt am Meer. Die Erfindung der Landschaft um 1600. Mit einem Beitrag von Stefan Bartilla. Hamburg 1999.

Klemm, Heinz: Die Entdeckung der Sächsischen Schweiz. 3. Auflage, Dresden 1956.

Prinz, Friedrich: Deutsche Geschichte im Osten Europas. Böhmen und Mähren. 2. Auflage, Berlin 1995.

7. Die Böhmische und die Sächsische Schweiz

Bahlcke, Joachim, Winfried Eberhard und Miloslav Polívka (Hrsg.): Böhmen und Mähren. Handbuch der historischen Stätten. Stuttgart 1998.

Engelmann, Richard: Der Elbedurchbruch. Geomorphologische Untersuchungen im oberen Elbgebiete. Wien 1938.
Gerhardt, Ricarda: Tschechien. Dormagen 2005.
Jahr, Walther: Die sächsische Sägeindustrie und ihre Standortbedingungen. Jena 1927.
John, Gerhart Heinz: Die Elbflößerei in Sachsen. Dissertation Leipzig 1934.
Klemm, Heinz: Die Entdeckung der Sächsischen Schweiz. 3. Auflage, Dresden 1956.
Thomas, Hermann: Das Elbtal und Dresden. Radebeul 1992.

8. Dresden, das Elbflorenz

Arldt, Theodor, Alfred Hahn und andere: Dresdner Heide, Pillnitz, Radeberger Land. Ergebnisse der heimatkundlichen Bestandsaufnahme im Gebiet von Radeberg und Dresden-Pillnitz. Werte unserer Heimat 27, Berlin 1976.
Gräf, Daniela: Schiffmühlen in Europa vom Frühmittelalter bis in die Neuzeit. In: Mamoun Fansa und Dirk Vorlauf (Hrsg.): Holz-Kultur. Von der Urzeit bis in die Zukunft. Mainz 2007, 141–159.
Hahn, Alfred, Ernst Neef und andere: Dresden. Ergebnisse der heimatkundlichen Bestandsaufnahme. Werte unserer Heimat 42, Berlin 1984.
Reichel, Ortrud (Hrsg.): Geist der Städte. Dresden. Wiesbaden 1965.
Thomas, Hermann: Das Elbtal und Dresden. Radebeul 1992.

9. Ein Paradies und ein Porzellan-Schloss

Borchert, Fritz: Die Leipzig-Dresdner Eisenbahn. Berlin 1989.
Küster, Hansjörg: Pflanzenreste aus frühneolithischen Siedlungen in Sachsen. Archäologie Aktuell im Freistaat Sachsen 2, Dresden 1994, 73–76.
Lehmann, Edgar, und andere: Lössnitz und Moritzburger Teichlandschaft. Ergebnisse der heimatkundlichen Bestandsaufnahme im Gebiet von Radebeul und Dresden-Klotzsche. Werte unserer Heimat 22, 2. Auflage, Berlin 1975.
Mrusek, Hans-Joachim, Meissen. Leipzig 1982.
Schmidt, Sigrid, und Heinz Weise, Radebeul und die Lössnitz. Leipzig 1986.
Thomas, Hermann: Das Elbtal und Dresden. Radebeul 1992.
Zühlke, Dietrich, und andere: Elbtal und Lösshügelland bei Meißen. Ergebnisse der heimatkundlichen Bestandsaufnahme in den Gebieten von Hirschstein und Meißen. Werte unserer Heimat 32, Berlin 1979.

10. Ein Elbdelta im Urstromtal

Burkart, Michael: River corridor plants (Stromtalpflanzen) in Central European lowland: a review of a poorly understood plant distribution pattern. Global Ecology & Biogeography 10, 2001, 449–468.

Genieser, Kurt: Ehemalige Elbeläufe in der Lausitz. Geologie 4, 1955, 223–279.

Genieser, Kurt: Neue Daten zur Flußgeschichte der Elbe. Eiszeitalter und Gegenwart 13, 1962, 141–156.

Kiene, Susanne, Oliver Harms, Bruno Büchele und Franz Nestmann: Morphologische Entwicklung der Elbe vor dem Hintergrund anthropogener Einflüsse – eine Zusammenstellung von Angaben aus der Literatur. In: Franz Nestmann und Bruno Büchele (Hrsg.): Morphodynamik der Elbe. Schlussbericht des BMBF-Verbundprojektes mit Einzelbeiträgen der Partner und Anlagen-CD. Karlsruhe 2002, 31–40.

Saucke, Ulrich, und Josef Brauns: Stromtalgeschichte und Flussgeologie im deutschen Elbegebiet. In: Franz Nestmann und Bruno Büchele (Hrsg.): Morphodynamik der Elbe. Schlussbericht des BMBF-Verbundprojektes mit Einzelbeiträgen der Partner und Anlagen-CD. Karlsruhe 2002, 23–30.

11. Die Elbe im Gartenreich

Alex, Reinhard, und Peter Kühn: Schlösser und Gärten um Wörlitz. Leipzig 1988.

Eisold, Norbert: Das Dessau-Wörlitzer Gartenreich. Der Traum von der Vernunft. Köln 1993.

Hirsch, Erhard: Dessau-Wörlitz. Zierde und Inbegriff des 18. Jahrhunderts. Leipzig, München 1985.

Ringenberg, Jörgen, Cordelia Stieler und Ludwig Trauzettel: Dendrologischer Atlas der Wörlitzer Anlagen. Hamburg, Wörlitz 2001.

Werner, Anke: Gartenträume. Historische Parks in Sachsen-Anhalt. Dössel 2003.

12. Die Mulde: Sachsens Mühlenfluss

Barth, Ernst (Hrsg.): Karl-Marx-Stadt. Ergebnisse der heimatkundlichen Bestandsaufnahme im Gebiet von Karl-Marx-Stadt. Werte unserer Heimat 33, Berlin 1979.

Freyer, Günter (Hrsg.): Freiberger Land. Ergebnisse der heimatkundlichen Bestandsaufnahme im Gebiet um Langhennersdorf, Freiberg, Oederan, Brand-Erbisdorf und Weißenborn. Werte unserer Heimat 47, Berlin 1988.

Ratzel, Friedrich: Deutschland. Einführung in die Heimatkunde. Leipzig 1898.

Schönfelder, Günther, Frauke Gränitz und Haik Thomas Porada (Hrsg.): Bitterfeld und das untere Muldetal. Eine landeskundliche Bestandsaufnahme im Raum

Bitterfeld, Wolfen, Jeßnitz (Anhalt), Raguhn, Gräfenhainichen und Brehna. Landschaften in Deutschland, Werte der deutschen Heimat 66, Köln, Weimar, Wien 2004.

13. Der Auwald

Bischoff, Karl: Sprachliche Beziehungen zwischen niederdeutschem Altland und Neuland im Bereich der mittleren Elbe. Berichte über die Verhandlungen der Sächsischen Akademie der Wissenschaften zu Leipzig, Philologisch-historische Klasse 103(4), Berlin 1958.

Dörfler, Ernst Paul: Wunder der Elbe. Biografie eines Flusses. 3. Auflage, Halle an der Saale 2003.

Knape, Rose-Marie: Straße der Romanik. Führer zu Architektur, Kunst und Geschichte an der Tourismusstraße in Sachsen-Anhalt. 3. Auflage, Halle an der Saale 2003.

Müller, Helmut: Zur spät- und nacheiszeitlichen Vegetationsgeschichte des mitteldeutschen Trockengebietes. Nova Acta Leopoldina 110(16), Halle an der Saale 1953.

Schlüter, Otto: Die frühgeschichtlichen Siedlungsflächen Mitteldeutschlands. In: Otto Schlüter und Ernst Blume (Hrsg.): Beiträge zur Landeskunde Mitteldeutschlands. Festschrift zum 23. Deutschen Geographentage in Magdeburg dargeboten vom Ortsausschuß. Braunschweig und andere o. J. (1929), 138–154.

Schmidt, Hellmut: Die Siedlungen des Flämings. In: Otto Schlüter und Ernst Blume (Hrsg.): Beiträge zur Landeskunde Mitteldeutschlands. Festschrift zum 23. Deutschen Geographentage in Magdeburg dargeboten vom Ortsausschuß. Braunschweig und andere o. J. (1929), 255–310.

14. Die Saale

Deubler, Heinz, Frank-Dieter Grimm und Luise Grundmann: Rudolstadt und das mittlere Saaletal. Ergebnisse der landeskundlichen Bestandsaufnahme im Raum Remda, Rudolstadt und Orlamünde. Werte der deutschen Heimat 58, Weimar 1998.

Grundmann, Luise, und Gerhard Werner: Saalfeld und das Thüringer Schiefergebirge. Eine landeskundliche Bestandsaufnahme im Raum Saalfeld, Leutenberg und Lauenstein. Landschaften in Deutschland. Werte der deutschen Heimat 62, Köln, Weimar, Wien 2001.

Knape, Rose-Marie: Straße der Romanik. Führer zu Architektur, Kunst und Geschichte an der Tourismusstraße in Sachsen-Anhalt. 3. Auflage, Halle an der Saale 2003.

Kugler, Hans, und Werner Schmidt: Das Gebiet an der unteren Unstrut. Ergebnisse der heimatkundlichen Bestandsaufnahme in den Gebieten Wiehe, Nebra und Freyburg. Werte unserer Heimat 46, Berlin 1988.

Neuß, Erich: Der Weinbau an Saale und Unstrut und sein Einfluß auf das Landschaftsbild. In: Reimar Gilsenbach und Ursula Zielinski (Hrsg.): Von Domen, Mühlen und goldenen Reitern. Dresden 1955, 177–186.

Neuß, Erich, und Werner Piechocki: Halle an der Saale. Dresden 1955.

Werner, Anke: Gartenträume. Historische Parks in Sachsen-Anhalt. Dössel 2003.

Winkler, Friedemann: Neue archäologische Beobachtungen zur Leipziger Stadtkernforschung. In: Heinz-Joachim Vogt (Hrsg.): Archäologische Stadtkernforschungen in Sachsen. Ergebnisse – Probleme – Perspektiven. Berlin 1990, 39–53.

15. Magdeburg

Blume, Ernst: Magdeburg, eine stadtgeographische Skizze. In: Otto Schlüter und Ernst Blume (Hrsg.): Beiträge zur Landeskunde Mitteldeutschlands. Festschrift zum 23. Deutschen Geographentage in Magdeburg dargeboten vom Ortsausschuß. Braunschweig und andere o. J. (1929), 320–326.

Feske, Dietrich: 10 Jahre Elbe-Seitenkanal (1976–1986). Neues Archiv für Niedersachsen 36(1), 1986, 39–69.

Knape, Rose-Marie: Straße der Romanik. Führer zu Architektur, Kunst und Geschichte an der Tourismusstraße in Sachsen-Anhalt. 3. Auflage, Halle an der Saale 2003.

Küttler, Bodo: Der Dom zu Magdeburg. In: Reimar Gilsenbach und Ursula Zielinski (Hrsg.): Von Domen, Mühlen und goldenen Reitern. Dresden 1955, 74–81.

Lehmann, Edgar, und andere: Magdeburg und seine Umgebung. Ergebnisse der heimatkundlichen Bestandsaufnahme im Gebiet von Magdeburg und Biederitz. Werte unserer Heimat 19, Berlin 1972.

Reichmann, Heinz: Magdeburgs Schiffahrtswesen. Historische Entwicklung und Bedeutung für die Stadt. Magdeburger Kultur- und Wirtschaftsleben 9, Magdeburg o. J.

Saucke, Ulrich, und Josef Brauns: Stromtalgeschichte und Flussgeologie im deutschen Elbegebiet. In: Franz Nestmann und Bruno Büchele (Hrsg.): Morphodynamik der Elbe. Schlussbericht des BMBF-Verbundprojektes mit Einzelbeiträgen der Partner und Anlagen-CD. Karlsruhe 2002, 23–30.

Werner, Anke: Gartenträume. Historische Parks in Sachsen-Anhalt. Dössel 2003.

16. Berlin und sein weites Umland: Städte und Parks an Havel und Spree

Baar, Lothar: Die Berliner Industrie in der industriellen Revolution. Berlin 1966.

Badstübner, Ernst: Brandenburg. Zwischen Elbe und Oder – Kunst und Geschichte des norddeutschen Binnenlandes. Köln 1993.

Bayer, Günter (Hrsg.): Technisch-historische Spaziergänge in Cottbus und dem Land zwischen Elster, Spree und Neiße. Cottbus 1995.

Bayerl, Günter, und Dirk Maier (Hrsg.): Die Niederlausitz vom 18. Jahrhundert bis heute: eine gestörte Kulturlandschaft? Cottbuser Studien zur Geschichte von Technik, Arbeit und Umwelt 19, Münster 2002.

Beschoren, Bernhard: Zur Geschichte des Havellandes und der Havel während des Alluviums. Jahrbuch der Preußischen Geologischen Landesanstalt 55, 1935, 305–311.

Bestehorn, Friedrich: Die geschichtliche Entwicklung des märkischen Fischereiwesens. Ein Beitrag zur Kultur- und Wirtschaftsgeschichte der Mark Brandenburg. Dissertation Marburg 1913.

Brandenburgisches Ministerium für Landwirtschaft, Umweltschutz und Raumordnung (Hrsg.): Gartenkultur in Brandenburg und Berlin. Potsdam 2000.

Burkart, Michael, Hansjörg Küster, Anke Schelski und Joachim Pötsch: A historical and plant sociological appraisal of floodplain meadows in the lower Havel valley, northeast Germany. Phytocoenologia 28(1), 1998, 85–103.

Drescher, Horst, und andere: Potsdam und seine Umgebung. Ergebnisse der heimatkundlichen Bestandsaufnahme. Werte der deutschen Heimat 15, Berlin 1969.

Ellmers, Detlev: Schiffsnägel des 19. Jahrhunderts aus havelländischem Akazienholz. Deutsches Schiffahrtsarchiv 22, 1999, 329–332.

Fischer, Wolfgang, und Joachim Pötsch: Botanische Wanderungen in deutschen Ländern 2: Berlin und Brandenburg. Leipzig 1994.

Geisler, Horst, und Klaus Grebe: Poztupimi – Potstamp – Potsdam. Ergebnisse archäologischer Forschungen. Potsdam 1993.

Generaldirektion der Stiftung Preußische Schlösser und Gärten Berlin-Brandenburg (Hrsg.): Nichts gedeiht ohne Pflege. Die Potsdamer Parklandschaft und ihre Gärtner. Potsdam 2001.

Herzberg, Heinrich, und Hans Joachim Rieseberg: Mühlen und Müller in Berlin. Düsseldorf 1987.

Hofmeister, Burkhard: Berlin (West). Eine geographische Strukturanalyse der zwölf westlichen Bezirke. Darmstadt, Gotha 1990.

Kalbe, Lothar: Brandenburgische Seenlandschaften. Das Land der tausend Seen. Berlin 1993.

Kinder, Sebastian, und Haik Thomas Porada (Hrsg.): Brandenburg an der Havel und Umgebung. Eine landeskundliche Bestandsaufnahme im Raum Branden-

burg an der Havel, Pritzerbe, Reckahn und Wusterwitz. Landschaften in Deutschland. Werte der deutschen Heimat 69, Köln, Weimar, Wien 2006.
Krausch, Heinz-Dieter: Die Pflanzenwelt des Spreewaldes. Wittenberg 1960.
Krausch, Heinz-Dieter: Zur Geschichte der Robinie in Brandenburg. Potsdamer Neueste Nachrichten vom 4.3.1994, 42.
Krausch, Heinz-Dieter: Burger und Lübbenauer Spreewald. Ergebnisse der landeskundlichen Bestandsaufnahme in den Gebieten von Burg und Lübbenau. Werte der deutschen Heimat 55, Weimar 1994.
Krüger, Bruno: Die Kietzsiedlungen im nördlichen Mitteleuropa. Beiträge der Archäologie zu ihrer Altersbestimmung und Wesensdeutung. Berlin 1962.
Küster, Hansjörg, und Joachim Pötsch: Ökosystemwandel in Flußlandschaften Norddeutschlands. Berichte der Reinhold-Tüxen-Gesellschaft 10, 1998, 61–71.
Mielke, Robert: Äußere Volkskunde. In: Ernst Friedel und Robert Mielke (Hrsg.): Landeskunde der Provinz Brandenburg. III. Band: Die Volkskunde. Berlin 1912, 3–160.
Plessen, Marie-Louise (Hrsg.): Berlin durch die Blume oder Kraut und Rüben. Gartenkunst in Berlin-Brandenburg. Berlin 1985.
Schmidt, Werner (Hrsg.): Havelland um Werder, Lehnin und Ketzin. Ergebnisse der heimatkundlichen Bestandsaufnahme in den Gebieten Groß Kreutz, Ketzin, Lehnin und Werder. Werte der deutschen Heimat 53, Leipzig 1992.
Schönfelder, Ilka: Eine Phosphor-Diatomeen-Relation für alkalische Seen und Flüsse Brandenburgs und ihre Anwendung für die paläolimnologische Analyse von Auensedimenten der unteren Havel. Berlin, Stuttgart 1997.
Siedler, Wolf Jobst: Auf der Pfaueninsel. Spaziergänge in Preußens Arkadien. Berlin 1986.
Sternaux, Ludwig: So wuchs Berlin. Die Geschichte der Reichshauptstadt in zwölf bunten Kartenbildern. Berlin o. J. (1937).
Zimm, Alfred (Hrsg.): Berlin (Ost) und sein Umland. 3., durchgesehene Auflage, Darmstadt, Gotha 1990.

17. Das Elb-Havelland: Die Ländchen in der Wassersuppe

August, Oskar, und Otto Schlüter (Hrsg.): Atlas des Saale- und mittleren Elbegebietes. 3 Teile. Leipzig 1958–1961.
Badstübner, Ernst: Brandenburg. Zwischen Elbe und Oder – Kunst und Geschichte des norddeutschen Binnenlandes. Köln 1993.
Bismarck, Otto von: Fürst Bismarcks Briefe an seine Braut und Gattin. Ausgewählt und mit einem erläuternden Anhange herausgegeben von Eduard von der Hellen. Stuttgart, Berlin o. J.

Burkart, Michael: Die Grünlandvegetation der unteren Havelaue in synökologischer und syntaxonomischer Sicht. Wiehl 1998.

Burkart, Michael, Hansjörg Küster, Anke Schelski und Joachim Pötsch: A historical and plant sociological appraisal of floodplain meadows in the lower Havel valley, northeast Germany. Phytocoenologia 28(1), 1998, 85–103.

Fischer, Wolfgang, und Joachim Pötsch: Botanische Wanderungen in deutschen Ländern 2: Berlin und Brandenburg. Leipzig 1994.

Härdtle, Werner, Horst Bracht und Carsten Hobohm: Vegetation und Erhaltungszustand von Hartholzauen (Querco-Ulmetum Issl. 1924) im Mittelelbegebiet zwischen Lauenburg und Havelberg. Tuexenia 16, 1996, 25–38.

Kalbe, Lothar: Brandenburgische Seenlandschaften. Das Land der tausend Seen. Berlin 1993.

Keilhack, Konrad: Über alte Elbläufe zwischen Magdeburg und Havelberg. Jahrbuch der königlich Preussischen geologischen Landesanstalt und Bergakademie zu Berlin für das Jahr 1886, 236–252.

Knape, Rose-Marie: Straße der Romanik. Führer zu Architektur, Kunst und Geschichte an der Tourismusstraße in Sachsen-Anhalt. 3. Auflage, Halle an der Saale 2003.

Küster, Hansjörg, und Joachim Pötsch: Ökosystemwandel in Flußlandschaften Norddeutschlands. Berichte der Reinhold-Tüxen-Gesellschaft 10, 1998, 61–71.

Müller, Otto: Altmark und Elbhavelland. Aufbau, Oberflächengestaltung und Entwicklungsgeschichte eines Landschaftsraumes des norddeutschen Flachlandes. Burg b.M. o. J. (ca. 1935).

Saucke, Ulrich, und Josef Brauns: Stromtalgeschichte und Flussgeologie im deutschen Elbegebiet. In: Franz Nestmann und Bruno Büchele (Hrsg.): Morphodynamik der Elbe. Schlussbericht des BMBF-Verbundprojektes mit Einzelbeiträgen der Partner und Anlagen-CD. Karlsruhe 2002, 23–30.

Schönfelder, Ilka: Eine Phosphor-Diatomeen-Relation für alkalische Seen und Flüsse Brandenburgs und ihre Anwendung für die paläolimnologische Analyse von Auensedimenten der unteren Havel. Berlin, Stuttgart 1997.

Seyer, Rosemarie: Zur Besiedlungsgeschichte im nördlichen Mittelelb-Havel-Gebiet um den Beginn unserer Zeitrechnung. Berlin 1976.

18. Zwischen Altmark und Prignitz

Lauburg, Walter: Die verkehrs- und wirtschaftsgeographische Stellung der Altmark zu Mitteldeutschland. In: Otto Schlüter und Ernst Blume (Hrsg.): Beiträge zur Landeskunde Mitteldeutschlands. Festschrift zum 23. Deutschen Geographentage in Magdeburg dargeboten vom Ortsausschuß. Braunschweig und andere o. J. (1929), 311–319.

Müller, Otto: Altmark und Elbhavelland. Aufbau, Oberflächengestaltung und Entwicklungsgeschichte eines Landschaftsraumes des norddeutschen Flachlandes. Burg b.M. o. J. (ca. 1935).

19. Wendland, Drawehn, Amt Neuhaus

Jahreshefte des Heimatkundlichen Arbeitskreises Lüchow-Dannenberg. Lüchow 1969ff.

Baetge, Christian: Entwicklung der Landwirtschaft im geplanten Schutzgebiet Elbtalaue. Neues Archiv für Niedersachsen 2, 1997, 97–105.

Bracker, Jörgen, und Carsten Prange (Hrsg.): Alster, Elbe und die See. Hamburgs Schiffahrt und Hafen in Gemälden, Zeichnungen und Aquarellen des Museums für Hamburgische Geschichte. Hamburg 1981.

Eitzen, Gerhard: Alte Bauernhäuser in der Dannenberger Elbmarsch. Neues Archiv für Niedersachsen 15, 1950, 98–107.

Grotelüschen, Wilhelm, und Uwe Muuß: Luftbildatlas Niedersachsen. Eine Landeskunde in 86 farbigen Luftaufnahmen. Neumünster 1967.

Hahn, Barbara, und Petra Pudemat: Die Entwicklung des Landkreises Lüchow-Dannenberg nach der Öffnung der innerdeutschen Grenze unter besonderer Berücksichtigung des Verarbeitenden Gewerbes. Neues Archiv für Niedersachsen 1, 1998, 67–86.

Hardt, Matthias: Das Hannoversche Wendland. Eine Grenzregion im frühen und hohen Mittelalter. In: Wolfgang Jürries (Hrsg.): Beiträge zur Archäologie und Geschichte Nordostniedersachsens. Berndt Wachter zum 70. Geburtstag. Lüchow 1991, 155–167.

Hardt, Matthias: Der Rundling als Ortsform im Rahmen der Siedlungsentwicklung in slawisch-deutschen Kontaktzonen. In: Wolfgang Jürries (Hrsg.): Rundlinge und Slawen. Beiträge zur Rundlingsforschung. Lüchow 2004, 62–75.

Härdtle, Werner, Horst Bracht und Carsten Hobohm: Vegetation und Erhaltungszustand von Hartholzauen (Querco-Ulmetum Issl. 1924) im Mittelelbegebiet zwischen Lauenburg und Havelberg. Tuexenia 16, 1996, 25–38.

Jürries, Wolfgang, und Berndt Wachter (Hrsg.): Wendland-Lexikon Band 1 A-K. Lüchow 2000.

Jürries, Wolfgang: Der Wert der Leinenproduktion im Bereich der Wustrower Linnenlegge 1793–1906. In: Wolfgang Jürries (Hrsg.): Beiträge zur Archäologie und Geschichte Nordostniedersachsens. Berndt Wachter zum 70. Geburtstag. Lüchow 1991, 227–239.

Jürries, Wolfgang: Einleitung: Rundlinge und Slawen – Beiträge zur Rundlingsforschung. In: Wolfgang Jürries (Hrsg.): Rundlinge und Slawen. Beiträge zur Rundlingsforschung. Lüchow 2004, 8–13.

Kossack, Georg: Ortsnamen und Wohnplatzmobilität. In: Vsevolod Setschkareff, Peter Rehder und Herta Schmid (Hrsg.): Ars Philologica Slavica. Festschrift für Heinrich Kunstmann. Sagners Slavistische Sammlung 15, München 1988, 254–269.

Krenzlin, Anneliese: Die Kulturlandschaft des hannoverschen Wendlandes. Forschungen zur deutschen Landes- und Volkskunde 28(4), Stuttgart, 1931.

Küster, Hansjörg, und Wolfgang Volz: Natur wird Landschaft. Niedersachsen. Springe 2005.

Küster, Hansjörg: Ideen zu neuen vegetationsgeschichtlichen Untersuchungen im Hannoverschen Wendland. In: Wolfgang Jürries (Hrsg.): Rundlinge und Slawen. Beiträge zur Rundlingsforschung. Lüchow 2004, 120–125.

Lesemann, Brunhilt: Pollenanalytische Untersuchungen zur Vegetationsgeschichte des Hannoverschen Wendlandes. Flora B 158, 1969, 440–519.

Meibeyer, Wolfgang: Der Rundling – eine koloniale Siedlungsform des hohen Mittelalters. Niedersächsisches Jahrbuch für Landesgeschichte 44, 1972, 27–49.

Meibeyer, Wolfgang: Siedlungsgeographisch-genetische Untersuchungen an ländlichen Siedlungen im Gebiet des Höhbeck. In: Wolfgang Jürries (Hrsg.): Beiträge zur Archäologie und Geschichte Nordostniedersachsens. Berndt Wachter zum 70. Geburtstag. Lüchow 1991, 175–188.

Nitz, Hans-Jürgen: Der slawische Rundweiler mit Kultplatz als Vorläufer des planmäßigen Rundlings der mittelalterlichen fränkisch-deutschen Kolonisation. In: Wolfgang Jürries (Hrsg.): Rundlinge und Slawen. Beiträge zur Rundlingsforschung. Lüchow 2004, 32–59.

Paasche, Wilhelm (Leitung): Das Hannoversche Wendland. Beiträge zur Beschreibung des Landkreises Lüchow-Dannenberg. Lüchow 1971.

Pott, Richard: Lüneburger Heide, Wendland und Nationalpark Mittleres Elbtal. Stuttgart 1999.

Puffahrt, Otto: Das Deichwesen im Gartower Deich- und Wasserverband. Lüneburg 1978.

Puffahrt, Otto: Deichschutz und Binnenentwässerung im niedersächsischen Elbegebiet oberhalb von Hamburg. In: Johann Kramer und Hans Rohde (Hrsg.): Historischer Küstenschutz. Deichbau, Inselschutz und Binnenentwässerung an Nord- und Ostsee. Stuttgart 1992, 319–340.

Pyritz, Ewald: Binnendünen und Flugsandebenen im Niedersächsischen Tiefland. Göttinger Geographische Abhandlungen 61, Göttingen 1972.

Saile, Thomas: Das Rundlingsproblem aus archäologischer Sicht. Zugleich ein Beitrag zum Ausklingen der slawisch geprägten materiellen Kultur im Hannoverschen Wendland. In: Wolfgang Jürries (Hrsg.): Rundlinge und Slawen. Beiträge zur Rundlingsforschung. Lüchow 2004, 16–29.

Schmitz, Antje: Die Siedlungsnamen und Gewässernamen des Landkreises Lüchow-Dannenberg. Neumünster 1999.
Schrader, Erich: Die Landschaften Niedersachsens. Ein topographischer Atlas. Hannover 1954.
Schulze, Hans K.: Das Wendland im frühen und hohen Mittelalter. Niedersächsisches Jahrbuch für Landesgeschichte 44, 1972, 1–8.
Verein zur Erhaltung von Rundlingen im hannoverschen Wendland e.V. (Hrsg.): Rundlingsdörfer im Wendland. Lüchow o. J. (ca.1971).
Wachter, Berndt: Deutsche und Slawen im hannoverschen Wendland – ein Beitrag der Archäologie. Niedersächsisches Jahrbuch für Landesgeschichte 44, 1972, 9–26.
Wiegmann, Christiane: Der Weg zum Biosphärenreservat «Flußlandschaft Elbe» als Chance für die Regionalentwicklung. Neues Archiv für Niedersachsen 1, 1998, 45–58.
Zundel, Rolf: Nationalparke und Biosphärenreservate in Deutschland. Begriffe und Probleme. Neues Archiv für Niedersachsen 1, 1998, 31–44.

20. Von Lauenburg in die Vier- und Marschlande

Benzler, Jobst-Henrich: Über Aufbau und Altergliederung des Holozäns der Lüneburger Elbmarsch. Eiszeitalter und Gegenwart 16, 1965, 113–115.
Degn, Christian, und Uwe Muuß: Topographischer Atlas Schleswig-Holstein. 3. Auflage, Neumünster 1966.
Degn, Christian, und Uwe Muuß, unter Mitarbeit von Hans-Peter Jorzick: Luftbildatlas Schleswig-Holstein und Hamburg. Eine Landeskunde in 102 farbigen Luftaufnahmen. Neumünster 1984.
Ferger, Imme: Lüneburg. Eine siedlungsgeographische Untersuchung. Forschungen zur deutschen Landeskunde 173, Bonn-Bad Godesberg 1969.
Grimmel, Eckhard: Überlegungen zur Morphogenese des Norddeutschen Flachlandes, dargestellt am Beispiel des unteren Elbtales. Eiszeitalter und Gegenwart 23/24, 1973, 76–88.
Grotelüschen, Wilhelm, und Uwe Muuß: Luftbildatlas Niedersachsen. Eine Landeskunde in 86 farbigen Luftaufnahmen. Neumünster 1967.
Kersten, Karl: Vorgeschichte des Kreises Herzogtum Lauenburg. Erdgeschichtliche Einleitung von Karl Gripp. Neumünster 1951.
Kirleis, Wiebke: Vegetationsgeschichtliche und archäobotanische Untersuchungen zur Landwirtschaft und Umwelt im Bereich der prähistorischen Siedlungen bei Rullstorf, Ldkr. Lüneburg. Dissertation Göttingen 2002.
Kundt, Hildegard: Die Vierlande. Entwicklung ihres Landschaftsbildes in Verbindung mit der Wirtschaft. Aus Hansischem Raum 9, Hamburg 1938.

Linde, Richard: Die Niederelbe. 3. Auflage. Bielefeld, Leipzig, Berlin 1909.

Lüders, Karl: Kleines Küsten-Lexikon. Technik und Natur an der deutschen Nordseeküste, wichtigste Begriffe in Wort und Bild. 2. Auflage, Hildesheim 1967.

Meyer, Klaus-Dieter: Das Quartärprofil am Steilufer der Elbe bei Lauenburg. Eiszeitalter und Gegenwart 16, 1965, 47–60.

Miek, Oskar: Moorwerder. Die Hamburger Freiluftschule. Unterrichtliche Merkblätter für die Hand des Lehrers 1, Hamburg o. J. (ca. 1949).

Preuß, Werner H.: Das Lüneburger Wasserviertel. Husum 2004.

Puffahrt, Otto: Deichschutz und Binnenentwässerung im niedersächsischen Elbegebiet oberhalb von Hamburg. In: Johann Kramer und Hans Rohde (Hrsg.): Historischer Küstenschutz. Deichbau, Inselschutz und Binnenentwässerung an Nord- und Ostsee. Stuttgart 1992, 319–340.

Schrader, Erich: Die Landschaften Niedersachsens. Ein topographischer Atlas. Hannover 1954.

Vlyten, Enno van: Die Entwicklung der Vierlande zum Gartenbauzentrum. Eine Untersuchung als Beitrag zur Geschichte des Gartenbaues. Dissertation Hannover 1963.

Will, Carl: Hamburg. Eine Heimatkunde. Dritter Teil: Elbaufwärts – elbabwärts. 2. Auflage, Hamburg o. J. (ca. 1961).

21. Hamburg, das Tor zur Welt

Albershardt, Adi: Als Finkenwerder noch Insel war. Ein Streifzug durch die Geschichte der Elbinsel Finkenwerder. Hamburg 1981.

Arndt, Martin Friedrich: Seehafenentwicklung unter besonderer Berücksichtigung des Hamburger Hafens. Berlin 1913.

Aschenberg, Heinz: Deichschutz und Binnenentwässerung im Stromspaltungsgebiet der Elbe im Raum Hamburg. In: Johann Kramer und Hans Rohde (Hrsg.): Historischer Küstenschutz. Deichbau, Inselschutz und Binnenentwässerung an Nord- und Ostsee. Stuttgart 1992, 289–318.

Aschenberg, Heinz, und Gerhard Kroker: Sturmfluten und Hochwasserschutz in Hamburg. Ein Abriß der Geschichte des Deichbaus und der Binnenentwässerung im Stromspaltungsgebiet der Elbe. Hamburg o. J. (1992).

Baasch, Ernst: Der Kampf des Hauses Braunschweig-Lüneburg mit Hamburg um die Elbe vom 16.–18. Jahrhundert. Quellen und Darstellungen zur Geschichte Niedersachsens 21, Hannover, Leipzig 1905.

Bericht des vom Senat der Freien und Hansestadt Hamburg berufenen Sachverständigenausschusses zur Untersuchung des Ablaufs der Flutkatastrophe. o. O. (Hamburg) o. J. (1962).

Böer, Friedrich: Der Hafen. 2. Auflage, Hamburg 1956.

Bolland, Jürgen: Hamburgs Weg zur Großstadt. Pläne und Ansichten zur historischen Topographie. In: Wilhelm Brünger (Hrsg.): Hamburg. Großstadt und Weltgeltung. Festschrift zum 30. Deutschen Geographentag 1.–5. August 1955 in Hamburg. Kiel 1955, 131–141.

Bolland, Jürgen: Die Hamburger Elbkarte aus dem Jahre 1568. Gezeichnet von Melchior Lorichs. Mit einer Einleitung über den Zweck der Karte und die Tätigkeit von Melchior Lorichs in Hamburg. Hamburg 1964.

Bracker, Jörgen, und Carsten Prange (Hrsg.): Alster, Elbe und die See. Hamburgs Schiffahrt und Hafen in Gemälden, Zeichnungen und Aquarellen des Museums für Hamburgische Geschichte. Hamburg 1981.

Brünger, Wilhelm: Die Landschaft Hamburgs und ihre natürliche Gliederung. In: Wilhelm Brünger (Hrsg.): Hamburg. Großstadt und Weltgeltung. Festschrift zum 30. Deutschen Geographentag 1.–5. August 1955 in Hamburg. Kiel 1955, 23–49.

Busch, Ralf, und andere: Hamburg Altstadt. Führer zu archäologischen Denkmälern in Deutschland 41, Stuttgart 2002.

Degn, Christian, und Uwe Muuß: Topographischer Atlas Schleswig-Holstein. 3. Auflage, Neumünster 1966.

Degn, Christian, und Uwe Muuß, unter Mitarbeit von Hans-Peter Jorzick: Luftbildatlas Schleswig-Holstein und Hamburg. Eine Landeskunde in 102 farbigen Luftaufnahmen. Neumünster 1984.

Die Sturmflut-Katastrophe im Februar 1962. Stade, Buxtehude 1962.

Drobek, Wilhelm: Die Wasserversorgung in Hamburg – einst und jetzt. In: Wilhelm Brünger (Hrsg.): Hamburg. Großstadt und Weltgeltung. Festschrift zum 30. Deutschen Geographentag 1.–5. August 1955 in Hamburg. Kiel 1955, 169–184.

Ferber, Kurt: Der ursprüngliche Lauf von Alster und Elbe in der Hamburger Stadtmarsch. Mitteilungen der Geographischen Gesellschaft in Hamburg 34, 1922, 1–19.

Fischer, Richard, und Angelica Griem: Kaufmannsträume. Die Hamburger Speicherstadt. Heidelberg 1982.

Goltz, Reinhard: Die Sprache der Finkenwerder Fischer. Die Finkenwerder Hochseefischerei. Studien zur Entwicklung eines Fachwortschatzes. Herford 1984.

Hamburger Freihafen-Lagerhaus-Gesellschaft (Hrsg.): 750 Jahre Hamburger Hafen. Ein deutscher Seehafen im Dienste der Welt. Hamburg 1939.

Haspel, Jörg: «Feierabendarchitektur» auf St. Pauli. In: Jürgen Ellermeyer und Rainer Postel (Hrsg.): Stadt und Hafen. Hamburger Beiträge zur Geschichte von Handel und Seefahrt. Hamburg 1986, 80–98.

Hieke, Ernst: Rob. M. Sloman jr. Hamburg 1968.

Illies, Henning: Die eiszeitliche Fluß- und Formengeschichte des Unterelbe-Gebietes. Geologisches Jahrbuch 66, 1952, 525–558.

Kaiser, Joachim: Segler in der Zeitenwende. Biografie der kleinen stählernen Frachtsegelschiffe (1880–Gegenwart). Norderstedt 1977.

Kausche, Dietrich: Die Hansestädte und der Bau der Festung Harburg (1644–1646). Niedersächsisches Jahrbuch für Landesgeschichte 54, 189–216.

Krause, Max: Die Elbe, Hamburgs Lebensader. Ihre Betreuung durch die Wasser- und Schiffahrtsdirektion Hamburg. In: Wilhelm Brünger (Hrsg.): Hamburg. Großstadt und Weltgeltung. Festschrift zum 30. Deutschen Geographentag 1.–5. August 1955 in Hamburg. Kiel 1955, 50–59.

Küster, Hansjörg: Gedanken zur Holzversorgung von Werften an der Nord- und Ostsee im Mittelalter und in der frühen Neuzeit. Deutsches Schiffahrtsarchiv 22, 1999, 315–328.

Linde, Richard: Die Niederelbe. 3. Auflage. Bielefeld, Leipzig, Berlin 1909.

Maass, Dieter: Der Ausbau des Hamburger Hafens 1840 bis 1910. Entscheidung und Verwirklichung. Hamburg 1990.

Martens, Holger: Künstler auf Finkenwerder. Maritimkultur in Literatur und Malerei im 20. Jahrhundert. In: Hans-Eckhard Dannenberg, Norbert Fischer, Franklin Kopitzsch (Hrsg.): Land am Fluss. Beiträge zur Regionalgeschichte der Niederelbe. Stade 2006, 85–95.

Oesau, Wanda: Hamburgs Grönlandfahrt auf Walfischfang und Robbenschlag vom 17.–19. Jahrhundert. Glückstadt, Hamburg 1955.

Rust, Alfred: Die Entwicklung der steinzeitlichen Kulturen im Raum von Hamburg. In: Wilhelm Brünger (Hrsg.): Hamburg. Großstadt und Weltgeltung. Festschrift zum 30. Deutschen Geographentag 1.–5. August 1955 in Hamburg. Kiel 1955, 109–118.

Schindler, Reinhard: Das karolingische Hamburg und die Probleme der frühgeschichtlichen Städteforschung Niedersachsens. In: Klaus Schwarz (Hrsg.): Strena Prehistorica. Festgabe zum 60. Geburtstag von Martin Jahn. Halle/Saale 1948, 239–253.

Schindler, Reinhard: Hamburg in vor- und frühgeschichtlicher Zeit. In: Wilhelm Brünger (Hrsg.): Hamburg. Großstadt und Weltgeltung. Festschrift zum 30. Deutschen Geographentag 1.–5. August 1955 in Hamburg. Kiel 1955, 119–130.

Schindler, Reinhard: Hamburgs Frühzeit im Lichte der Ausgrabungen. Zeitschrift des Vereins für Hamburgische Geschichte 43, 1956, 49–72.

Schindler, Reinhard: Archäologische Altstadtforschung in Hamburg. Neue Ausgrabungen in Deutschland. Berlin 1958, 596–601.

Schwiecker, Friedrich: Hamburg. Eine landschaftskundliche Stadtuntersuchung. Hamburg 1925.

Schwiecker, Friedrich: Die Hamburger Stadtlandschaft und ihre Entwicklung. In: Wilhelm Brünger (Hrsg.): Hamburg. Großstadt und Weltgeltung. Festschrift

zum 30. Deutschen Geographentag 1.–5. August 1955 in Hamburg. Kiel 1955, 142–162.
Staisch, Erich: Hauptbahnhof Hamburg. Geschichte der Eisenbahn in Norddeutschland. Hamburg 1981.
Szymanski, Hans: Die Segelschiffe der deutschen Kleinschiffahrt. Lübeck 1929. Nachdruck Norderstedt 1977.
Wölfle, Kurt: Hamburger Geschichtsatlas. Hamburg 1926.

22. Das Alte Land und die Elbchaussee

Ahrens, Gerhard: Caspar Voght und sein Mustergut Flottbek. Englische Landwirtschaft in Deutschland am Ende des 18. Jahrhunderts. Beiträge zur Geschichte Hamburgs 1, Hamburg 1969.
Baark, Katharine: Hamburger Häuser erzählen Geschichten. Hamburg 1991.
Bracker, Jörgen, und Carsten Prange (Hrsg.): Alster, Elbe und die See. Hamburgs Schiffahrt und Hafen in Gemälden, Zeichnungen und Aquarellen des Museums für Hamburgische Geschichte. Hamburg 1981.
Brenken, Anna, und Urs Kluyver: Hamburgs schönes Ufer. Von Altona bis Blankenese und Wittenbergen. Hamburg 2004.
Brüggemann, Günter: Die Holsteinische Baumschulenlandschaft. Schriften des geographischen Instituts der Universität Kiel 14(4), Kiel 1953.
Ehrhardt, Michael: «Ein guldten Bandt des Landes». Zur Geschichte der Deiche im Alten Land. Schriftenreihe des Landschaftsverbandes der ehemaligen Herzogtümer Bremen und Verden 18, Stade 2003.
Ehrhardt, Michael: Zur Kulturgeschichte des Altländer Deichwesens in der Frühen Neuzeit. In: Hans-Eckhard Dannenberg, Norbert Fischer und Franklin Kopitzsch (Hrsg.): Land am Fluss. Beiträge zur Regionalgeschichte der Niederelbe. Schriftenreihe des Landschaftsverbandes der ehemaligen Herzogtümer Bremen und Verden 25, Stade 2006, 115–136.
Fick, Karl E.: Buxtehude. Siedlungsgeographie einer niedersächsischen Geestrandstadt. Schriften der Wirtschaftswissenschaftlichen Gesellschaft zum Studium Niedersachsens e.V. Neue Folge 36, Bremen-Horn 1952.
Fischer, Norbert: Die Elbmündung. Wo der Nordwestwind regiert … In: Ludwig Fischer und andere (Hrsg.): Das Wattenmeer. Kulturlandschaft vor und hinter den Deichen. Stuttgart 2005, 156–171.
Golon, Peter: Arp Schnitger und das Alte Land. In: Kulturverein Steinkirchen und Umgebung e.V. (Hrsg.): Jahrbuch 2003. Beiträge zur Lokalgeschichte. Steinkirchen 2003, 78–85.
Hallik, Rudolf: Die Marschen der Unterelbe im Spät- und Postglazial. Mitteilungen aus dem Geologischen Staatsinstitut in Hamburg 23, 1954, 57–60.

Hoffmann, Paul Th.: Die Elbchaussee. Ihre Landsitze, Menschen und Schicksale. 4. Auflage, Hamburg 1952.
Hübbe, Heinrich W. C.: Beiträge zur Geschichte der Stadt Hamburg und ihrer Umgebung. Hamburg 1897.
Ihlenfeld, Kurt: Das glückliche Ufer. Ein Berliner erlebt Blankenese. Hamburg 1970.
Kaiser, Joachim: Segler in der Zeitenwende. Biografie der kleinen stählernen Frachtsegelschiffe (1880–Gegenwart). Norderstedt 1977.
Küster, Hansjörg: Zwischen Fluß, Meer, Marsch und Geest – Ideen zur Geschichte des Alten Landes. In: Kulturverein Steinkirchen und Umgebung e.V. (Hrsg.): Jahrbuch 2003. Beiträge zur Lokalgeschichte. Steinkirchen 2003, 5–17.
Küster, Hansjörg, und Wolfgang Volz: Natur wird Landschaft. Niedersachsen. Springe 2005.
Laue, Heinrich, und Heinrich Meyer: Zwischen Elbe, Seeve und Este. Ein Heimatbuch des Landkreises Harburg. 2 Bände. Harburg an der Elbe 1925.
Linde, Richard: Die Niederelbe. 3. Auflage. Bielefeld, Leipzig, Berlin 1909.
Marks, Doris: Von Schiffen und Menschen. Drei Meilen Altes Land 4, Grünendeich 1997.
Schroeder-Lanz, Hellmut: Morphologie des Estetales. Ein Beitrag zur Morphogenese der Oberflächenformen im nördlichen Grenzgebiet zwischen Stader Geest und Lüneburger Heide. Hamburger Geographische Studien 18, Hamburg 1964.
Siemens, Hans Peter: Der Obstbau an der Niederelbe (Regierungsbezirk Stade). Schriften der Wirtschaftswissenschaftlichen Gesellschaft zum Studium Niedersachsens Neue Folge 27, Hannover 1948.
Szymanski, Hans: Die Segelschiffe der deutschen Kleinschiffahrt. Lübeck 1929. Nachdruck Norderstedt 1977.
Wendowski, Marlies: Von Einzelhof zum Reihendorf. Landschaftsentwicklung und Besiedlungsgeschichte im Raume Jork. Beiträge zur Kultur und Geschichte des Alten Landes 1, Jork 1994.
Witt, Werner: Der Landkreis Stade (Regierungsbezirk Stade). Kreisbeschreibung und Kreisraumordnungsplan. 2. wenig veränderte Auflage, Bremen-Horn 1951.
Ziegert, Helmut: Der Deichbau an der Niederelbe: eine agrarpolitische Entscheidung? Befunde und Überlegungen zu Folgen und Motiven. Stader Jahrbuch 1987, 194–195.

23. Kleine Häfen am großen Strom

Allmers, Hermann. Marschenbuch. Land- und Volksbilder aus den Marschen der Weser und Elbe. 3. durchgesehene und vermehrte Auflage. Oldenburg und Leipzig o. J. (1891).

Beck, Jens, und Rüdiger Lubricht: Historische Gutsgärten zwischen Elbe und Weser. Stade 2006.

Bierwirth, Lore: Siedlung und Wirtschaft im Lande Hadeln. Eine kulturgeographische Untersuchung. Forschungen zur deutschen Landeskunde 164, Bad Godesberg 1967.

Borchert, Günter: Die geographischen Grundlagen des Obstbaues im Gebiet der Haseldorfer und Seestermüher Marsch unter besonderer Berücksichtigung klimatologischer und bodenkundlicher Untersuchungen. Hamburger Geographische Studien 8, Hamburg 1957.

Bracker, Jörgen, und Carsten Prange (Hrsg.): Alster, Elbe und die See. Hamburgs Schiffahrt und Hafen in Gemälden, Zeichnungen und Aquarellen des Museums für Hamburgische Geschichte. Hamburg 1981.

Bruhn, Ernst, Rainer U. Harms und Gottfried Vauk: Die Naturschutzgebiete der Unterelbekreise Steinburg und Pinneberg (einschl. Helgoland). Eine Darstellung der wertvollen, rechtlich gesicherten und zu sichernden Naturräume dieser Region. Heide in Holstein 1984.

Caspar, Fritz: Versuch einer wissenschaftlichen Beschreibung der Niederelbe. Dissertation Hamburg 1930.

Degn, Christian, und Uwe Muuß, unter Mitarbeit von Hans-Peter Jorzick: Luftbildatlas Schleswig-Holstein und Hamburg. Eine Landeskunde in 102 farbigen Luftaufnahmen. Neumünster 1984.

Fischer, Norbert: Wassersnot und Marschengesellschaft. Zur Geschichte der Deiche in Kehdingen. Schriftenreihe des Landschaftsverbandes der ehemaligen Herzogtümer Bremen und Verden 19, Stade 2003.

Fischer, Norbert: Die Elbmündung. Wo der Nordwestwind regiert … In: Ludwig Fischer und andere (Hrsg.): Das Wattenmeer. Kulturlandschaft vor und hinter den Deichen. Stuttgart 2005, 156–171.

Fischer, Norbert: Land Hadeln und Land Wursten. «Dampfer hinter Dampfer». In: Ludwig Fischer und andere (Hrsg.): Das Wattenmeer. Kulturlandschaft vor und hinter den Deichen. Stuttgart 2005, 172–187.

Fischer, Norbert: Deich, Mentalität und regionale Gesellschaft in Kehdingen. In: Hans-Eckhard Dannenberg, Norbert Fischer, Franklin Kopitzsch (Hrsg.): Land am Fluss. Beiträge zur Regionalgeschichte der Niederelbe. Stade 2006, 137–149.

Fischer, Otto: Landgewinnung und Landerhaltung in Schleswig-Holstein. Band 6: Elbmarschen. Berlin 1957.

Großkopf, Gerhard: Küstenschutz und Binnenentwässerung zwischen Weser und Elbe. In: Johann Kramer und Hans Rohde (Hrsg.): Historischer Küstenschutz. Deichbau, Inselschutz und Binnenentwässerung an Nord- und Ostsee. Stuttgart 1992, 255–288.

Groth, Christina: Die holsteinischen Elbmarschen. Eigenart und Charakter einer Kulturlandschaft. Diplomarbeit am Fachbereich Landschaftsarchitektur und Umweltentwicklung der Universität Hannover 2005.´

Grüttner, Horst: Deichschutz und Binnenentwässerung der schleswig-holsteinischen Elbmarschen. In: Johann Kramer und Hans Rohde (Hrsg.): Historischer Küstenschutz. Deichbau, Inselschutz und Binnenentwässerung an Nord- und Ostsee. Stuttgart 1992, 341–364.

Halfpap, Martin: Siedlungen und Wirtschaft der holsteinischen Elbmarschen unterhalb Hamburgs unter historisch-genetischem Aspekt einschließlich der Betrachtung der heutigen Situation. Mitteilungen der Geographischen Gesellschaft in Hamburg 79, Hamburg 1989.

Heimatbuch-Kommission (Hrsg.): Heimatbuch des Kreises Steinburg. 3 Bände, Glückstadt 1924, 1925, 1926.

Hingst, Klaus, und Uwe Muuß, unter Mitarbeit von Hans-Peter Jorzick: Landschaftswandel in Schleswig-Holstein. Neumünster 1978.

Hövermann, Jürgen: Die Entwicklung der Siedlungsformen in den Marschen des Elb-Weser-Winkels. Forschungen zur deutschen Landeskunde 56, Remagen 1951.

Hollmann, Herbert: Verbreitung und Soziologie der Schachblume Fritillaria meleagris L. Abhandlungen und Verhandlungen des Naturwissenschaftlichen Vereins in Hamburg (Neue Folge) 15, Supplement, Hamburg 1972.

Johannsen, Carl Ingwer (Hrsg.): Schleswig-Holstein. Vom Leben und Arbeiten auf dem Lande. Hamburg 1999.

Kaiser, Joachim: Segler in der Zeitenwende. Biografie der kleinen stählernen Frachtsegelschiffe (1880–Gegenwart). Norderstedt 1977.

Linde, Richard: Die Niederelbe. 3. Auflage. Bielefeld, Leipzig, Berlin 1909.

Oesau, Wanda: Schleswig-Holsteins Grönlandfahrt auf Walfischfang und Robbenschlag vom 17.–19. Jahrhundert. Glückstadt, Hamburg, New York 1937.

Peters, Dirk J.: Hafenlandschaft an der Niederelbe im Wandel. In: Hans-Eckhard Dannenberg, Norbert Fischer, Franklin Kopitzsch (Hrsg.): Land am Fluss. Beiträge zur Regionalgeschichte der Niederelbe. Stade 2006, 29–53.

Schleswig-Holsteinischer Heimatbund (Hrsg.): Historische Kulturlandschaften in Schleswig-Holstein. Neumünster 1999.

Schlichting, Heike: Die Ziegelindustrie an der Niederelbe. Gewerbliche Entwicklung und Wanderarbeit. In: Hans-Eckhard Dannenberg, Norbert Fischer, Franklin Kopitzsch (Hrsg.): Land am Fluss. Beiträge zur Regionalgeschichte der Niederelbe. Stade 2006, 55–67.

Schucht, Friedrich: Das Kehdinger Moor. Bericht über die wissenschaftlichen Ergebnisse der Aufnahmen auf den Blättern Hamelwörden, Himmelpforten und Stade in den Jahren 1901 und 1902. Jahrbuch der Königlich Preußi-

schen Geologischen Landesanstalt und Bergakademie 23(4), 1902, 629–636, Tafel 26.
Schürmann, Thomas: Die Inventare des Landes Hadeln. Wirtschaft und Haushalte einer Marschenlandschaft im Spiegel überlieferter Nachlassverzeichnisse. Schriftenreihe des Landschaftsverbandes der ehemaligen Herzogtümer Bremen und Verden 23, Stade und Otterndorf 2005.
Sieth, Kurt, und Konrad Tegtmeier: Kleine Häfen am großen Strom. Ein Buch von der Niederelbe. Hamburg 1954.
Szymanski, Hans: Die Segelschiffe der deutschen Kleinschiffahrt. Lübeck 1929. Nachdruck Norderstedt 1977.
Weber, Eckart: Die größeren Seehäfen in Niedersachsen. Neues Archiv für Niedersachsen 38(4), 1989, 83–95.

24. Wo endet der Fluss?

Becker, Martin, und Gert Kaster: Kulturlandschaft Nord-Ostsee-Kanal. Neumünster 2003.
Böhme, Hartmut: Eros und Tod im Wasser – «Bändigen und Entlassen der Elemente». Das Wasser bei Goethe. In: Hartmut Böhme: Kulturgeschichte des Wassers. Frankfurt am Main 1988, 208–233.
Bruhn, Ernst, Rainer U. Harms und Gottfried Vauk: Die Naturschutzgebiete der Unterelbekreise Steinburg und Pinneberg (einschl. Helgoland). Eine Darstellung der wertvollen, rechtlich gesicherten und zu sichernden Naturräume dieser Region. Heide in Holstein 1984.
Dannmeyer, Ferdinand, Erich von Lehe und Heinrich Rüther (Hrsg.): Ein Turm und seine Insel. Monographie der Nordseeinsel Neuwerk. Cuxhaven 1952.
Ferber, Kurt: Das hamburgische Lotswesen auf der Unterelbe bis zum Jahre 1810. o. O., o. J.
Figge, Klaus: Das Elbe-Urstromtal im Bereich der Deutschen Bucht (Nordsee). Eiszeitalter und Gegenwart 30, 1980, 203–211.
Fischer, Norbert: Land Hadeln und Land Wursten. «Dampfer hinter Dampfer». In: Ludwig Fischer und andere (Hrsg.): Das Wattenmeer. Kulturlandschaft vor und hinter den Deichen. Stuttgart 2005, 172–187.
Hindrichson, Georg: Brockes und das Amt Ritzebüttel. 1735–1741. Cuxhaven 1897–1899, Reprint Cuxhaven 1982.
Hingst, Klaus, und Uwe Muuß, unter Mitarbeit von Hans-Peter Jorzick: Landschaftswandel in Schleswig-Holstein. Neumünster 1978.
Küster, Hansjörg: Die Entwicklung der Küstenlandschaft an der Nordsee. In: Norbert Fischer, Susan Müller-Wusterwitz und Brigitta Schmidt-Lauber (Hrsg.): Inszenierungen der Küste. Berlin 2007, 17–31.

Lang, Arend W.: Untersuchungen zur morphologischen Entwicklung des südlichen Elbe-Ästuars von 1560 bis 1960. Hamburg 1970.

Lembcke, Carl: Cuxhaven, Wesermünde, Emden. Ein Vergleich dreier Städte an der südlichen Nordseeküste im niedersächsischen Wirtschaftsraum. Archiv für Landes- und Volkskunde von Niedersachsen 12, 1942, 218–229.

Lohmeyer, Karl: Das Meer und die Wolken in den beiden letzten Akten des «Faust». Jahrbuch der Goethe-Gesellschaft 13, Weimar 1927, 106–133.

Lohmeyer, Karl: Das Küstengebiet an der Niederelbe als Schauplatz der Dichtung. Archiv für Landes- und Volkskunde von Niedersachsen 22, 1944, 347–358.

Mahlau, Alfred: Die Insel Helgoland. Ein Skizzenbuch. Frankfurt am Main 1961.

Meiners, Christoph: Bemerkungen auf einer Reise von Göttingen nach Cuxhaven. Göttingisches historisches Magazin 2, 1788, 495–539.

Pott, Richard: Die Nordsee. Eine Natur- und Kulturgeschichte. München 2003.

Siersdorfer, Theodor F.: Hamburg – Cuxhaven – Helgoland. Eine kleine Chronik der Niederelbe-Bäderdampfer. Norderstedt 1974.

Wasmund, Erich: Der unterseeische Rücken von «Südstrand» zwischen Helgoland und Eiderstedt. Geologie der Meere und Binnengewässer 1, 1937, 24–37.

Bildnachweis

Die Abbildungen stammen von Hansjörg Küster, mit Ausnahme von:

Karte: © Angelika Solibieda, www.cartomedia-karlsruhe.de
Seite 47: © Mauritius images/age
Seite 59 aus: Deutsches Historisches Museum (Hrsg.): Die Elbe. Ein Lebenslauf. Berlin 1992
Seite 61: © akg-images, Berlin
Seite 83: © Sylvio Dittrich, Dresden
Seite 104/105: © DLR 2002
Seite 108: © Helga Lade, Frankfurt am Main
Seite 110: © akg-images, Berlin
Seite 128: © Doerr, C. & R./Arco Images
Seite 130: © picture-alliance/dpa
Seite 176 aus: Oskar August und Otto Schlüter (Hrsg.): Atlas des Saale- und mittleren Elbegebietes. 3 Teile. Leipzig 1958–1961
Seite 197 © Georg Jung, Hamburg
Seite 234 © Jürgen Effner/vario-press
Seite 238: © Museum für Hamburgische Geschichte, Foto: Fischer-Daber
Seite 243: © Georg Jung, Hamburg
Seite 267 aus: Richard Linde, Die Niederelbe. 3. Auflage. Bielefeld, Leipzig, Berlin 1909

Register

Helgoland
Helgoländer Bucht
Nordsee
Scharhörn
Neuwerk
Ostfriesische Inseln
Schleswig-Holstein
Brunsbüttel
Nord-Ostsee-Kanal
Itzehoe
Lübeck
Stör
Cuxhaven
Otterndorf
Glückstadt
Hamburg
Stade
Hamburg
Wilhelmshaven
Bremerhaven
Emden
Harburg
Geesthacht
Oste
Bremen
Lüneburg
Elbe
Oldenburg
Bremen
Hitzacker
Delmenhorst
Ems
Weser
Elbe-Seiten-Kanal
Niedersachsen
Aller
Celle
Dümmer
Weser
Aller
Leine
Lingen
Nordhorn
Mittellandkanal
Hannover
Wolfsburg
NIEDERLANDE
Teutoburger Wald
Osnabrück
Minden
Hildesheim
Salzgitter
Oker
Bielefeld
Weser
Münster
Leine
Harz
Rhein
Ems
Hamm
Lippe
Paderborn
Nordrhein-Westfalen
Dortmund
Göttingen
Essen
Duisburg
Ruhr
Mönchengladbach
Krefeld
Kassel
Wuppertal
Düsseldorf
Remscheid
Sauerland
Werra
Unstrut
Fulda
Leverkusen
Gotha
Köln
Siegen
Marburg
Aachen
Bonn
Hessen
Thüringer
Westerwald
Rhein
Gießen
Wetzlar
Fulda
Rhön
BELGIEN
Koblenz
Eifel
Taunus
Lahn
Rheinland-Pfalz
Frankfurt/Main
Wiesbaden
Offenbach
Schweinfurt
Spessart
Mosel
Mainz
Main
Hunsrück
LUXEMBURG
Rhein
Darmstadt
Main
Würzburg
Trier
Worms
Steigerwald
Rhein-Main-Donau-Kanal
Mannheim
Ludwigshafen
Saar
Saarland
Kaiserslautern
Heidelberg
Neckar
Saarbrücken
Pfälzer Wald
Baden-Württemberg
Heilbronn
Altmühl
Karlsruhe
Pforzheim
Stuttgart
FRANKREICH
Rhein